JN299191

# 伝統都市・江戸

吉田伸之［著］

東京大学出版会

Edo: The City in Tradition

Nobuyuki Yoshida

University of Tokyo Press, 2012
ISBN 978-4-13-020149-0

# 目次

## 第Ⅱ部 名主と役

# 序章

## はじめに

二十一世紀に入り、最初の十年期が早くも過ぎ去った。「三・一一」を経て一段と混迷を深めつつある現代社会において、歴史学、就中、都市史研究の課題は一体どこにあるのだろうか。これを「伝統都市」論という視点から自己検証しつつ、課題意識を再構築するため、その前提として、この間、日本近世の巨大城下町・江戸に素材を求め続けてきた自身の個別研究を小文を含め構成してみたのが本書である。

折しも、畏友・伊藤毅氏との共編で、東京大学出版会から『伝統都市』全四巻の刊行を、二〇一〇年の記録的な猛暑の夏に一応は無事に完結できたことも、こうした必要性を自覚する契機となった。ここで自己検証の結果を併せて示すことは困難であるが、伝統都市論にいたる自分の研究軌跡を辿ることで、残り少なくなった「自分の今後」に向けても、研究課題の上で多少なりとも手がかりが得られればと考える。

本書には、二〇年あまり以前に記したものも数編収録している。これまで刊行していただいた四冊の論文集に収録した論考のいくつかと併行しながら叙述してきた仕事が、収録論考のほぼ半分を占めることになる。

まず、各章や補論の初出を掲げておく。

第Ⅰ部　城下町論

第1章「城下町の構造と展開」（佐藤信・吉田伸之編『新体系日本史6　都市社会史』山川出版社、二〇〇一年）

第2章「近世都市の成立」・「近世都市の展開」（タイトル変更）（『日本歴史大系　近世』山川出版社、一九八八年）

第3章「巨大都市・江戸の空間構成と社会構造」（一九八九年八月成稿。「イスラムの都市性」国際会議での報告（英文）原稿の原版。未発表）

第4章「都市の近世」（吉田伸之編『日本の近世9　都市の時代』中央公論社、一九九二年）

補論1「編集に参加して」（タイトル変更）（塚田孝・吉田伸之編『近世大坂の都市空間と社会構造』山川出版社、二〇〇一年）

第Ⅱ部　名主と役

第5章「おさめる：行政・自治」（タイトル変更）（大谷幸夫・羽田正・和田清美編『シリーズ・都市のアナトミー1　都市のフィロソフィー』こうち書房、二〇〇四年）

第6章「近世前期、江戸町人地・内・地域の分節構造」（井上徹・塚田孝編『東アジア近世都市における社会的結合』清文堂出版、二〇〇五年）

第7章「江戸町触と「承知」システム」（塚田孝編『近世大坂の法と社会』清文堂出版、二〇〇七年）

第8章「江戸の桶樽職人と役システム」（タイトル変更）（小泉和子編『桶と樽――脇役の日本史』法政大学出版局、二〇〇〇年）

第Ⅲ部　問屋と商人

第9章「描かれた売りの諸相」（タイトル変更）（文部科学省中核的研究拠点COE形成プログラム報告書［一九九九―二〇

〇三年」『象形文化の継承と創成に関する研究』東京大学大学院人文社会系研究科象形文化研究拠点、二〇〇四年）
第10章 「食類商人について」（タイトル変更）（『和菓子』17、二〇一〇年）
第11章 「伝統都市の終焉」（『日本史講座』7巻「近世の解体」、東京大学出版会、二〇〇五年）
補論2 「寛永期、金沢の魚問屋について」（『金沢市史会報』9、二〇〇二年）

## 一 本書の方法と視角

本書は、「伝統都市・江戸」をタイトルとして掲げてみた。本書のキイ概念となる「伝統都市」と「分節構造」に関する議論は、いずれも筆者が一九九〇年頃からの共同研究遂行の過程で幾度かにわたって提示してきたものである。はじめに、このタイトルにこめた方法や視角について、簡単に述べておきたい。

### (1) 都市史の時期区分と伝統都市

伝統都市という考え方は、都市の歴史を「発展」（あるいは衰頽・死滅への）段階論に立って、時代区分を施しつつ見て行こうとする立場である。しかしいうまでもなく、都市の歴史は、これを育む歴史社会全体の一部なのであって、都市のみに当てはまる固有な時代区分があるわけではけっしてない。したがって、本来は伝統社会論として議論すべき論題である点を自覚した上で、伝統都市論としては、とりあえず次のような事に留意する必要があると考える。

a 社会の土台を構成する「所有と生産様式」という視座から、歴史の「発展」（衰頽・死滅への道）を所有を基礎に段階的に区分してみる立場に立つ。

b 前近代の所有と生産様式の諸形態は、いずれも資本主義的な所有と生産様式によって解体・収奪され、私的所有の最終段階には単一の形態（資本と賃労働）へと帰結するにいたる。十九世紀末から北米大陸で急進展してゆく資本主義的生産様式の高度化は、ほぼ一世紀を経て、資本所有の究極的な人格的姿態、すなわち強欲資本主義者を強力なヘゲモニー主体とする新自由主義という普遍的かつ醜悪な段階へと「進化」を遂げる。

c　こうした「進化」は、同時に世界の多様な諸地域・諸社会が育んできた個性的な文化、所有の諸形態、統治構造、地域市民の結合様式、民衆世界などを暴力的に破壊・解体し、これらの構成要素を根こそぎ商品化しつつ、人びとを統合された世界市場における疎外された消費＝欲望主体たる単一の市民類型へと追い立てる過程でもあった。

d　都市の歴史過程は、こうして前近代社会で育まれた都市性の多元的で多様な在り方から、それらの均質化・単一化へといたる過程でもある。政治・軍事・交通・宗教・学問・芸術などにわたる多種多様な都市性＝都市的要素は、あらゆるものを商品と化す坩堝へと抛り込まれ、溶解され、交換価値という鋳型によって、商品世界を構成する均質的な価値要素へと純化され、市場へと投企される。

この内bは、前近代の都市を伝統都市として括る上で、その理論的な基礎となる。また、都市史の時代区分を、大きく二分法（伝統都市と現代都市）、あるいは三分法（伝統都市、近代都市、現代都市）によって構想してゆく上での前提ともなる。

以上を念頭に置いて、伝統都市という概念についてとりあえずまとめると、次のようになるだろう。

1　古典古代の諸都市、ヨーロッパ中世の自治都市、イスラームの諸都市、中国の都城や邑城等々、前近代を彩る諸時代・諸地域の都市類型の総称として、伝統都市という用語を用いる。日本の場合、通例は古代都市・中世都市・近世都市・近代都市などと区分することが多いが、この内、古代から近世の諸都市をまとめて伝統都市として括る。

2　前述のような視角からも明らかなように、伝統都市論とは、優れて現代都市（現代社会）批判でもある。資本主義的生産様式が世界に広まり、強欲資本主義者による世界市場支配の拠点としての現代都市が各地に簇生する一方で、個性的な伝統都市は解体され、再編され、あるいはその膝下に踏みしだかれてゆく。しかしこうした過程においても、現代都市においては、スラムやマーケットなどに象徴される民衆世界における懐の深い社会や個性溢れる文化、さらにはその生活空間において、旧来の伝統都市の諸要素・形質は、一部で資本による観光資源化を強いられながらも、したたかに残存することに留意したい。

3　伝統都市論のメリットの一つは、異なる歴史的な背景を持つ諸都市間の比較類型把握への途を開く点にある。これは、例えば日本の中世における諸都市（的なもの）と近世の諸都市との比較であり、また同時代的な、例えば十八世紀の江戸とパリの比較などである。異質な、あるいは類似の諸類型を、ただ収集・分類するだけに終始するのではなく、伝統都市それぞれの多様性と絶対的な個性を明らかにし、また前近代の所有の諸形態に基礎を置く類似性に注目することで、現代都市の普遍性、没個性、無機質性、従って非人間性を徹底的に暴露するという、根源的な現代都市批判の営みともなるであろう。

## (2)　城下町論・補説

さて、日本が生み出した固有の伝統都市類型である城下町については、本書第1章で縷々述べるところであるが、ここで比較類型把握を意識しながら、伝統都市論との関連で若干補説しておきたい。

日本列島史の場合、中国の極東辺境に国家形成が始まると同時に、古代中国が生み出した都市類型である都城が移入された。その後の都市の歴史は、主要にはこうした都城の解体・変容を基軸としながら進行する。まず古代末期に、新たな都市類型の祖型が二つ生まれる。一つは畿内近国の山中において生み出された一山寺院を核とする寺院社会であり、もう一つは、東国の草深い在地社会に出現した武士のイエである。こうして、中世の都市史は、都城のゆるやかな解体過程を主軸とし、他方で寺院社会と武士のイエを副軸として、六〇〇－七〇〇年にわたる長い過渡期に入る。

その過程で、武士のイエを基盤として、独特な都市類型＝城下町（エオ城下町）の萌芽が産声を上げ、その成長と展開の中で、大領主（戦国大名）主導による武士の都市＝城下町（戦国城下町）が成立してゆくことになる。

近世初頭、十六世紀末―十七世紀冒頭において、城下町は明らかに一個の飛躍を遂げた。その契機と内容は次の二つである。

第一は、統一政権による兵農分離策によって、兵＝武士身分の都市集住の強制と、寺院、神社、商手工業者、プロレタリア的要素（「日用」層）などの都市集中＝集住強制が、同時かつ一挙に進められたこと、これである。これらは、諸身分ごとの居所区分とともに実施され、都市社会＝空間の身分的分節化が遂行された。こうした分節化の基礎には、役に対応する身分集団ごとのプロファイリングがある。

第二は、「鉄炮伝来」から朝鮮侵略にいたる過程で、都市性が一段と凝集し、いわば「国際基準化」を遂げたことである。その内容は、①長大な兵站線を維持するために、高度な流通と交通の体系を構築したこと、②またその担い手となる商人集団へ特権を付与したこと、③長期に及ぶ対外侵略戦争に向けて、鉄砲・大砲などの新兵器にも耐えうる築城技術を成熟させたこと、などである。こうして確立した城下町という都市類型は、極東の島国において特異なものとして創出されたものであるとはいえ、対外戦争遂行拠点としての高度な能力を備える都市類型へと「進化」を遂げたものなのである。

これらを踏まえていえば、いま城下町の国際的な比較類型把握が焦点となるであろう。例えば、城下町飯田とフランス北西部の要塞都市シャルルヴィルとの比較史〔高澤他 二〇一二〕の中で、十六世紀末から十七世紀初頭にほぼ同時に作られた城＝要塞を中核とする都市の問題を、視野を広げて世界史の中にどのように位置づけることができるかという論点である。この点で、イギリス植民地支配下インドにおける行政区の中心都市マドラス（チェンナイ）、ボンベイ（ムンバイ）、カルカッタ（コルカタ）などの「プレジデンシー都市 Presidency Town」との比較考察から、十六―十七世紀を「城下町の時代」であるとみるべきと提起〔ボッマン 二〇一二〕が注目される。

### (3) 分節的把握、分節構造

この点についても、これまでいろいろと述べてきた〔本書第1章〕。分節的把握とは、ごく一般的にいえば、社会＝空間構造の分析方法、あるいは視点なのであって、いかなる社会＝空間構造であっても、それを単一でのっぺらぼうなものとしてでなく、構成する諸要素――特に人びとの結合態やそれに基づく単位空間――が織りなす複層から成り立つことに留意し、それを解明しつつ、当該の構造を可能な限り精緻に分析し、その結果を丁寧に叙述しようとするものである。そこでは、対象とする当該の社会＝空間構造の部分と全体との関係のありように常に注意を払うということが眼目となる。

この分節的把握によって都市社会の構造を解明する上でポイントとなるのは、社会＝空間構造論、社会的権力論、対抗へゲモニー論、身分的周縁論の四つである。

社会＝空間構造論の系譜やその内容については、本書補論1で述べている。日本近世の都市において、こうした社会と空間との相即性を検討しうる史料的な素材は多様かつ豊富である。こうした条件を活かして、都市の細部における社会＝空間構造、特に都市基底部における微細社会の様相を一つ一つ具体的に明らかにすることが重要であろう。

社会的権力論については〔吉田 一九九六〕を参照されたい。対象とする伝統都市の社会＝空間構造について、ただ分節的な要素を見出してゆくのみでなく、そこで明らかにした諸要素を、当該の部分社会全体へと秩序づける権力の位相と、社会レベルにおける構造化の諸力、すなわちへゲモニー主体の解析へと向かうことがとりわけ重要となる。

また同時に、都市社会の分節構造を秩序づける権力や、これに従属しながらも独自の秩序体系の中核となる社会的権力などと対抗的な位置にある諸力、すなわち対抗へゲモニーの要素を見出し、その位相や、権力・社会的権力との矛盾、あるいは共生の様相を明らかにすることが求められる。この点も〔吉田 一九九六〕で関説したところである。

また、都市社会を構成するあらゆる諸要素を解析してゆく上で、身分的周縁論において培われた方法が重要となる。身分的周縁論は、一面で、前近代の人間存在を細部に亘り分節的に把握しようとする試みでもある。つまり社会＝空間構造の分節的把握とは、身分的周縁論に立った場合、当該社会において実在する全ての身分集団をとりあげ、それぞれを等価な対象として、その特質を明らかにしようとする方法・態度であるということができよう。因みにごく最近、近世の都市史研究や身分研究における「ジェンダー視点の欠如」に関する指摘があり〔横山 二〇一二〕、実証を伴ったその批判の全体を極めて重大なものとして受け止めている。この点についての自己批判的な検討は次の機会に行いたい。

こうした分節構造論は、ある意味で時代と対象を超えて、社会＝空間構造分析の重要な方法となるのではなかろうか。例えば、日本近世の、一見単純素朴な構造に見える小規模な山里であっても、これを取り囲む外部世界（隣接する村々、近隣の城下町や都市的な場など）との関係においてこれを捉えようとすると、こうした分節的な把握という方法が重要となるであり（例えば筆者自身、〔吉田 二〇一〇a〕において、南信濃の山里・清内路村の概要分析を行う中で、分節的な把握を試みた）、また現代の社会＝空間構造に対しても、その実態を分析的に見る上で、十分に適用可能な方法であると考えている。もっとも、現代都市については、筆者はこれまではただ断片的なコメントを加えるのみで『年報都市史研究』6号〜に伊藤毅氏と連載する「現代都市事情」を参照）、自ら実践したことは全くないのだが。

## 二　都市史をめぐる研究動向と課題

さて、本書に収録した論文を叙述してきた一九八〇年代末から二〇一二年の現在まで、都市史研究の動向を、日本近世史を中心に、伝統都市論、分節構造論の見地から瞥見しておこう。

### (1) 都市史研究の方法的基盤

まず、都市史について、現在の立ち位置を確認するために常に学ばれ続けるべき重要な論考を含む先学の著作集が、相次いで刊行された。一つは『山口啓二著作集』（校倉書房、二〇〇八―二〇〇九年）である。この著作集によって、山口史学の主要な柱の一つをなす都市論の全容に接することが容易となった。その意義は次の点にあると考える。

①『梅津政景日記』の編纂と併行して行われた秋田藩域の鉱山町研究で、院内銀山町などを事例に、そこが優れて高度に商業資本・先進的手工業技術の集中という点で、城下町久保田とともに「領内の上方」としての位置にあることを見出した。

② 鉱山町の基礎を、単なる人口の集中のみではなく、鉱・工・商の自立した営業者の関係として成立するところに見る点が重要である。そこでは、技術の問題から職人の所有を「生きている用具」と特質づけ、さらに「日用」層の問題を含め、都市性の本質を所有の性格を基礎に見る見地が貫かれている。

③ さらに秋田藩域の横手・大館・角館・湯沢など支城城下町が、単一の原則の下に建設された点に注目し、城郭、内町＝侍町、外町＝町人地、足軽町、寺町からなる分節的な社会＝空間構造を有すことを可視的に提示した。これは近来の分節構造論や城下町論、あるいは都市イデア論の先駆・前提となる指摘である。

今ひとつは『朝尾直弘著作集』（岩波書店、二〇〇三―二〇〇四年）である。その意味合いは以下の点にあると考える。

①「元禄二年堺大絵図」の解説で、都市図を史料として分析する上での基礎が据えられたこと。そこでは併せて、近世都市の基礎構造を、町屋敷と町の詳細な分析から検討する方法が模索されている。これは社会＝空間構造論の方法に近似的である点でも重要であろう。そしてこうした作業の中で、氏は「町の発見」に至ることになり、つまりこ

の解説は朝尾都市論の原点となったのである。

② 氏はこの後、地縁的・職業的身分共同体論を提起することになる。これは、村と百姓の問題とともに、町と町人身分に関する著名なテーゼとなった。

③ 次いで、近世社会の基礎構造をなす村と町を、中世後期の社会構造からの展開の中で捉え返し、「惣村から町へ」というコースを提示した。これは、社会的分業の展開を、村と町という基本的な社会集団の定立の過程にみるものである。つまり中世から近世への移行期における都市と農村の分離を、中世の惣村から村と町が分出されるところに見出そうとした。

④ また、安土山下町中掟十二条について緻密な分析を加えた小論が注目される。そこでは、身分秩序に応じた城下町の分節的な有りようについての原理的な考察が行われたと考える。この点は、本書第1章で若干触れた。

⑤ さらに、京都町触の編纂にともなう共同研究の中で、氏は町触の諸形態やそれぞれの性格に関する基本的な事柄について多くの知見をもたらした。これは町共同体論、都市研究と表裏のものとして進められたものであって、近年の塚田孝氏による「法と社会」という視点へと継承されてゆくことになる〔塚田 二〇〇七〕。

### (2) 近世都市史研究の動向

右を前提として確認した上で、次にここ四半世紀ほどの日本近世を中心とする都市史研究の動向を見ておこう。まず自分自身が深く関わってきた研究潮流ではあるが、今は「ぐるーぷ・とらっど」と略称される研究者集団による一連の成果をあげることができる。そこでの主な成果物は以下のようである。

『日本都市史入門』全三巻（高橋康夫・吉田伸之編、東京大学出版会、一九九〇―一九九一年）

『日本の近世・都市の時代』（吉田伸之編、中央公論社、一九九二年）

『図集日本都市史』（高橋康夫・宮本雅明・伊藤毅・吉田伸之編、東京大学出版会、一九九三年）
『新体系日本史6　都市社会史』（佐藤信・吉田伸之編、山川出版社、二〇〇一年）
『年報都市史研究』（山川出版社、一九九三年〜。既刊一九冊）
『別冊都市史研究』（山川出版社、二〇〇五年〜。既刊四冊）
『伝統都市』全四巻（伊藤毅・吉田伸之編、東京大学出版会、二〇一〇年）

手前味噌ともなるが、右の内で『伝統都市』全四巻には、この間の達成と残された課題の所在が明示されており、併せてそこには今後に向けての論点の萌芽を見出すことができる。ここでは、『伝統都市』全四巻の編集において、その土台や背景にあったいくつかの研究潮流との関わりを念頭に置きながら、日本近世の都市史をめぐるここ四半世紀ほどの主要な成果を一瞥しておきたい。ただし、全てに亘って関連する論考に目を通せたわけでは勿論なく、自分の狭い視野に入ったもので印象に残る成果に限定し、簡単なコメントを加えることにとどまらざるをえない点をあらかじめお断りしておく。以下、Ⅰ　都市社会＝空間の構造把握、Ⅱ　比較類型把握、の二点に分けて、簡単に「成果と課題」について触れる。

## Ⅰ　都市社会＝空間の構造把握

①　分節構造　日本近世の都市社会を構造的に見る上での最大のポイントは、これを身分的、社会的、さらに空間的に、それぞれの分節性において把握することである。この間、城下町の即自的な分節構造とでもいいうる「都市・内・社会」として、武家地、寺社地、町人地、かわた町村などに関する基礎研究がそれぞれ大きく進展した。

武家地については、江戸における藩邸社会の構造や周辺域との関係が、近世考古学の発掘の成果にも支えられて多面的に明らかにされた〔宮崎　一九九四〕〔岩淵　二〇〇四〕。また大坂では、藩邸社会論を前提としながら、各藩蔵屋敷に関する基礎研究が多くの成果を上げている〔塚田 二〇〇六a〕〔森下 二〇〇二〕。一方で〔森下 二〇一〇〕により、萩城下を素材に下級家臣団の居住形態の特質が精緻に解明されつつある。

寺院社会については、江戸の浅草寺を素材とする研究が進展した〔光井 二〇〇二〕〔武部 二〇一二〕〔吉田 二〇一〇b〕。また大阪府和泉市史編纂の中で、槇尾山施福寺や松尾寺に関する一山寺院の総合的研究や叙述が試みられた〔和泉市史編さん委員会 二〇〇五・二〇〇八〕。これらは山間部在地社会に寄り添う寺院社会の事例であるが、そこでの都市性の所在とその性格が注目され、これと都市・内・寺院社会との類似性が摘出された点で重要な成果である。また江戸の神社や神職を中心に「神社社会」という視点も提起され、寺院社会とは異なるその特質が検討されつつある〔竹ノ内 二〇〇四〕〔吉田 二〇〇七a〕。こうした点で、三都などにおける本願寺寺内の位置づけが改めて注目されることになろう〔杉森玲子 二〇一〇〕。これら寺院社会・神社社会をめぐる研究は、例えば最近の〔三枝 二〇一一〕が、室町期の比叡山延暦寺と幕府による京都支配の特質を検討するが、こうした中世都市史研究の成果との接点を探る上でも重要な作業領域であるといえよう。

一方、町方についての研究としては、大坂三津寺町〔塚田 二〇〇六b〕、京都本願寺寺内〔杉森玲子 二〇〇六〕、江戸深川〔高山 二〇〇七〕、浅草寺寺領町々〔吉田 二〇一〇b〕などの地区分析はみられるが、町方社会の基礎を形成する個別町の事例研究は意外にも乏しい。また、かわた町村については、次に見る身分的周縁研究とも重複しつつ、大坂難波村〔塚田 二〇〇二〕や、和歌山〔藤本 二〇一一〕の事例研究などが上げられる。

②　社会的権力　次に、巨大都市などにおいて、いわば対自的に形成される都市・内・社会、すなわち単位社会構造が形成される核としての社会的権力の問題がひきつづき重要である。都市社会における社会的権力の中心に位置する大店・超大店については、その内部構造や社会的位置をめぐる研究の進展が見られた。例えば〔西坂 二〇〇六〕

の京・江戸の三井越後屋に関するもの、〔岩淵 一九九六〕による江戸駒込高崎屋についての個別研究などがあり、京都については〔杉森哲也 二〇〇八〕の冷泉町誉田屋に関するものがある。また最近では〔海原 二〇一〇・二〇一一〕による大坂住友泉屋、あるいは〔中川 二〇〇三〕による両替商と大坂都市社会の関係をめぐる研究などが注目されよう。

社会的権力の二つ目の類型として注目されるのは、問屋と仲買の仲間複合としての市場仲間である。これについては、江戸・大坂の干鰯市場に関する〔原 一九九六〕の研究、〔小林 二〇〇一〕〔杉森玲子 二〇〇六〕の古着市をめぐるものがある。また大坂では青物市場に関する〔八木 二〇〇四〕の成果も注目される。

以上のような社会的権力の本質に関わる流通・商人研究の面では、主に流通史の視点からなされた〔中西 一九九六〕〔原 一九九六〕〔斎藤 一九九四〕〔川勝 二〇〇七〕らの研究が重要である。なかでも原による干鰯、川勝による石灰の研究は、特定の品目＝モノに注目し、その生産・ストック・流通・売買・消費の全過程を解明することをめざすものである〔吉田 二〇〇七b〕。これは、モノを媒介とする全体史への試みとして、都市社会史の一つの方向性を提起したものといえる。また市と商人との本源的な性格をめぐっては、〔桜井 一九九六〕による論考にも刺激を受けながら、近世中後期の在方市を検討する〔杉森玲子 二〇〇六〕〔多和田 二〇〇七ａｂ〕〔牧原 二〇〇四〕など一連の仕事があり、さらに〔小林 二〇〇二〕〔横山 二〇〇五〕による江戸の床店研究も、特異な売場と所有・経営関係の面から、都市社会における商人存在の多様性を見る方向性を切り開いたといえよう。こうした中で当面する焦点は、問屋論ではなかろうか。商人一般とは異なる問屋の特質について指摘したのは〔塚田 一九九七〕であるが、これと近世初期の宿における問屋の性格を吟味した〔牧原 一九九八〕などを参照することで、日本の伝統都市における問屋の有す固有の意味が解明されることが期待される。この点について、本書では第11章と補論2において若干の検討を試みている。

③ 社会集団と身分的周縁　前述のように、都市社会の構造を分節的に把握するために、社会集団論と身分的周

縁論は非常に有効な方法であり、また実際にこの両者をめぐる研究の対象となってきた素材の主要な舞台は都市社会である。社会集団や身分的周縁をめぐる事例研究の進展が、直接都市社会史の成果に連動して新たな方向を切り拓き、また都市社会史における研究対象の拡大が、社会集団や身分的周縁に関する論点をさらに豊富化するなどというように、両者は相互に密接な関係にある。

この間、右に述べたような意味で、都市社会史に関わる成果として特に重要なのは、〔松本 一九九四〕〔森下 一九九五・二〇〇四〕による武家奉公人研究、〔神田 一九九九〕〔佐藤かつら 二〇一〇〕などによる芸能者・芝居地研究、〔塚田 二〇〇一・二〇〇二・二〇〇七〕〔藤本 二〇一一〕〔エーラス 二〇〇六〕〔吉田ゆり子 二〇一〇a〕らの賤民・貧民研究、〔海原 二〇〇七〕における医療社会史研究、さらには〔塚田 一九九二〕〔佐賀 二〇〇七・二〇一〇〕〔吉田 二〇〇六〕などの遊廓社会研究などをあげることができよう。

こうした都市社会を構成する多種多様な要素の個別研究は、かつて二宮宏之が提起したフランス絶対王政下の統治構造論、社会的結合関係（ソシアビリテ）論〔二宮 一九八六〕や、塚田孝の画期的な提起である「重層と複合」関係論〔塚田 一九八八〕などを踏まえながら、権力や社会的権力によってこれら各要素がどのように構造化されるのか、いわば秩序構造の問題へと展開すべき段階に到達しているのではないか。

④　空間構造　都市社会の構造把握にとって、対象である場の空間構造分析は欠かせない作業領域である。こうした分野の大半は建築史学によって担われてきており、多くの成果が上げられている〔伊藤毅 二〇〇三〕〔伊藤裕久 二〇〇三〕〔宮本 二〇〇五〕〔金行 二〇〇〇〕〔藤川 二〇〇二〕〔岩本 二〇〇八〕。また鈴木博之・石山修武・伊藤毅・山岸常人編による『シリーズ都市・建築・歴史』全一〇巻が刊行され、建築史学を中心とする都市史へのアプローチの全容が摑めるようになった。そしてごく最近では、都市イデア論、インフラ論という形で、空間構造分析にむけた新たな

方法が提起されつつある。これらは、『伝統都市』の編者である伊藤毅氏による提起であって、今後の都市史研究の動向を左右する一つの方法軸になるかどうかが注目される。都市史をめぐる文献史学と建築史学との共同は、これまで主に社会＝空間構造論として結実するような方向で取り組まれてきたが、この都市イデア論、インフラ論は、これとは異なる位相に於いて、両者の協同関係を一段と鞏固なものとする可能性を秘めている。

こうした点で、二〇一〇年秋に不慮の事故で急逝された宮本雅明氏が一貫して論じられてきたヴィスタ論は、内容的に都市イデア論を準備するものであった〔宮本 二〇〇五〕。また都市イデアと現実の都市社会＝空間との相互規定性を考える上で、〔小野 二〇〇六〕が多くの示唆を与えてくれる。そこでは宣長学における国学の都市性を具体的に検討し、少年期宣長の描く架空の都市「端原氏城下絵図」に見られる都市イデア、さらにその源泉に、宣長にとっての都市京都が卓越した位置にあること、などを精緻に論ずる。

また絵図史料を素材として、近世都市の構造的特質に迫ろうとする研究もあたらな手法として注目されよう〔千葉 二〇〇一〕〔浅野他 二〇〇三〕。

## Ⅱ　比較類型把握

次に、都市社会の比較類型把握という問題を少し考えてみたい。まず、個別都市(域)研究という点から顕著な成果を上げた二つの研究動向から見、ついで日本の近世都市や他時代との比較、次に近世期の海外における都市との比較について、問題の所在を見ておこう。

### Ⅱ―1　日本近世都市間の類型比較

#### ①　大坂

この一〇年あまりの間、塚田孝氏を中心とするグループによる大坂の都市社会史研究は、驚くべき質量の成果を上げてきた〔塚田他 二〇〇二〕・〔塚田 二〇〇四・二〇〇六・二〇一〇〕。これらは、やや停滞気味の江戸・京都研究に比して際だち、またこれを個別の都市（域）研究として見ても圧倒的な成果を上げており、この間の都市史研究の進展にとって大きな推進力となっている。これは大坂町触研究会の持続的な活動を基盤としてもたらされたものである。ここでの多様な成果は、都市史研究という枠を大きく超えており、身分的周縁論の深化や、歴史社会の全体的な把握への展望を示し、あるいは近年では「法と社会」という視点を提示するなど、近世史研究や歴史学全般を刷新するような方法・視角・論点が次々と提起されている。また同時に、〔佐賀 二〇〇七〕らの近代大阪研究と連動しながら進展中であることも特筆されよう。

② 中小規模の伝統都市　この間、中小規模城下町や多様な小都市――小規模伝統都市――に関する研究が活発となり、豊かな成果を上げている。それらは、各地の自治体史編纂事業の過程でもたらされた部分も多い。主要な研究成果として、姫路〔三浦 一九九七〕、萩・山口〔森下 二〇〇四〕、浦賀〔平川 一九九六〕〔吉田ゆり子 二〇一〇b〕、金沢〔深井 一九九五〕〔カレ 二〇〇三〕、仙台〔渡辺 一九九九〕、郡山〔渡辺 一九九九〕、飯田〔多和田 二〇〇七b〕〔竹ノ内 二〇一二〕〔吉田 二〇一一b〕、宇治山田〔伊藤裕久 二〇〇三〕、倉敷〔山本 二〇一〇〕、越前大野〔エーラス 二〇〇六〕、などを列挙することができる。

これら中小規模伝統都市に関する研究は、個別事例の基礎研究として貴重であるが、同時にそれぞれの個別性を明らかにするだけにとどまるのであれば物足りない。めざすべき当面の方向性は、個別都市をめぐる全体史叙述であると考える。また、個別都市をめぐる事例研究がどのような固有の論点を提出しうるか、三都などを含む諸都市間の比較類型把握的な検討が不可欠であろう。〔吉田 二〇一一a〕で述べた「小規模伝統都市」という考え方は、小城下町飯田を事例研究の基礎に置き、比較類型把握への道を開こうとする試みの一つである。

## Ⅱ―2　日本の他時代における都市との類型比較

日本の他時代における都市との比較類型把握とは、都市の発展（あるいは衰頽・死滅）段階論に立つ通時的把握ということと同義である。この点については、本書第Ⅰ部収録の諸論考で粗雑に記したスケッチを念頭に置けば、焦点はやはり城下町の問題にあることは確実であろう。本書第1章でも述べたように、日本における都市史は、都城の衰頽・解体と、城下町の創成・展開・「近代化」のプロセスとして叙述されねばならない。

こうした点で、〔佐藤信他 二〇〇一〕は、古代から近現代にいたる日本都市史の包括的な把握を試みたものである。しかしこれを除けば、近世都市を対象とする研究と、都城・宮都研究、また京都・鎌倉を主な対象とする中世前期都市史研究などとの相互交流は稀である。一方、戦国期から近世に至る移行期については、城下町を中心に論考は一見豊富のようにみえる〔仁木他 二〇〇八〕。しかし、これらの中世後期都市史研究は、近世への展望についてあまり多くを語らない。このような中で、京都・鎌倉を事例に都市と寺社との関係へのアプローチを試みる〔高橋 二〇一〇〕や、日本とヨーロッパの中世都市どうしの比較史に関心を寄せる〔高橋・千葉 二〇〇九〕、また京都と延暦寺との関係を精緻に解明する〔三枝 二〇一一〕などは、今後の中近世都市に関する比較類型把握を進める上での前提となる、注目すべき研究動向といえよう。

次いで近代都市史研究の現状を見ると、全体として、都市基盤を形成する社会＝空間構造の実態分析が圧倒的に乏しいというのが印象である。こうした実態分析よりは、表象や言説分析を重視する傾向が依然として続いているのではなかろうか。また、「近代都市」という固有の都市類型を自明のものとし、伝統都市との関係性についての関心が希薄であるものが多い。本書第1章などで述べるように、近代都市とは、非欧米の諸社会が「欧米化」という実質を持つ「現代化」を強いられる中で、これにどう対応したかが具現するところの過渡期の段階、あるいは状況に過ぎない。欧米起源の現代都市類型化への強制・強要により、結果としてその足下に踏みしだかれる伝統都市を抱えた非欧米型の近代都市、という視座を欠いては、日本近代における都市を歴史学の対象とすることは容易でない。

一方で、この間幕末・維新期における江戸・東京や大坂・大阪を対象とする新たな研究が顕著な成果を上げつつある点が注目されよう。江戸・東京では、〔小林 二〇〇二〕〔横山 二〇〇五〕〔松山 二〇一〇〕らにより、幕末・維新期の変容をめぐる重要な成果があいついで提供されている。特に横山の研究は、天保改革期以降、維新期にかけての江戸・東京を素材として、身分編成と社会構造との関係を読み解くもので、これまであまり注目されてこなかった明治初年の東京府関係史料を精力的に分析するなど、従来の研究状況を一新する内容を有すものである。

また大坂・大阪研究では、〔佐賀 二〇〇七〕で都市下層社会論を中心に近代都市化の動向を多様に追究しており、移行期の都市研究に新たな段階を画すものとなっている。

## Ⅱ―3　海外・同時期の都市史との類型比較

前近代最末期において、日本近世の都市と諸外国の都市との同時代的な位相での比較史は、この間いくつか試みられてきた。まず江戸とパリをめぐって、「徳川家康入府から四百年」を契機に、一九九〇年六月に東京で数日間に亘り開催されたシンポジウム「江戸とパリ――近世における都市の成長と政治権力」の成果をまとめた〔鵜川他 一九九五〕があげられる。そこでは「上からの都市」「下からの都市」を枠組みとし、江戸とパリを舞台に、都市支配、都市空間、物資補給、都市文化、反抗を論点として、日・仏・米の研究者による論考が二〇本近く掲載されている。それらの論点には重要かつ興味深いものも含まれるが、前提となる比較史の方法的吟味を欠き、比較軸の焦点がどこにあるのかが不鮮明で、その後の展開もみられない。

また、一九九四年一二月にはハワイで「近世の大坂」をめぐるシンポジウムが開かれ、〔脇田他 二〇〇〇〕にまとめられた。ここには筆者も末席に参加させていただいた。この企画は大坂と海外の都市を比較する試みではないが、論考にまとめられた一〇本の内四本が英米の研究者によるもので、大坂を素材とする研究交流として比較類型把握に繋がる有意義な内容を持つ。しかしここでも、こうした都市大坂をめぐる国際的な研究交流の意義や方法については明確に論じられておらず、その後の交流も行われないままのようである。

この間筆者自身、科学研究費補助金による共同研究の取り組みの中で、中国、韓国・朝鮮、ドイツ、イングランド、イタリア、フランスなどの都市史研究者との交流を、シンポジウムやラウンドテーブルなどの形式で、手探りで行ってきた。その中で、『年報都市史研究』9・18号、『江戸とロンドン』〔近藤・伊藤 二〇〇七〕、『パリと江戸』〔高澤他 二〇〇九〕、『伝統都市を比較する』〔高澤他 二〇一一〕など、海外の研究者との共同研究における成果の一定部分を形にすることができた。また、『伝統都市』全四巻は、もっぱら日本の研究者間におけるものではあるが、主に伝統都市、すなわち前近代都市論をめぐる比較類型把握への模索という点で、異なる対象に取り組む研究者間の濃密な交流と共同研究の実践でもあった。

また、これらとほぼ同時期に、大阪を中心に、特に東アジア近世都市の比較史研究が、井上徹・塚田孝両氏によって精力的に取り組まれた。そして、特に明清期と同時期の日本近世の諸都市との比較類型把握の点で、多くの成果を得ている〔井上・塚田 二〇〇五〕。

これらの取り組みの中で、改めて問題として自覚されたのは、他者としての海外の伝統都市との比較史はどのような意味を帯びるのかということである。これについては、最近の日仏研究交流の中で示された比較史に関する新たな省察〔高澤 二〇一二〕〔カレ 二〇一二〕が重要である。高澤氏はマルク・ブロックの議論〔ブロック 一九七八〕を踏まえながら、飯田とシャルルヴィル、あるいは江戸とパリのように「空間的には大きく隔たりながら、時間的には同時代であり、共通の起源には遡り得ない、二つの社会の比較」について問題の所在を提示された。またカレ氏は、飯田とシャルルヴィルの比較類型把握に関する議論からいくつかの論点を抽出しながら、研究者が自分の研究対象と相対する際、そこから「慣れ親しみ」を抜き去ることを可能とし、方法自体を自己検証する機会を得る有効な手段たりうるところに、比較史という営みの意味を見いだす。そして、グローバル化が進む中で、比較史の営みは不可避となり、この経験を経ることで視点を拡大・多様化し、それまで取り組んできた研究対象に「厚み」を回復させることが可能となると説く。

一方、身分的周縁論に関する議論の中で、筆者が身分的な社会構成下における所有の問題をマルクスを参照しながらコメントしたことに対して、岸本美緒氏はこれを「日本とヨーロッパをモデルにして、それで普遍的な議論だ」とする類のものとして批判された〔岸本 二〇一一〕。マルクスの提起した所有論を「ヨーロッパ・モデル」に限定されるものと見ておられるのか疑問が残るが、比較類型把握の意味は、比較の参照軸を非ヨーロッパを含めて複数化することで、内容がより豊かになるであろうという指摘として真摯に受け止めておきたい。

以上Ⅰ・Ⅱにわたって、この間の成果や残された問題を粗雑ながら確認し、当面する課題、あるいは都市史研究の方向性について考えるところを若干述べてきた。以上の外に、課題として重要と思われるものには、例えば次のような点がある。

① 新自由主義下における近世史研究の課題を鋭く論じた〔小野 二〇一〇〕に学べば、近年の派遣労働者や原発下請け労働者の問題などを、その歴史的前提にまで遡って考察する上で、都市民衆世界、都市下層社会、あるいは「日用」層などに関する研究が一段と重要さを増していることが自覚される。また近年は、〔岩田 二〇〇四〕を除くとみるべき成果に乏しい都市騒擾研究について、都市民衆世界論との関連で改めてスポットライトが当てられるべきであろう。

② また、「三・一一」を経た現在、地震・火災・風水災・流行病など、都市災害史研究も①との関連で取り組む

べき重要な課題となった。この論点については〔北原 一九八三〕などがあるが、封建的社会政策論にも視野を広げ、都市社会史と深く連接する災害史研究が、今求められている。

③　一方、電気エネルギーの持つイデオロギー性とその歴史的な背景を考察する上でも、伝統都市における光熱エネルギーの供給・需要構造が焦点となろう。この問題は、日本近世の場合、薪炭や植物油・動物油の問題となるが、これをめぐって生産地から流通・消費にいたるその全体像を解明することは、都市インフラ論とも繋がる興味深いテーマである。

④　以上述べてきた諸課題を遂行しつつ、都市の権力支配、社会的権力の磁場、それらによって形成される固有の秩序構造、また都市行政に随伴する政治過程研究などを盛り込んだ、伝統都市それぞれの全体史叙述が、次のステージへの道程としてとりあえずは求められるのではなかろうか。

## 三　各部・各章の概略

つぎに、本書に収録した論考・小論について簡単なコメントを加えておきたい。

第Ⅰ部「城下町論」

ここには、城下町論に関わる諸論考を収録した。第1章が自分なりの到達点であるが、第2〜4章には、その前提となった論考を年次順に並べた。

第1章は、筆者の城下町論を包括的にスケッチしたものである。この論考が収録された『都市社会史』〔佐藤信氏と共編著〕では、伝統都市論の上にたって、都城と城下町をめぐる諸論考を軸に、古代から近代までの都市社会史を概観することをめざした。佐藤氏をはじめ、共同執筆者である、北村優季、佐賀朝、小林信也、杉森哲也、杉森玲子、高橋慎一朗、宇佐見隆之の各氏と、山川出版社会議室で数次におよぶ研究会を開き、また執筆者として後に五味文彦氏の参加を得た。そこでの議論が同書全体の骨格を形作っている。本章の原稿は、東部ドイツ・チューリンゲン州エアフルト大学でその大半を書いた。短期間ではあったが、海外の大学で授業をする初めての体験をし、また中世の面影を色濃く残し、旧社会主義体制下にあった経験を持つ美しい街で、クリスマス前後の異国での暮らしを楽しみながら、日本前近代の都市類型について思いを巡らせた。

第I部の内容はこの第1章でほぼ尽きるが、それに至る前提として、自分なりの城下町論を構想する試行錯誤の過程でもある第2〜4章と補論一編を収録してみた。

第2章は、『日本歴史大系』にむけて書いたもので、近世都市社会に関する未熟で粗いスケッチである。この執筆の時期は「町人と町」〔吉田 一九八五〕とほぼ同時であり、要するに一九八〇年代半ばごろまでの自分の研究を基礎として、近世都市社会論のようなものを背伸びして記したものである。発表時には、「近世都市の成立」、「近世都市の展開」の二つの節に分割されたものを、今回一つにまとめた。中世末期の都市の到達点について触れている部分は、研究のサーヴェイも不十分な少々危ういものである。しかし、その後四半世紀近くの当該期に関する都市史研究を瞥見しても、付け加えるべき部分はそれほど多くないのではないかというのが率直な感想である。ここでは、都市権力や流通・市場など、都市の形成・展開を論ずるのであれば当然触れるべき論点がいくつも欠落していることが今更ながらではあるが自覚される。

第3章は、文部省重点領域研究「イスラームの都市性」（代表者・板垣雄三、一九八八—一九九〇年）が主催した国際会議（一九八九年一〇月、中東文化センター）のセッションで、生まれて初めて英語で報告させられる羽目に陥ったときの日本語原稿である。拙いものではあるが今回初めて公表する。英訳はジョン・ウィズナム氏によるもので、“The Spatial Configuration and Social Structure of the Great Pre-Modern City of Edo” と題され、*Urbanism in Is-*

*lam: The Proceedings of the International Conference on Urbanism in Islam*, Vol. 2（一九八九年一〇月）に収録された。ちなみに、拙稿「江戸と民衆世界」（東京大学公開講座『都市』東京大学出版会、一九九一年）は、本論の内容を基礎に行った講演記録である。また、拙稿「巨大城下町―江戸」（『岩波講座　日本通史』一五巻、一九九五年。〔吉田 二〇〇〇〕に収録）の骨子は、すでに本論において示されている。

第4章は、中央公論社刊『日本の近世9　都市の時代』冒頭に記した序章である。一九九〇年七月から始まった同巻の執筆者会議の過程で、玉井哲雄、伊藤毅、宮崎勝美、西坂靖、杉森哲也、岩田浩太郎の諸氏と何度か研究会をもち、これを基盤に生みだされたのが「ぐるーぷ・まんもす」（総合研究A「前近代・巨大都市の社会構造に関する総合的研究」一九九二―一九九四年）である。これがその後「ぐるーぷ・とらっど」（①基盤研究A「日本型伝統都市類型の社会＝空間構造に関する基盤的研究」一九九七―二〇〇〇年、②同「伝統都市の社会＝空間構造と諸類型に関する基盤的研究」二〇〇一―二〇〇四年、③基盤研究S「16―19世紀、伝統都市の分節的な社会＝空間構造に関する比較類型論的研究」二〇〇六―二〇一〇年）へと継承される共同研究の本格的なスタートを切るものとなった。同書に収録した序章は、すでに〔吉田 二〇〇〇〕序文などでも述べたように、私にとって、城下町論を本格的に考えるきっかけとなった。その内容は、科研総合研究「前近代・巨大都市の社会構造に関する総合的研究」の申請書類に記した「研究の目的」（『ニューズレター都市史研究』6号、一九九一年一二月刊参照）とほぼ同じであり、また拙稿「都市と農村、社会と権力――前近代日本の都市性と城下町」（溝口雄三他編『アジアから考える1　交錯するアジア』東京大学出版会、一九九三年。〔吉田 二〇〇〇〕に収録）は、その内容を敷衍したものである。本章では、伝統都市、都市社会の分節的な把握といった、現在に至る筆者の立場が、まだ端緒的ではあるが示されている。

補論1は、塚田孝氏との共編〔塚田・吉田 二〇〇一〕の巻末に記した「編集に参加して」の一部を削除し、タイトルを変更して掲載する。この論集にモノグラフを寄せる余裕がなかったために、社会＝空間構造や分節的把握をめぐる考え方を小括として述べ、またその前提にある研究史的な文脈について簡潔に論じたものである。

第Ⅱ部「名主と役」

ついで第Ⅱ部として、江戸の名主と、これと深く関わる職人をめぐる個別研究をまとめてみた。

第5章は、『都市のアナトミー』と題するシリーズに向けて書いたものである。収録されたシリーズ1巻のタイトルは、「都市のフィロソフィー――都市とは何か、その本質」とあり、与えられた題目は「おさめる：行政・自治」であった。この論題を、近世前期における江戸の名主を素材に考えた。ここで述べている「町の名主から支配名主へ」というシェーマは、『日本都市史入門』で書いた二つのキーワード「名主」と「檜物町」で初めて提示した。

江戸の名主研究は比較的蓄積の多い分野である。古くは〔幸田 一九二三〕、近年では、〔片倉 一九八一〕〔加藤 一九八七〕〔小国 一九九〇〕〔小林 二〇〇二〕〔渡辺（大野）一九九二〕、および最近では〔高山 二〇〇七〕によるものをあげることができる。こうした中で、拙論の意味合いは、第一に「町の名主から支配名主へ」という展開を示したこと、第二にそれと表裏の過程として役と町をめぐる動向を見たこと、また第三に、江戸・内・地域社会を考える上で、名主支配という社会＝空間の枠組みが持つ意味合いに注目したこと、などとなろうか。名主に関する研究は、都市社会における中間層論、あるいは役人論＝中間権力論としてあらたな脚光を浴びつつある〔志村・吉田 二〇一一〕。旧稿は、二〇〇〇年一月には編集者へ提出したが、当初予定されていた出版社が途中で変更となるなどのトラブルに見舞われ、公表されるまで実に四年八ヵ月もの年月が費やされた。

第6章は、二〇〇四年三月に大阪市立大学で開催された国際シンポジウム「東アジア近世都市における社会的結合――諸身分・諸階層の存在形態」での報告をまとめたものである。ここで素材とした南伝馬町二丁目名主高野家文書については、一九七九年に発表した二つの論考で取り上げたが〔吉田 一九九一〕、ここでは近世前期に限定して、名主と支配町域の具体相を概略的ではあるが描写しようと試みた。しかし、十七世紀の過程については、まだ分析が十分行き届いていないというのが本書に収録するにあたっての反省である。

第7章は、二〇〇六年四月に大阪市立大学で開催された「近世大坂の法と社会」というシンポジウムで行ったコメントの一部を原稿化したものである。このシンポジウムを主催した塚田孝氏によれば「法という事象を通じて社会のあり方に接近する」というのが企画の趣旨で、大坂の都市社会を、法の形式と伝達、法の内容と社会構造、の二つの面から総合的に検討することが試みられた。この小論では、江戸の町触伝達のシステムと、町触が伝達・浸透してゆく社会の「深度」について検討した。

第8章は、小泉和子氏が主宰された「桶樽研究会」というユニークな共同研究の成果をまとめる論集に寄稿したものである。この研究会は一九八八年から一九九六年にかけて年二回ほどのペースで生活史研究所で開かれた。筆者は熱心な参加者ではなく、自分の報告（一九九一年八月）以外に一、二回参加した程度である。できあがった論集〔小泉二〇〇〇〕は見事な出来映えで、モノを素材とする多方面からの歴史研究が持つ豊かな可能性を示すものとなっている。この論文は、限られた史料から江戸の桶樽職人集団と役システムについて検討したものだが、これまでのところ、特異な存在である髪結を除けば、自分自身で職人について扱った――ただし実態分析を欠く――ほぼ唯一の論考である。

第Ⅲ部「問屋と商人」

最後に第Ⅲ部として、江戸町方を彩る問屋や商人の存在形態に触れる三つの論考と一つの補論をまとめた。

第9章は、〔浅野・吉田　二〇〇三〕に寄せた論考を改稿したものである。同書は、〔吉田　二〇〇二〕で絵巻物「熙代勝覧」をその冒頭に取り上げたことがきっかけとなり、この希有な絵図史料を早く多くの方々に提供しようと試み、幸いに講談社・鈴木一守氏などのご厚意を得て編集・刊行に至った。この制作にあたっては、伊藤毅、大久保純一、小林信也の三氏も加わり、講談社の会議室をお借りして、一年あまり共同研究を実施した。その中で執筆した小論と補注が本章の基礎となっている。この共同研究は、一九九九―二〇〇三年度の文部科学省・中核的研究拠点COE形成プログラム「象形文化の継承と創成に関する研究」（研究代表者・青柳正規氏）の一環としても実施されたため、同プログラムの大部な成果報告書（東京大学大学院人文社会系研究科・象形文化研究拠点、二〇〇四年）に、『大江戸日本橋絵巻――「熈代勝覧」の世界』の序文や二つの補注を加えて増補・改稿したものを掲載した。本書には、この改稿したものを採った。

この中で紙屑買いに触れる部分は、二〇〇二年一〇月一七日に東京大学で開催された第二回東京大学・成均館大学学術会議シンポジウム「大量消費社会を超えて――日韓社会の未来」における報告原稿「巨大城下町江戸の「消費と廃棄」システム」（未公表）にほぼ基づいている。また、『21世紀の「江戸」』（山川・日本史リブレット、二〇〇四年）でもこの点に言及した。

第10章は、虎屋文庫『和菓子』編集部からのご依頼で、特集「江戸と菓子」に寄せた小論である。これは第9章の続編のようでもあり、また「高輪海岸」（吉田 二〇一〇）とほぼ同時に執筆したこともあって、江戸南部方面の海岸地問題を考えるきっかけとなったものである。第10章・表3に見える「白雪こうや」などについて、それまでまったく無知であったが、青木直己氏をはじめとする虎屋文庫の方々から多くの御教示を得た。また、食類商人については、角和裕子氏が二〇〇九年度東京大学文学部卒業論文「幕末江戸における蕎麦の供給」の中で関説している。

この食類商人は、予想外に多様で豊かな論点を持つように思われる。史料から容易に明らかにできない民衆における生業の重要な構成要素であったこと、また民衆世界の飲食をめぐる生活や文化のあり様そのものに関わる問題だからである。

第11章は、巨大城下町江戸町方における社会的結合の中軸にある仲間・組合の問題に焦点を当て、十七世紀中ごろから幕末期にいたる変容の過程を、文字通りラフにスケッチしてみたものである。この論考は、林玲子氏の古典的な問屋仲間論を前提に、一方で二宮宏之氏によるソシアビリテ論を意識しながら、江戸町人地社会内部における秩序構造とその変容を見通そうとした試みである。仮説に仮説を重ねる体の危うい面があることは否めないが、多少乱暴にまたラフにではあれ、たまにはこうした見取り図を描いてみることも、研究の前進のために避けて通れない課題であると考え、いわば確信犯的に粗雑な議論を展開してみたものである。

これによって新たな課題として自覚することができた論点は多数にのぼる。また江戸社会を彩った無数ともいえる仲間・組合の一つ一つについて、史料を博捜し、緻密な分析を加える必要性があることを痛切に感じるきっかけとなった。そうした作業の大半は、次の若い世代の研究者に委ねるしかないのであろうが、部分的にではあれ、今後も自分自身で取り組んでゆきたい。初出の論考「伝統都市の経営」（『日本史講座』7巻、東京大学出版会、二〇〇五年）で、四八頁所掲の表四に不十分な点があり、この機会にこれと対応する本文ともども一部改めた。

また補論2は、『金沢市史』資料編6巻の「会報」9号に書かせていただいたものである。新たに見出された寛永年間の魚問屋に関する興味深い史料についての簡単なノートであるが、問屋の本源的な形態を考える上で、貴重な示唆を与えられた。

＊　＊　＊

本書に収録した論考を振り返ってみると、その多くは、この間に得ることのできた科学研究費補助金、すなわち国民の税金によって可能となった共同研究の中で生み出された研究成果であることを改めて自覚させられる。これら共同研究の途上で、研究会や授業の場などであれこれ議論におつきあいいただいた多くの研究仲間や友人、学生諸君に心よりお礼申しあげたい。また、東京大学出版会・山本徹氏にはシリーズ『伝統都市』に続いてお世話になった。併せて深甚の謝意を申し上げる次第である。

二十一世紀の最初の一〇年期を画す「九・一一」、そして二度目の一〇年期冒頭に発生した「三・一一」の衝撃、これらを経て、一段と厳しく激しい時代の移り変わりに私たちは直面している。私たちはいったい何を喪ってしまったのだろうか。こうした中で、地球上の各所で、伝統都市（伝統社会）の残滓にも抱かれながら、家庭や地域・職場・学園で、ふつうに暮らし、勤勉に働き学び、誠実に生きてこられた無数の人生の先輩たちに思いを馳せる。なかでも身近な先輩である、妻ゆり子の父・嶋谷又三郎（一九二二―）、同母・嶋谷東代子（一九二五―二〇一一）、また私の父・吉田力（一九一六―一九九四）、母・吉田光子（一九二〇―）に、それぞれ尊敬と敬愛の気持を込めて本書を捧げる。

## 文献一覧


『朝尾直弘著作集』全八巻（岩波書店、二〇〇三―二〇〇四年）
浅野秀剛・吉田伸之編『大江戸日本橋絵巻――「熙代勝覧」の世界』（講談社、二〇〇三年）
和泉市史編さん委員会編『横山と槇尾山の歴史』（二〇〇五年）
和泉市史編さん委員会編『松尾谷の歴史と松尾寺』（二〇〇八年）
伊藤毅『都市の空間史』（吉川弘文館、二〇〇三年）
伊藤裕久『近世都市空間の原景』（中央公論美術出版、二〇〇三年）
井上徹・塚田孝編『東アジア近世都市における社会的結合――諸身分・諸階層の存在形態』（清文堂出版、二〇〇五年）
岩田浩太郎『近世都市騒擾の研究――民衆運動史における構造と主体』（吉川弘文館、二〇〇四年）
岩淵令治「江戸住大商人の肖像――場末の仲買　高崎屋の成長」（『新しい近世史』3、新人物往来社、一九九六年）

岩淵令治『江戸武家地の研究』(塙書房、二〇〇四年)
岩本馨『近世都市空間の関係構造』(吉川弘文館、二〇〇八年)
鵜川馨・J＝L＝マクレイン・J＝M＝メリマン『江戸とパリ』(岩田書院、一九九五年)
宇佐美英機『近世京都の金銀出入と社会慣習』(清文堂出版、二〇〇八年)
海原亮『近世医療の社会史――知識・技術・情報』(吉川弘文館、二〇〇七年)
海原亮「天保期大坂本店の出入方」(『住友史料館報』41、二〇一〇年)
海原亮「大坂本店抱屋敷の家守と借家人」(『住友史料館報』42、二〇一一年)
エーラス、マーレン「大野藩の古四郎――藩社会のなかの非人集団」(『身分的周縁と近世社会4 都市の周縁に生きる』吉川弘文館、二〇〇六年)
小野将「「国学」の都市性――宣長学のいくつかのモティーフから」(『シリーズ都市・建築・歴史』6巻、東京大学出版会、二〇〇六年)
小野将「「新自由主義時代」の近世史研究」(『歴史科学』二〇〇号、二〇一〇年四月)
片倉比佐子『元禄の町』(都市紀要二八、東京都、一九八一年)
加藤貴「寛政改革と江戸名主」(『国立歴史民俗博物館研究報告』一四、一九八七年)
金行信輔「江戸寺社地の空間と社会」(『年報都市史研究』八号、二〇〇〇年)
カレ、ギヨーム「近世初期の流通転換と問屋――金沢を事例として」(『年報都市史研究』一一号、二〇〇三年)
カレ、ギヨーム「飯田とシャルルヴィルを比較する――問題、提案、展望」(高澤他 二〇一一)
川勝守生『近世日本における石灰の生産流通構造』(山川出版社、二〇〇七年)
神田由築『近世の芸能興行と地域社会』(東京大学出版会、一九九九年)
岸本美緒「明清期の身分と日本近世の身分」(『部落問題研究』一九五輯、二〇一一年一月)
北原糸子『安政大地震と民衆――地震の社会史』(三一書房、一九八三年)
幸田成友「江戸の名主について」(『史学』二―四、一九二三年。『幸田成友著作集』1巻、中央公論社、一九七二年、に収録)
小泉和子編『桶と樽――脇役の日本史』(法政大学出版局、二〇〇〇年)
小國喜弘「幕末江戸周縁部の町・町名主に関する一考察――『辻氏御用留』の分析を中心に」(『論集きんせい』一二、一九九〇

年）
小林信也『江戸の民衆世界と近代化』（山川出版社、二〇〇一年）
近藤和彦・伊藤毅編『江戸とロンドン』（山川出版社、二〇〇七年）
斎藤善之『内海船と幕藩制市場の解体』（柏書房、一九九四年）
佐賀朝『近代大阪の都市社会構造』（日本経済評論社、二〇〇七年）
佐賀朝「明治初年の遊廓社会」（『伝統都市4　分節構造』、東京大学出版会、二〇一〇年）
桜井英治『日本中世の経済構造』（岩波書店、一九九六年）
佐藤かつら『歌舞伎の幕末・明治――小芝居の時代』（ぺりかん社、二〇一〇年）
佐藤信・吉田伸之編『新体系日本史6　都市社会史』（山川出版社、二〇〇一年）
志村洋・吉田伸之編『近世の地域と中間権力』（山川出版社、二〇一一年）
杉森哲也『近世京都の都市と社会』（東京大学出版会、二〇〇八年）
杉森玲子『近世日本の商人と都市社会』（東京大学出版会、二〇〇六年）
杉森玲子「寺内」（『伝統都市3　インフラ』東京大学出版会、二〇一〇年）
鈴木博之・石川修武・伊藤毅・山岸常人編『シリーズ都市・建築・歴史』全一〇巻（東京大学出版会、二〇〇五―二〇〇六年）
高澤紀恵・アラン＝ティレ、吉田伸之編『パリと江戸――伝統都市の比較史へ』（山川出版社、二〇〇九年）
高澤紀恵・フランソワ＝ジョゼフ＝ルッジウ、ギヨーム＝カレ、吉田伸之編『伝統都市を比較する――飯田とシャルルヴィル』（山川出版社、二〇一一年）
高澤紀恵「都市を比較する」（高澤他 二〇一一）
高橋慎一朗・千葉敏之『中世の都市――史料の魅力、日本とヨーロッパ』（東京大学出版会、二〇〇九年）
高橋慎一朗『中世の都市と武士』（吉川弘文館、一九九六年）
高橋慎一朗『中世都市の力――京・鎌倉と寺社』（高志書院、二〇一〇年）
高山慶子『江戸深川漁師町の成立と展開』（名著刊行会、二〇〇七年）
高山慶子「大伝馬町の馬込勘解由」（『東京都江戸東京博物館調査報告書　二一集　大伝馬町名主の馬込勘解由』江戸東京博物館、二〇〇九年）

竹ノ内雅人「江戸の神社とその周辺――祭礼をめぐって」（『年報都市史研究』一二号、二〇〇四年）
竹ノ内雅人「近世後期飯田町の人口動態と社会構造」（高澤他 二〇一一）
武部愛子『近世天台宗寺院の存立構造』（学位申請論文、二〇一二年）
多和田雅保『近世信州の穀物流通と地域構造』（山川出版社、二〇〇七年a）
多和田雅保「近世飯田町研究の課題」（『信濃』五九―三、二〇〇七年b）
千葉正樹『江戸名所図会の世界』（吉川弘文館、二〇〇一年）
塚田孝『近世日本身分制の研究』（兵庫部落問題研究所、一九八八年）
塚田孝「吉原――遊女をめぐる人びと」（『日本都市史入門3　町』東京大学出版会、一九九〇年。同著『身分制社会と市民社会』柏書房、一九九二年に収録）
塚田孝『近世身分制と周縁社会』（東京大学出版会、一九九七年）
塚田孝・吉田伸之編『近世大坂の都市空間と社会構造』（山川出版社、二〇〇一年）
塚田孝『都市大坂と非人』（山川日本史リブレット、二〇〇一年）
塚田孝『歴史のなかの大坂』（岩波書店、二〇〇二年）
塚田孝編『大阪における都市の発展と構造』（山川出版社、二〇〇四年）
塚田孝『近世大坂の都市社会』（吉川弘文館、二〇〇六年a）
塚田孝「都市の周縁に生きる――17世紀の大坂・三津寺町」（塚田孝編『身分的周縁と近世社会4　都市の周縁に生きる』吉川弘文館、二〇〇六年b）
塚田孝『近世大坂の非人と身分的周縁』（部落問題研究所、二〇〇七年）
塚田孝編『近世大坂の法と社会』（清文堂出版、二〇〇七年）
塚田孝編『身分的周縁の比較史――法と社会の視点から』（清文堂出版、二〇一〇年）
中川すがね『大坂両替商の金融と社会』（清文堂出版、二〇〇三年）
中西聡『近世・近代日本の市場構造』（東京大学出版会、一九九六年）
仁木宏・松尾信裕編『信長の城下町』（高志書院、二〇〇八年）
西坂靖『三井越後屋奉公人の研究』（東京大学出版会、二〇〇六年）

二宮宏之『全体を見る眼と歴史家たち』（木鐸社、一九八六年）
原直史『日本近世の地域と流通』（山川出版社、一九九六年）
平川新『紛争と世論――近世民衆の政治参加』（東京大学出版会、一九九六年）
深井甚三『近世の地方都市と町人』（吉川弘文館、一九九五年）
藤川昌樹『近世武家集団と都市・建築』（中央公論美術出版、二〇〇二年）
藤本清二郎『近世身分社会の仲間構造』（部落問題研究所、二〇一一年）
ブロック、マルク（高橋清徳訳）『比較史の方法』（創文社、一九七八年）
ボツマン、ダニエル「カースト制度と身分制度――比較歴史学の可能性について」（『部落問題研究』一九五輯、二〇一一年一月）
牧原成征「近世初期の宿、その構成と展開」（『史学雑誌』一〇七―八、一九九八年。同著『近世の土地制度と在地社会』東京大学出版会、二〇〇四年に収録）
松本良太「江戸屋敷奉公人と抱元――信州抱元を主な素材として」（塚田孝他編『身分的周縁』部落問題研究所、一九九四年）
松山恵「近代移行期の東京」（『伝統都市1　イデア』東京大学出版会、二〇一〇年）
三浦俊明『譜代藩城下町姫路の研究』（清文堂出版、一九九七年）
三枝暁子『比叡山と室町幕府――寺社と武家の京都支配』（東京大学出版会、二〇一一年）
光井渉『近世寺社境内とその建築』（中央公論美術出版、二〇〇一年）
宮崎勝美「大名江戸屋敷の境界装置――表長屋の成立とその機能」（宮崎勝美他編『武家屋敷――空間と社会』山川出版社、一九九四年）
宮本雅明『都市空間の近世史研究』（中央公論美術出版、二〇〇五年）
森下徹『日本近世雇用労働史の研究』（東京大学出版会、一九九五年）
森下徹「萩藩蔵屋敷と大坂市中」（塚田・吉田　二〇〇一）
森下徹『近世瀬戸内海地域の労働社会』（渓水社、二〇〇四年）
森下徹「萩城下の都市民衆世界」（『伝統都市1　イデア』東京大学出版会、二〇一〇年）
八木滋「近世天満青物市場の構造と展開」（塚田　二〇〇四）

『山口啓二著作集』全五巻（校倉書房、二〇〇八―二〇〇九年）
山本太郎『近世幕府領支配と地域社会構造――備中国倉敷代官所管下幕府領の研究』（清文堂、二〇一〇年）
横山百合子『明治維新と近世身分制の解体』（山川出版社、二〇〇五年）
横山百合子「19世紀都市社会における地域ヘゲモニーの再編――女髪結・遊女の生存と〈解放〉をめぐって」（『歴史学研究』八八五号、二〇一一年）
吉田伸之「町人と町」（『講座日本歴史』5、東京大学出版会、一九八五年、〔吉田 一九九八〕に収録）
吉田伸之「社会的権力論ノート」（久留島浩・吉田伸之編『近世の社会的権力――権威とヘゲモニー』山川出版社、一九九六年）
吉田伸之『成熟する江戸』（『日本の歴史』17巻、講談社、二〇〇二年）
吉田伸之「遊廓社会」（『身分的周縁と近世社会4　都市の周縁に生きる』吉川弘文館、二〇〇六年）
吉田伸之「寺院・神社と身分的周縁」（『身分的周縁と近世社会6　寺社をささえる人びと』吉川弘文館、二〇〇七年a）
吉田伸之「解題」〔川勝 二〇〇七b〕
吉田伸之「山里の分節的把握――信濃国伊那郡清内路村を事例として」（後藤雅知・吉田伸之編著『山里の社会史』山川出版社、二〇一〇年a）
吉田伸之「江戸・内・寺領構造」（『伝統都市4　分節構造』東京大学出版会、二〇一〇年b）
吉田伸之「高輪海岸」（『伝統都市3　インフラ』東京大学出版会、二〇一〇年c）
吉田伸之「伝統都市の比較史」（『伝統都市を比較する』山川出版社、二〇一一年a）
吉田伸之「城下町飯田の性格を考える」（『飯田市歴史研究所年報』9、二〇一一年b）
吉田ゆり子「信州下伊那地域における身分的周縁――飯田藩牢守・猿牽と諸集団との関係」〔塚田 二〇一〇〕a
吉田ゆり子「近世湊町の地域特性」（『伝統都市4　分節構造』東京大学出版会、二〇一〇年b）
脇田修・J＝L＝マクレイン『近世の大坂』（大阪大学出版会、二〇〇〇年）
渡辺浩一『近世日本の都市と民衆――住民結合と序列意識』（吉川弘文館、一九九九年）
渡辺（大野）祥子「江戸における名主の性格とその意義――名主組合を中心として」（『論集きんせい』一四、一九九二年）

以下の拙著については、本論の中で〔吉田 二〇〇〇〕などと略記する。

『近世巨大都市の社会構造』（東京大学出版会、一九九一年）
『近世都市社会の身分構造』（東京大学出版会、一九九八年）
『巨大城下町江戸の分節構造』（山川出版社、二〇〇〇年）
『身分的周縁と社会＝文化構造』（部落問題研究所、二〇〇三年）

# 第I部　城下町論

# 第1章　城下町の類型と構造

## 一　都市史の方法

### (1)　近世都市の諸類型と城下町

近世期の都市は、たとえば豊田武の『日本の封建都市』[1]によると、城下町を代表としながらも、このほかに中世以来のものとして「門前町」・「宿場町」・「港町」や、「近代都市の萌芽」である「産業都市」などの諸類型をあげることができるとされている。また近年、渡辺浩一は、豊田らのいう門前町・宿場町・港町という類型化を「現象面」におけるとらえ方であると批判し、城下町との対比において「在方の都市的な場」を「在方町」という都市類型として包括的に呼称することを提唱している。[2]こうした門前町・宿場町・港町、あるいは「在方町」は、城下町とは異質の、近世社会を構成する重要な都市類型であり、近世期の都市社会史としては、これらを含めて叙述すべきであろう。しかしここでは、紙幅の関係やこの間の研究の進展状況をみて、やや大胆に城下町に限定して近世期の都市社会史を論ずる。

城下町は本章でみるように、中世前期からの長い前史を有するが、十六世紀の第4四半期を画期に、前近代日本における普遍的な都市類型として全国的レベルでいっせいに建設、あるいは改造されたものである。本章ではこの城下町を中心にみていくが、紙幅も限られており、各時代や地域ごとの個別的な事例のあれこれをとりあげながら丁寧に検討することはここではできない。そこで、以下の点に課題をしぼって論述することにしたい。

第一は、城下町を日本前近代が固有に生み出した都市類型の代表であるとみる立場から、城下町の形成と展開を、一般的、かつ課題発見的に叙述すること。この点については、吉田伸之「都市と農村、社会と権力——前近代日本の都市性と城下町」(3)（以下、「前稿」と略称）などですでに試みたことがある。本章はそこでの論点を基本的に踏襲し、不十分な点を補いながら、その後気づいた論点を付加するという形をとることにしたい。第二は、「都市社会史」という視点から、城下町の歴史的性格を考えることである。いいかえれば、都市社会構造の特質を所有の問題を軸にみる方法を検討していこうと思う。

### (2)　ウェーバーの都市論から

はじめに、都市史、とくに前近代の都市史をみていく方法について前稿を補足することから始めよう。まず、マックス・ウェーバーの著作からアジアや日本の都市に関するつぎのような有名な指摘を改めて振り返っておきたい。(4)

……アジアの諸都市は、……今日知られている限りでは、およそ全く都市ゲマインデでなかったか、あるいは萌芽的な形でそうであったにすぎないのである。……市民それ自体に固有の特別の実体法や訴訟法とか、あるいは市民によって自律的に任命された裁判所とかは、アジアの諸都市には知られていなかった。アジアの諸都市は、ギルドやカストが事実上——すぐれてあるいはもっぱら——都市に座を占めていたという限りにおいてのみ、それらを知っていたにすぎない。……さらに、アジアの諸都市には、自律的な行政や、とりわけ——これが最も重要な点であるが——都市の団体的性格と、農村民と区別された都市民という概念とが、知られていなかったか、あるいは単に萌芽的に知られていたにすぎない。……ここ（日本）では、自治行政権をもつ市街区ゲマインデ

（町）の上に、最高の機関として、一つあるいは数ヶの民治行政機関（町奉行）があった。しかしながら、古典古代や（西洋）中世の意味での都市市民権なるものは存在しなかったし、また都市自体のコルポラツィオーン的性格は知られていなかった。

右で特徴的なのは、都市の本質を「経済的概念」と「政治的・行政的概念」の両側面から二重にとらえ、なかんずく後者の点を類型の指標として重視し、「自律権をもった団体、特別の政治的・行政的制度を備えた「ゲマインデ」という点をもって、ヨーロッパの古典古代や中世の都市と、日本を含むアジアの諸都市との差異をみようとする点である。こうしたとらえ方について問題なのは、第一に、都市の類型化に際し、その基準を、おもに「政治的・行政的概念」に求めるのは都市史の方法として顛倒しているという点である。むしろ方法的基準にすえるべきは「経済的概念」、あるいは所有を基礎として存立する社会構造の性格なのである。また第二に、ウェーバーの前近代日本の都市に関する知見は、当時としては驚嘆すべき水準にあるといえようが、二十世紀後半における日本都市史の到達点からみるならば、当然のことながら、事実認識の点でも問題が多く、こうした点からも彼の都市論全体の妥当性を再吟味する必要性を感じる。このうち前者の問題について若干敷衍しておきたい。

### (3)　前近代の都市

都市とは、大地に対する即自的な所有から解放された人びとのうち、主として非農耕的労働に従事する者が、共同体・共同組織をともなって集住・定在する特定の社会＝空間領域のことであると考える。したがって都市の成立とは、一方で、もっぱら農耕的な労働に従事する人びとの社会＝空間領域、すなわち「農村」の成立と表裏の事態といえる。ここで非農耕的労働というのは、つぎのような意味においてである。

㈠　狭義には、生産・流通にかかわる営み、すなわち用具所有に基づく手工業的労働、動産所有に基づく商人的労働、労働力所有に基づく用役給付労働などを意味する。

㈡　広義には、㈠とともに、行政・軍隊・官僚・宗教・文化などの精神的労働をあわせて含意する。

こうして㈡の広義の観点から、都市の誕生とは、階級社会の形成、国家の成立と同時にみられる事態であり、また都市史の諸段階とは、国家形成以降における社会構成体の契機的展開（発展段階）によって区分されることになる。

前近代日本における都市を以上の点からみると、①都市域に集中する狭義の非農耕的労働の質による、いいかえれば社会的分業の進展度による発展段階的な類型と、②広義の意味からする、とくに政治的・宗教的な権力が多様な都市的要素をどのように総括し、これらを編成・凝集する核となるかによって生ずる類型差との、二つの側面から把握することが重要である。

このうち、①の社会的分業については、以下の三点が都市の発展段階・類型を考える上でのポイントとなる。

a　手工業者の性格　　用具所有を基礎とする小経営が共同組織をともなって確立しているかどうか、小経営間の分業がどの程度発達しているか、こうした小経営者が都市域にどのように定在するか、など。

b　商人の性格　　貨幣・動産所有を核とする小経営が、ここでも共同組織とともに、政治や宗教などの支配からどの程度自立しているか、手工業との分離はどこまで達成されているか、商業活動の場としての市・市場の成熟度はどうか、など。

c　労働者の性格　　人身的な支配から労働力所有の主体として自立しているか否か、自立している場合、雇用者との関係はどのような特質を有すか、独自の居住空間を有すか否か、など。

右のうち、たとえばａは、同業者組織の性格や支配との関係性の問題であって、とくに古代・中世の展開をみる上での論点となる。また町共同体の形成はａ・ｂに共通してかかわるものであり、中世・近世の都市の発展段階における差異をみる上で重要なポイントとなる。

つぎに、②都市の凝集核としての政治的・宗教的な権力の要素からみると、権力を構成する主体、すなわち、朝廷、公家、大寺院、武家、町衆《ちょうしゅう》などの存立構造の特質や、それぞれに固有の「都市のイデア」があるとすれば、その内容、などが問題となる。(5) こうした点から、前近代の日本の都市――後述の伝統都市――には、都城（宮都）、権門都市、宗教都市（寺内町、門前町などを含む）、惣町《そうちょう》、城下町、鉱山町、港（湊）町、宿町、市町《いちまち》などの諸類型が存在したと考えることができる。そして、なかでも都城の成立からその解体と、城下町の形成から近代化にいたる過程が、前近代日本都市史を叙述するうえでの主要な軸となるのである。

### (4)　都市のイデア

さて、右でいうところの「都市のイデア」とは、都市を建設するヘゲモニー主体、すなわち都市の所有・領有・支配主体における造形思想、あるいは「社会＝空間」理念・構想・戦略・計画、を意味している。前近代の都市について、かかる思想＝イデア自体を史料的に明確に把握するのはきわめて困難である。そこで素材として注目されるのは空間構造――その遺構を含めて――にほかならない。

都市を自然発生的で、人間の即自的な活動の所産＝構造物としてのみとらえることはできない。たとえば、共同所有を基礎として形成された集落が広大な規模に広がり、一見都市的な様相を呈したとしても、そこでの共同所有が大地＝自然と未分離であり、人びとの生産や生活が大地＝自然によって強く拘束されているかぎり、これを都市と呼ぶことはできないのである。

都市は、その所有・領有・支配主体におけるイデアを内容とする政治的・経済的ヘゲモニーによって、まさに対自的に創造されるものである。そこでのヘゲモニー主体は、部分的にも大地＝自然と一体化した所有とは異なる、第二次的な所有を実現した存在である。この点をいいかえれば、なんらかのイデアによって、意識的に造形された空間構造をそこにみいだしうるならば、それを都市と呼びうることになる。こうしたイデアは、単数の場合もあれば、複数（場合によっては無数）におよぶ場合もありうる。前者は、建設主体の専制的で単一のイデアが都市の全体を覆う。前近代日本の場合、その代表例は都城や城下町である。また後者の場合は、全体を統一するイデアを欠くが、複数で多元的な部分社会のヘゲモニー主体におけるイデアが、都市の各部位や諸層を多様に規定する形態をとる。その例としては、前近代最末期における巨大城下町や、現代の国家独占資本主義段階の東京など一群の超巨大都市、などをあげることができよう。

### (5) 伝統都市

さて、前近代日本の固有の都市類型として城下町を発展段階論的にとらえ、これを近現代の都市や他の類型と対比しようとするときに、どのような視点が求められるであろうか。筆者はかつてこの点を「伝統都市論」として述べたことがある。(6) ここで若干の補足をしながらその内容をまとめると、つぎのようになろうか。

(一) 地球的規模での都市の歴史を概括しようとすると、伝統都市→近代都市→現代都市という三分法に立つことが有効である。

(二) 伝統都市とは、高度資本主義化以前の、前近代における社会構造のうえに聳立する諸都市の包括的な呼称である。そこでは個性的な「価値の文化」を内容とする多様な類型をみいだすことができる。

(三) 一方、伝統都市の対極には、十九世紀末以降の一世紀余りのあいだに地球的規模で広がった現代都市が存立する。これは、産業革命とともに西ヨーロッパに生まれ、西ヨーロッパ地域の伝統都市を祖型として、資本主義的生産様式に適合的なものに変革され、十九世紀後半に北アメリカにおいて、固有の都市類型として成熟をとげたものである。その特質は、分業の多様化にともない都市形態は多元化する一方で、都市社会は均質化・没個性化する点にあり、第二に、国民国家を枠に周辺域全体を都市化せしめ（社会の都市化）、都市はその凝集域として特化し、巨大な規模に到達すること、などである。

㈣　こうした現代都市は、世界の各地域において伝統都市を急激に解体せしめ、その多くを自己の姿にあわせて創造・改造・再生させていくが、こうした相剋に彩られた解体→再生の過程における諸都市の過渡的段階を「近代都市」として独自に措定することが重要である。

以上のような、都市史の三分法に立つと、日本における伝統都市にはさまざまな形態が存在したが、全国レベルで、当該社会における普遍性をもつにいたった都市類型としては、都城と城下町にほぼ限定できるように思われる。このうち都城は、律令制とともに中国から移入された都市類型であり、藤原京をはじめとして平城京・平安京にいたる宮都と、諸国国衙政庁の所在域を含めて考えることができるが、律令制の解体のなかで、十三世紀ごろまでに都市類型としてはほぼ消滅するにいたった(7)。したがって日本の場合、近代が都城という伝統都市に直接対面することはなかったのである。こうして、城下町を中心とする近世期の諸都市が近代と相対し、その過程でみずからは解体されながらも、あらたに創出される現代都市という普遍的都市類型を深く拘束していくことになる。

二十一世紀初めの日本において、こうした伝統都市の残滓はほぼ完全に消滅したが、おそらく一九五〇年代にいたるまで、資本主義化による社会構造の激変にもかかわらず、日本近世の伝統都市、とくに城下町の構造的特質は、都市社会の「個性」を規定し続けた。いいかえれば、日本の近代都市の多くは、旧来の伝統都市＝城下町と、社会の現代化との相剋の過程における過渡期の都市形態なのである。このような点で、伝統都市の主要な類型としての城下町の性格を考えることは、同時に、近代都市という過渡的形態の特質を検討することにもつながっていくだろう。

## 二　城下町

### (1)　小野均らの城下町論

以上のような視点と方法を前提として、城下町の歴史的性格を考えることになるが、ここで城下町に関する研究史に若干ふれておきたい。一つは、古典的名著である小野均『近世城下町の研究』[8]である。

小野は、「現代都市」の多くが「その成立と発展との基礎を近世に置」き、しかも近世都市の中核にあるのは城下町であるとして、とくにヨーロッパとの比較史的検討を強く意識して同書の著述に取り組んでいる。そこでは当時で可能なかぎり具体例が博捜・分析されており、それらの検討結果を断片的に再構成しながら、城下町の成立と組織、「地方」との関係、その没落などについて簡潔にではあるが鋭く論じている。こうして同書は、城下町をめぐる諸論点の包括性という点において、現在にいたってもなお城下町研究の最高の達成ということができる。その後、城下町関係史料が厖大に発掘され、また個々の事例研究が大きく進展してきたことを踏まえれば、小野の到達点を格段に高いレベルへと引きあげうる条件をわれわれは手中にしていることになるが、はたして現状はどうであろうか。

近年の城下町論としてめだつのは、第一は中世史の分野においてであり、第二は歴史考古学においてである。前者は、たとえば小島道裕[9]や市村高男[10]、あるいは仁木宏[11]、また後者は、前川要[12]によるものが注目されよう。もちろん異なる分野におよび、論者によってそれぞれの城下町論は個性的であるが、大まかにみてほぼ以下のような傾向を有すように思われる。

㈠　城下町を単一の都市類型としてとらえるより、守護城下町、戦国期城下町、織豊《しょくほう》系城下町などと、時期的に区切って類型区分することを重視する点。

(二)　城下町を構成する諸要素（都市性）を、もっぱら領主権力・城郭と、商・手工業者＝町人地という二元的要素にみいだし、他の都市性、たとえば寺社や「日用」層などについてまったくふれないか、あるいは軽視していること。

(三)　検討の対象が中世後期から織豊期にほぼ限定され、近世中・後期から近代初めにおよぶ視野を欠くこと。

こうして、小野の城下町論の骨格は、実はほとんどゆらぐことなく、現在にいたっているということができる。

### (2)　城下町論ノート

筆者はこうした点を念頭におきながら、前稿において、日本前近代が創出した固有の伝統都市類型として城下町を再把握しようと試みた。これは、事実から帰納するという点で小野の達成にはおよぶべくもないが、とくに都市性を多元的にとらえようとする立場から、城下町論のノートを記したものである。以下、前稿の内容を要約的に記すと、つぎのようになろう。

城下町は前近代の日本が生み出した固有の、かつ代表的な都市類型の一つである。プロトタイプは中世後期にみられるが、十六世紀の末に基本型が確立し、十七世紀初めにかけて全国各地で一斉につくりだされた。広義には、武家領主の居館・城郭を中核とし、これに家臣団・足軽・寺院・神社・諸職人・町人・雑業層などの集住域を分節的に包含する都市的な空間領域の総称である。また狭義に、このうちの町人の居住域を城下（山下《さんげ》）・城下町と呼ぶこともある。

城下町の祖型は、中世前期の在地社会において、全国的レベルで広汎に形成された、武士の家（館・屋敷）を中心とする所領の社会＝空間構造にまでさかのぼる。これは、防御施設をともなった武士の館・屋敷を中核に、隣接する佃《つくだ》・門田《かどた》などの直営田、武士に従属する被官層の家、さらにはこれらを取りまく荘・郷などの地域、などからなる重層的な構造をもつ小さな一個の全体社会である。ここで武士の家は、所領における農業経営に対して勧農の面から統括する機能を有すだけでなく、商業・手工業・交通・文化の諸側面においてもそれぞれのセンター機能をもち、在地社会における都市的な諸要素を集約する役割を果たした。中世の後期に、こうした武士＝領主の家が城郭をともなって大規模なものとなり、当主が郡レベル以上の広領域を統合・支配する公的権力として成長すると、領域内のさまざまな都市的要素が、当の領主屋敷・城郭を中心に、一定の空間に凝集しはじめる。こうして現出する都市的な空間を、城下町の直接的な原型＝プロトタイプとみなすことができる（原・城下町）。しかし、この原・城下町段階の都市的領域は、①兵農分離を経ておらず、家臣の本拠は依然として在地社会のうちにあり、②定住的で自立的な商・手工業者の経営やその共同組織は未確立であり、③同一領域内に存在する有力な寺社勢力が、領域権力として武士と並立し、都市性の核となるなど、城下町としての凝集力は弱く、未熟な段階にあるものといわざるをえない。

城下町の成立にとっての画期は、十六世紀末の織田・豊臣政権の時期である。信長とこれを引き継いだ秀吉の両政権は、強力な軍団と、土地と人民を支配する斬新な政策とを有し、長期にわたった戦国の動乱を収拾したが、その統一権力の所在地として、都城の系譜をもつ中世都市とは異なるあらたな中央都市、領域都市を創造した。天正四年（一五七六）以降、近江琵琶湖畔に建設された安土がその始めであり、これに続く京都・聚楽第、伏見、大坂などの一連の中央都市が城下町という都市類型の出発点、モデルとなった。これらの事例から、城下町を設定するにあたっての政策基調をみるとほぼ以下のようである。

㈠　有力な武家＝家中を、その基盤である在地社会から切り離し（兵農分離）、中・小の家中ともども中央都市に集住させ（武家地・武家屋敷の成立）、強大な軍事力として組織し、あわせて国家的・領域的支配のためのさまざまな行政・司法機構運用の担い手とした。

㈡　直属の足軽・中間などの奉公人層を武家とは別の空間に集住させ（足軽町の形成）、軍団の下部に組み込むとともに、城郭や館、あるいは武家地の維持のために用益した。

(三)　寺院や神社に一定の都市空間をあたえることで宗教者を集住させ（寺社地、寺町の成立）、公権力の荘厳化・権威化に寄与させるとともに、武家による領域内宗教勢力支配の要としての役割を担わせた。

(四)　商人や諸職人などの小経営者を、免税（地子免許、役負担の免除）や営業特権の付与（楽市楽座）などの優遇策によって中央都市に招致し（町人地の成立、町共同体の定在）、手工業生産・金融・商業・流通などの諸側面においてセンター機能を果たさせた。

こうして確立された統一政権の中央都市は、城下町の理念型＝モデルとして、徳川政権期以降を含め、諸大名によって模倣され、それぞれの領域支配の中核としての地位を占めていく。その結果、ほぼ十七世紀前半に、城下町は当該期の幕藩制社会における都市性を、もっとも包括的に集約する都市類型として成熟するにいたった。そして城下町においては、その社会＝空間が、家中屋敷、足軽町、寺社地、町人地、皮多町村（えた村）などと身分的に分節化され、都市の全体性は大名のイエ支配によってのみ代表的に具現されることになったのである。幕藩制社会において、城下町には、江戸・大坂を代表とする巨大城下町、仙台・金沢・名古屋・福岡などの複合城下町、そのほか中小諸大名の（真正）城下町などの諸類型をみいだすことができる。城下町は、幕藩制社会の崩壊と運命を共にしたが、その多くは、明治以降の都市建設においてその前提とされ、近・現代都市の骨格に重要な歴史的規定性をあたえた。

右で要約的に記した城下町論は、ラフで仮説的な一つの試論にすぎない。また検討すべき論点を数多く残すことも自覚している。そこで、以下の三―五節において、現在ある程度言及可能ないくつかの問題を取り上げ、若干の事例を交えて少し具体的に論ずることにしたい。

## 三　城下町の類型論

### (1) 城下町の類型区分

前稿などにおける拙論の特徴は、城下町を伝統都市の一種として類型的にとらえる一方で、その生成・展開・死滅の過程を歴史的にみる発展段階論の視点とを同時に有し、これによって三都や全国の城下町について類型区分を試みるという点にある。それは大まかにいえば、(a)武士のイエ＝城下町の祖型、(b)原・城下町＝城下町の幼生、(c)（真正）城下町＝城下町の成体、(d)複合城下町、(e)巨大城下町、という五つの段階的・類型的区分である。ここでは、(a)・(b)を中世後期社会に、また(c)を近世初期に、(d)・(e)を近世中期以降にと、それぞれ段階的にもとらえようとしているが、いくつかの検討課題を残している。その一つは(b)のような城下町のプロト段階（プロト城下町）は、近世においても類型としてみいだしうるのか否かという点である。また二つには、とくに三都のうち京都の特殊性をどう考えたらよいか、という問題である。以下、この二点をめぐって若干検討してみよう。

### (2) 陣屋元村

近世中・後期において、プロト城下町とみなしうる代表的存在は、陣屋元村であると考える。ここではその一例として譜代小藩・生実《おゆみ》藩森川家の陣屋元村について取り上げてみよう(13)。

生実藩は寛永四年（一六二七）に一万石の大名に取り立てられ、下総国千葉郡に七〇〇〇石（生実地廻り）、上総・下総（東領）と相模（相模領）にあわせて三〇〇〇石余を領知としてあたえられた。藩主は江戸常住であり、その「国元」である「生実地廻り」の中心・北生実の陣屋は所領支配の中枢としての役割を担い、また藩主帰「国」時の屋敷

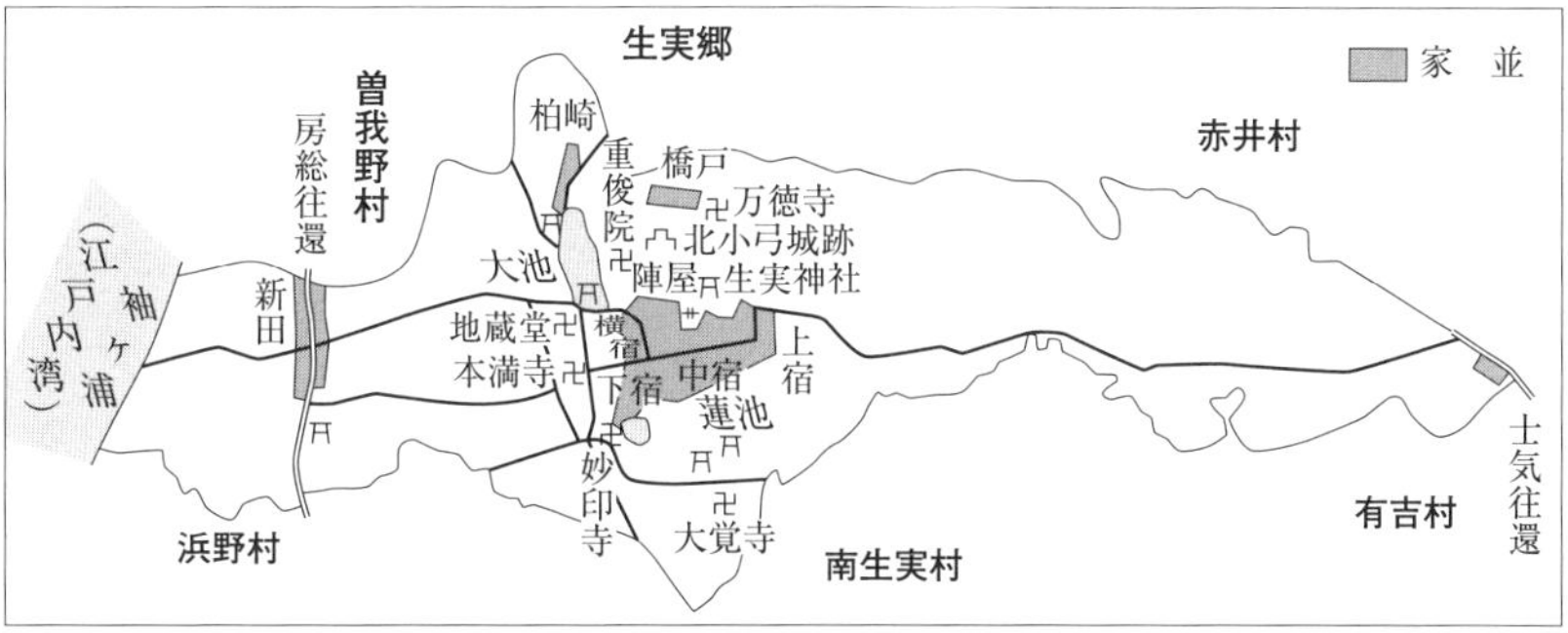


**図1**　北生実村（18世紀中ごろ）

（「御在所」）がおかれたのである。この陣屋は戦国期の古城・小《お》弓《ゆみ》城跡南端の一帯におかれ、これを「街区」などが取り囲んだ。こうした陣屋と周辺の社会構造はつぎのような特質をもった。第一に、この生実藩陣屋が存在したのは北生実村という「村」だったことである。同村は寛政十二年（一八〇〇）に、村高一二五六石余、家数一七五軒、人口八一一人とあって、やや規模は大きいが、近隣の村々との差異は一見認められないようにみえる。図1は十八世紀中ごろの北生実村の概況である。村は中央から東側が丘陵上にあり、この丘陵が西部の低地に臨む部分に陣屋と周辺の「街区」がみえる。西部は水田地帯で西端は江戸内湾に接する。

第二は、「村」であるにもかかわらず、とくに陣屋元における都市性を次のように多様に内包することである。

㈠　陣屋の所在。所領域の支配・行政・司法の中枢たる陣屋には代官と一〇人ほどの家臣が常駐する。また郷宿も十八世紀末には二軒確認でき、陣屋の支配機能を補完した。

㈡　陣屋元の「街区」。陣屋の南部一帯に「街区」が広がり、上宿・中宿・下宿・横宿などの「町」からなる町場を形成している。ここには家数の七割が集中し、その大半は農間渡世として商業や手工業に携わる者たちであった。表1は天保末年の村内農間渡世の内容であるが、小規模とはいえ小城下町の様相を呈していることがうかがえよう。

㈢　寺院の集中。北生実村には森川家の菩提寺である重俊院をはじめ、七つの

**表1**　天保14年(1843)，北生実村における「農間」の商いと諸職人

| |
|---|
| 元質屋・質屋4，下質屋10，古鉄3，紙屑・古道具1，薬種2，煮売・一膳飯4，菓子卸2，菓子類小売16，塩煎餅焼4，酒造1，酒升売3，造醤油2，造酢1，雑穀5，蕎麦温飩2，〆油2，魚油かつき小売1，漬物1，豆腐屋4，槙炭売買4，荒物6，足袋1，下駄・足駄1，郷宿2，湯屋1，髪結2，大工4，木挽7，建具屋1，畳屋1，桶屋1，屋根家6，綿打7，油〆職3，糀屋5，鋳物師3，紺屋1. |

注1)　単位＝軒.
注2)　『千葉市史 史料編3』，72号史料による.
注3)　農間渡世102軒のうち，2種兼業12，3種兼業5で，延べ124軒分となる.

寺院が陣屋元を囲むように分布している。これは近隣の村々にはみられない規模であり、所領域の宗教的要素を凝集した観がある。

こうした特徴は小城下町とごく近似的といえ、これを「陣屋元村」と呼ぶことができよう。

一方、陣屋元村は以下の点で城下町との差異をもつことにも留意しなければならない。

(一) 近くをこの地域の主要街道である房総往還・土気往還が走るが、陣屋元村はこれらをその内部に取り込んでいない。また、隣村の浜野・曽我野は江戸内湾舟運の有力拠点であるが、これも陣屋元としての北生実村にとっては外在的要素である。すなわち、都市性の主要な要素である水陸交通条件を内化せしめていないのである。

(二) 町屋景観の不在。前掲図1にみられる陣屋元「街区」は、独立した百姓家の街村として展開しており、連続した町屋づくりの景観を備えていない。これは、町場であるにもかかわらず、地子免許や百姓役免除などの町人としての権利を認められていないことと表裏であろう。

こうした陣屋元村は、北生実のような譜代小藩をはじめ、交代寄合クラスの旗本諸家、幕府や諸藩の代官所などにおいて一般的にみられ、量的にも相当数みいだすことが可能である。そしてこれを、近世社会においても不断に再生される「城下町の幼生」＝プロト城下町とみなすことができよう。

### (3) 京　都

八世紀末に、古代律令国家の帝都として創出された平安京＝京都は、中世の全過程をへて、伝統都市の一類型である都城＝宮都としての性格を徐々に変容・解体させ、十三世紀前半までには「権門都市」に移行したと考えられる。この権門都市とは、古代以来の朝廷－公家や寺社勢力のほかに武家が加わった、三つの権門に属するさまざまな諸勢力によって構成される複合都市である。これを歴史上の固有な都市類型とみることもできようが、解体した都城域において、あらたな都市類型＝城下町が形成されていく過渡期の形態としてここではとらえておきたい。権門都市は、とりあえずは朝廷－公家勢力を統合核とする「帝都」としての性格を持続するが、単一で囲繞された閉じた都市領域はすでに失われており、多様な諸都市の複合として存在したのである。十五世紀後半以降、京都市中に簇生する町《ちょう》を基盤として生まれる上京・下京などの惣町は、複合都市としての京都において、社会的レベルからあらたな統合の契機をあたえるものであった。

十六世紀の七〇年代以降、あらたに国家公権を掌握した武家勢力は、こうした惣町の台頭を自己の存立基盤として一挙に包摂する形で、権門都市・京都の改造をはかる。織田・豊臣政権による京都の近世都市化がこれである。小野均によると、その内容は以下の六点とされる(14)。①五里二六町余におよぶ御土居の建設、②皇居の修築拡大、③聚楽第周辺大名屋敷の建設、④寺町の構成、⑤洛中市街の市区改正、⑥市域拡大。こうした都市改造は天正十九年(一五九一)に一挙に推進され、「寺院地区・武家集団居住地区・町屋地区と截然たる区画、ならびにこれら地区の地理的相互関係……は近世都市の主体を形づくった城下町の都市計画と全くその軌を一に」し、京都＝帝都は「都市的構成に於いて、天正十九年を転機として聚楽第を組織中枢とする城下町的形態を出現せしめた」。一方、帝都として公家が存在したことが、「城下町的形態を完成する」ことを阻む要因であったと注目すべき指摘をしている。

こうして小野によれば、京都の近世都市化とは、城下町化として特質づけられたのである。

ところで近来、京都の「城下町化」の具体的なプロセスについていくつかの注目すべき指摘がみられる。一つは横田冬彦によるものである。(15) 横田は織田・豊臣政権による「義昭御所」以降のいくつかの「京の城」の事例を検討し、天正十四年(一五八六)につくられた本格的な平城である聚楽城(聚楽第)建設が、つぎのような意味で画期的なものであったとしている。①聚楽城が禁裏と対峙する「関白の城」としてつくられたこと、②秀吉の居城であること、③全国の大名が集住し、城郭—屋敷群として「首都」となったこと、④こうした首都形成が天正十八—十九年の京都の大改造を必然化したこと。こうして横田は、城下町化の内容を城郭—大名屋敷群を軸に描いてみせた。

しかし城下町化の深度は、さらに深く都市社会レベルにおよんだ。杉森哲也によると、(16) 聚楽第の建設は、大名屋敷群ばかりでなく、まったくあらたな街区の創出をともなったのである。聚楽町がこれである。杉森によれば、天正二十年(一五九二)において、上京・下京とも一二三〇町前後の惣町であったが、天正十四年に町割された聚楽町は九七—九八町におよぶ惣町＝聚楽城下の町人地として生み出されたことが明らかにされた。つまり杉森は、秀吉による京都の城下町化を、城郭—大名屋敷群—惣町(町人地)を軸としてとらえるべきことを示したのである。こうして、小野がかつて指摘した、寺町の建設や御土居造営などをあわせて考えると、天正末年(一五九〇年ごろ)に京都は単一の凝集核＝聚楽城と閉じた都市空間を有する、一大城下町へと変容をとげたことが首肯できよう。

しかし、ここで改めて問題となるのは、権門都市を構成した他の諸要素が京都の「城下町化」のなかでどうなったか、という点である。寺院社会の問題も重要であるが、ここでは禁裏—公家町についてみておきたい。この点にふれたほぼ唯一の研究である内藤昌らの仕事を踏まえると、(17) 初期京都の公家町は以下のような特徴をもっていたことになろう。

㈠　聚楽第完成後、天正十七年(一五八九)から禁裏御所の造替が始まり、天正十九年には公家諸邸宅が計画的に集中され、禁裏を中心とする街区＝公家町が形成された。こうして京都は「聚楽第を中核とし、禁裏を副心」とする都市構造をもつにいたる。

図2　公家町の構造（寛永期）

注）内藤昌・大野耕嗣「公家の位置とその範囲について」（『日本建築学会東海支部研究報告』1971年6月）による．

㈡　慶長十年（一六〇五）に公家町は北方に拡大され、院御所が造営されるなど「最終的な街区形成」が実施された。

㈢　元和・寛永期には図2・表2のような公家町の構造が確認できる。屋敷地面積の総計は一一・八万坪、その四〇％余を禁裏・仙洞などの御所が占め、家格に応じて親王家以下九一家の屋敷が集中している。

㈣　公家町は全体が閉じた空間となり、「隣接町への繋絡は薄く、禁裏及院御所を中心とした閉塞的構成が顕著」である。

**表2　公家の家格と屋敷地規模（寛永期）**

| 家　格 | 家数 | 合計面積（坪） | ％ | 一家平均（坪） |
|---|---|---|---|---|
| 禁　裏 | 1 | 14,154.8 | 12.0 | — |
| 仙　洞 | 1 | 23,364.5 | 19.7 | — |
| 新　院 | 1 | 5,250.5 | 4.4 | — |
| 親　王 | 3 | 9,598.5 | 8.1 | 3,198.5 |
| 門　跡 | 17 | 7,380.0 | 6.2 | 434.1 |
| 摂　家 | 5 | 18,826.8 | 15.9 | 3,765.4 |
| 清　家 | 7 | 4,564.7 | 3.9 | 652.1 |
| 大臣家 | 3 | 1,902.5 | 1.6 | 634.1 |
| 諸　家 | 56 | 33,400.0 | 28.2 | 596.4 |

注）内藤昌・大野耕嗣「公家町における屋敷地規模について」（『日本建築学会東海支部研究報告』1972年4月）による．

右のような概況からは、都市構造の点で、公家町は「城下町化」された京都の「都市・内・社会」の一つとして定置され、ここに権門都市の終焉をみることが可能であろう。しかし、とくに元和・寛永期以降の京都における禁裏・公家町の位置は「城下町」京都に包摂されえないいくつかの要素をもつように思われる。第一は、全国レベルでの問題である。この点では、①朝廷や公家が、諸職人、芸能者、勧進者、学者など多くの身分にとってその自己同一性の原泉として機能し続けたこと、②門跡寺院などの有力な寺院が、諸宗派の〝中央〟として存在し続けたこと、などを指摘できる。また第二には、京都市中レベルにおける問題である。これについては、③十八世紀前半には三〇〇軒を超える御用商人や職人らが、役負担のうえで「禁裏被官」という非・町人として非幕藩制的な身分体系のもとに位置づけられたことが注目されよう(18)。これら①—③の点は、近世の京都が城下町に一元化されない異質な要素を残存させ、内包し続けたことを示している。つまり、二条城を中核とする城下町と、禁裏—公家町を中核とする「帝都」との二重構造をもつ都市、複核的都市として性格づけることが重要なのではなかろうか。

## 四　城下町の即自的な分節構造

### (1)　都市社会の分節構造

筆者はかつて小路田泰直による「都市の骨格」論[19]を批判して、つぎのように述べた[20]。

……城下町は……城郭や、家中の集住地＝武家地、足軽町、自立的な寺院社会の共同組織によって構成される寺町、町人地などが基本的にはそれぞれ独立した社会＝空間領域として、一つの都市域内に併存する点に特徴がある。つまり、原理のことなる異種的な社会の複合、分節的共在としてその骨格は形成された……。

これは城下町の全体構造をどのように把握するかという都市史の方法に関する筆者の立場を端的に述べたものである。ここで、都市社会を分節構造としてとらえることの内容について、五点にわたり若干敷衍しておきたい。

㈠　都市社会の構造をみるうえで重要なのは、分節的特質一般ではなく、それぞれの段階差とその継起的展開の内容、また規定要因を明らかにしなければならないという点である。というのは、分節構造自体は、必ずしも近世都市においてのみ見いだしうる特質ではないからである。

㈡　城下町を例として考えると、本源的には城郭を中心とする身分的な社会＝空間構造が、所与のものとして都市の分節構造を構成している。こうしたいわゆる武家地・寺社地・町人地・足軽町などからなる分節的なあり方を「分節構造α」と呼んでおく。こうした本源的段階における主要な要素は、武家地においては、武士のイエ（肥大化した統治・軍事機構を含む）、家中組織と組、武家奉公人の部屋、町人地においては、町、町人（大店）のイエ、同業者の仲間・組、寺社地においては寺院組織、などである。これらを質的なレベルに注目して類型化すると、イエ、共同体・仲間、部屋の三つを摘出することができる。

㈢　イエについて。ここでいうイエは、小家族のそれとは異なり、特定の家産を有し、家長の権力のもとでその家族・同族団や奉公人層などが包摂されるところの、社会の基礎単位である。イエは、家長の意思をイエ内部の構成員に強制するための固有の法をもち（家法・家訓）、その血脈総体の存立と維持を至上の課題とする。典型的には武士のイエをあげることができるが、近世都市における大店レベルの商人層においても、こうした武士のそれと同質のイエをみいだすことができる。

㈣　共同体・仲間について。これは本源的には、小家族を基礎とする小経営＝小所有主体の共同組織であり、町方にのみ展開することを原則とする。この場合、小所有の対象となるのは、用具や動産・貨幣である。そこでは、小経営個々の利害よりも、同業者間の共同利害が優先される。こうして、小経営の主体において、個々の「イエ」の法は不在、あるいは未熟であり、これにかわって共同組織の法が個々の成員の利害を代弁する。初期の京都で典型的にみられる小町人のような家持＝小経営の場合、町屋敷の所有が、用具や動産の所有と未分離である場合には、小町人の共同体である町が小経営の共同組織を代行することになる。

㈤　部屋について。広義には共同組織の一種であるが、①小家族を構成単位としない非血縁的な単身者（多くは男性）の集団であり、②小所有の対象は労働力であり、③その分布は町方に限定されず、武家地、寺社地にもおよぶ、などの点が特徴的である。部屋は、部屋頭・小頭などのリーダーに生活と労働の全局面において統轄される、労働者＝「日用」層の共同の場となる。

以上の点を念頭において、ここでいうところの分節構造$\alpha$をめぐる具体的な論点を二、三点取り上げてみたい。

## (2)　足軽町

城下町の本源的な分節構造$\alpha$の性格を考えるとき、これまで十分検討されてこなかった問題としてまず注目されるのは、足軽町の問題である。以下、この点を、天正五年(一五七七)に織田信長が安土山下《さんげ》町中宛に公布した朱印状[21]に関する朝尾直弘の論考[22]を参照しながらみていきたい。朝尾が検討したのは、その第十二条である。

一、於町並居住之輩者、雖為奉公人並諸職人家並役免除事

付、被仰付以御扶持居住之輩並被召仕諸職人等各別事

朝尾は、この本文を「奉公人(武士)や諸職人であっても町並に居住する者は家並役を免除する」と解釈したうえで、これと付則との関係が判然としないことを問題としている。そして、奉公人・職人・商人を安土に集住せしめるために「町並に居住する者に家並役を免除する」という本文の規定がつくられ、一方で、「織田家臣団と織田氏に隷属する職人集団はこの優遇措置を受けない」ことを明示し、「町人と家臣団・扶持職人集団の区別を立てる」ことが付則の目的であるとした。つまり、「武士と町人の空間的分離が原則として打ち出された後にも、現実の町における両者の混住は続」き、こうした身分の分離過程のなかで、十二条をとらえるべきだと主張したのである。

こうしたとらえ方は、城下町の形成を歴史的にみるうえで多くの示唆に富むが、さしあたりつぎの点で問題を残すように思われる。それは本文の「奉公人」とは武士一般か、という点である。かつて高木昭作が、近世初期の「身分法令」を再検討するなかで述べた奉公人論を参照すると[23]、奉公人とは主持=武士全般ではなく、戦闘員である若党=又者を最上位とする足軽・中間・小者クラスの者に限定されることになる。こうして付則の「以御扶持居住之輩」が本文「奉公人」を受けるとすれば、これは「織田家臣団」ではなく、信長直属の奉公人層=足軽・中間層を意味することになろう。一方、「御扶持」のない奉公人とは、織田家中の又者の位置にある奉公人層となる。このようにみると、本文は、牢人を含む奉公人層を安土山下町並に呼びよせるための優遇措置であり、付則は、このうち織田直属の奉公人層を他の者と区分し、町並居住のメリットを否定したうえで、家並役のない非・町並地へと誘導するところに、その目的があったのではなかろうか。そうした非・町並地としてもっともふさわしいのは足軽町である。筆者は前稿

において、つぎのように述べた。

……戦国末期の軍団は、大名直属の多数の足軽隊と補助部隊を不可欠の構成要素として抱えた。こうした存在は、系譜的には武士・小領主の館・屋敷内に部屋住する下人層にその淵源をもつものである。しかし戦国期「乱世」のもとで、在地社会から析出されたプロレタリア的要素＝「日用」層の相当部分は、半ば傭兵的な存在として、軍事力の新たな供給源となったのである。彼らは近世初頭までに、足軽・中間・小人などとして身分的に可視化してくる。このうち、足軽＝戦闘者は、非戦闘者である中間・小人とは区別され、武家奉公人の上層部分を構成した。こうして、大名直属の足軽層のうち家族持の部分には、組単位に城下町域に定着する者も現われた。足軽町という社会＝空間がこれである。つまり足軽町とは、中世末に形成されたプロレタリア的要素という都市性のなかで、唯一具現した社会＝空間構造であるということができる。

右の点を踏まえると、安土山下掟の十二条から、安土山下において町人地や武家地一般とは区別された足軽町がすでに存在していた、あるいは形成されつつあったと推定することが可能になるのである。

### (3) 職人町

さて、安土山下掟十二条からは、今一つ城下町域における職人身分の存在形態についての手掛りをえることができる。これは朝尾が十分言及していない論点であるが、さきにみた奉公人に関する規定と同様に、付則にある「被召仕諸職人」が織田家直属の「御用職人」であるとすれば、付則によって町並居住のメリット（家並役免除）を奪われた彼らについても、これによって町並地以外の地域へ移動することが想定される。そうした移動先は、いわゆる職人町以外には考えがたい。つまり、安土山下において御用職人の集住域＝職人町は、町並地とは異なる空間領域として、すでに設定されていたのではなかろうか。

この点は、城下町における職人町の性格一般にかかわる問題である。たとえば甲府の場合をみてみよう。[24] 甲府には上府中・下府中に計四八の町が存在したが、これらは、(a)宿駅である柳町を中核とし、柳町への伝馬助役によって編成された定助町九町、大助町三二町と、(b)これとは別に町人役を免ぜられた免許町が七町存在した、(b)はいわゆる職人町に相当し、大工・細工・紺屋・畳・桶・鍛冶・屋根葺などの職人役の体系下におかれた。こうした職人町は、城主直属の手工業者層が家持職人を軸として集住する一画であり、町並地＝町人地とは本源的に成立の系譜を異にするものである。つまり仮説的にいえば、成立期城下町において、職人町は町並地とは原理的に異質の社会＝空間として設定された、ということであり、安土山下町中掟十二条は、この点を裏づける史料の一つではないかと考える。

こうした点で注目されるのは、鉱山町の例である。塚田孝は、山口啓二による秋田藩の鉱山町に関する研究[25]を前提に、院内銀山町において、同町が山師らの居住する上町と、下町とが区分されることを確認したうえで、さらに慶長十九年(一六一四)における阿仁金山町の町割にふれて以下の点を指摘している。[26]

(一)　山師＝採鉱業者に対する屋敷割（上町）と「町人」に対するそれ（下町）が明確に区分されていること。

(二)　上町・下町の両者は全体が「町割」されたとあり、上町の家持＝山師も広義には町人である。

(三)　上町の屋敷は、第一次的には山師にあたえられ、小経営として自立しつつある金子《かなこ》の屋敷は、山師を介して間接的にあたえられた。

山師＝採鉱業者を金子以下の鉱山業にかかわる職人層の棟梁＝役請負者としてとらえると、右でいう上町とは、城下町の職人町とほぼ同質の領域とみることができる。一方、下町域には鉱山町を支える多様な商人層以下が集住した。こうして近世初期鉱山町における上町・下町の分離という事実は、城下町において本源的には職人町と町人町が別個の分節的な領域として分離していたことを傍証するものと考える。

しかし、大半の城下町においては早く十七世紀中ごろまでに職人町は実質的に解体していく。これは第一に、御用職人の職分が基本的には築城・都市建設・戦争などの特異な領主需要に奉仕するものに限定されており、「徳川の平和」が実現され、城下町の建設などが一段落すると、職人役を介しての手工業者把握が弛緩したこと、また第二に、広汎な民間需要に応ずる多様な職分があらたに簇生し、それぞれの職分において非・家持職人を中心とする固有の仲間組織が、従来の御用職人とは異なる位相において結成されていったこと、などを背景とするものである。この結果、職人町における家持職人は急激に流動化・解体し、職人の家持役はあらたに流入した非・職人＝「素人」によって代替されていくことになる。こうして職人町は町人地一般と均質化し、その一構成部分に定位することになる。(27)

### (4)　皮多町村

つぎに、城下町の分節構造αを考えるうえで重要なのは、賤民なかでも皮多（長吏）の集住域の特質である。かつて原田伴彦は、「近世都市と身分制度」という論考で、(28)それまで「都市研究の埋没された盲点」であった城下町と「被差別部落」の関係について検討し、「封建支配のピラミッドの頂点を示す城郭と最底辺以下の人外の部落」を概観しながら、苛烈なる「差別的支配」の実態を指摘した。そして「階級的身分的秩序を表現する」ところの「ヒエラルヒッシュな城下町の構図」の最底辺に「賤民部落」を位置づけたのである。氏の指摘は先駆的ではあるが、必ずしも丁寧な事例研究を経たうえでのものではない。そして、このようなとらえ方は、その後の城下町認識のうえで一つの固定的な「枠組」み、あるいはイメージをあたえてきたが、原田自身を含めて、その後も事例研究はあまり進展してこなかった。こうしたなかで近年、塚田孝による大坂渡辺村の実証研究により、あらたな視角が切り拓かれた。(29)そこで塚田の仕事に学びながら、渡辺村の事例をとおして、城下町と「賤民部落」――以下、〝皮多町村《まちむら》〟と呼びたい――との関係構造について若干考察しておきたい。

渡辺村は座摩神社に神役を奉仕するキヨメ集団の居所（淀川《よどがわ》北岸）を淵源とし、その後、大坂築城にともない市域周辺に分散させられたのちに、元和年間（一六一五―二四）に道頓堀川南の難波村領内に集住することで成立した（役人村）。ここは三郷同様の「無年貢地」で、八軒町・南之町・中之町・北之町の四町から構成され、明暦期に増地され六町となる。その後、元禄十一年（一六九八）に替地を命ぜられ、「引料」（移転費用）をあたえられて、木津村領内に村ごと移転するにいたる。これが渡辺村の成立の経緯である。

渡辺村は皮多身分の者のみが集住する社会（「えた村」）であったが、以下のような特質を有した。

㈠　渡辺村は大坂町奉行所支配のもとで、皮役・死体片付・行刑役・火消役などの諸役を負担する役人村であったこと。

㈡　木津村領の旧地以来、小規模ではあるが、六町からなる惣町としての性格をもつこと。村には二人の世襲年寄が存在し、これが十八世紀末以降、六町各町に年寄がおかれる形に変化する。そして固有の「村法」のもとで、独自の領域を有する自治団体として運営された。

㈢　村の構成主体は家持層であるが、彼らの町屋敷には多数の「身軽の者共」が借家として存在した。

㈣　渡辺村には西日本全域から牛馬の皮革が集まり、有力な皮問屋を中核とする流通センターとしての役割を果たした。また村内には、雪踏などの皮革細工に携わる手工業の諸工程が展開した。こうして渡辺村では、皮革に特化した商・手工業が最大の産業であったのである。

以上のような特質をもつ渡辺村は、複数の町共同体を内包する事実上の都市であるにもかかわらず、行政的には村であるという、「町村《まちむら》」の一形態であり、これを「皮多町村」と一般化しうるのではないかと考える。そして、城下町・大坂との関係構造の面でいえば、①城下町域の外縁部に位置する独立的な小都市であるが、②三郷とならぶ惣町の一つとして町奉行支配のもとで大坂市中の一構成要素であり、そうした意味で「都市大坂のなかの部分社会(30)」でもあったのである。

## 五　城下町の対自的な分節構造

さて、四節の初めで述べた城下町の分節構造の即自的なあり方（分節構造α）とは位相を異にしながら、とくに町人地における社会構造が変容していくなかで、分節構造の対自的な形態が形成されていく。今これをかりに分節構造β＝単位社会構造と呼ぶと、これには以下のように二つの主要な類型が存在した。(31)

### (1)　単位社会構造（分節構造β）

(一)　大店を中核とする社会構造（大店社会）。大店とは近世中期以降、三都をはじめ全国の城下町域に簇生した有力な特権的商業＝高利貸資本のことである。三都を念頭におくと、大店は当該の町人地域内において、①居所＝店舗である自己の町屋敷が所属する町域において有力商人として存立すること、②店舗は、店表＝売場と奉公人らの生活空間＝裏が二重化すること、③一〇人以上の奉公人・下人をかかえ、これは店表と賄方（台所）に分化すること、④店表の取引関係と台所関係の二側面で二重の出入関係を有すること、⑤一カ所以上、多数にも及ぶ町屋敷を抱屋敷として所有し、地貸・店貸の経営（町屋敷経営）を行うこと、などの点で共通した特徴を有した。こうした大店は、自己の居宅＝店舗を中核＝磁極とし、右の①—⑤の諸関係を媒介としながら、広域におよぶ独自の社会構造を形成した。このような社会構造は、町、あるいは町屋敷を単位とする面もみられるが、社会＝空間としては可視的でなく、不定型なものとしてあった。この大店を磁極とする不定型な社会構造は、二つの点で町人地を超えて展開する。一つは、城下町域内における、町人地以外の分節構造αへの浸透である。たとえば江戸を例にとると、武家地における藩邸社会への「御用」出入関係、有力寺院への出入や境内経営などへの関与を介して、大店層はみずからが中核となる磁場を拡大していく。今一つは、商品取引や金融関係を媒介として、周辺の在地社会、あるいは遠隔地にも、当該の大店を磁極とする社会構造が広がりをもっていくという点である。

(二)　市場《いちば》社会。市場社会とは、特定の品目を扱う問屋・仲買商人が市場仲間という共同組織に結集し、これが中核となって、市場取引をめぐって形成される独自の社会構造である。三都や城下町域内における代表的な市場としては、魚（鮮魚・塩干物・干鰯）や青果（青物・水菓子）、米穀、塩、古着などをめぐるものがあげられるが、こうした品目の取引をめぐって、産地（山方・浜方）、買手（小売商人）、茶屋・付属商、「日用」層、市場地主などを包摂した固有の社会構造が形成された。

こうした二つの類型を有する単位社会構造＝分節構造βは、ほぼつぎのような特質をもった。

(一)　磁極の実質は、城下町に付与された特権たる流通独占を担う二つの形態、すなわち市場と問屋である。この二形態は、(a)価格決定のヘゲモニーを売買参加者が有すか否か、(b)問屋層の複数性、集住性、あるいは町による拘束力の強弱、などにおいて差異があるが、周辺社会構造への規定性の点で同質である。

(二)　磁界として形成される周辺社会は、明示的な境界領域をもたないが、内容的には磁極を核とする同心円構造をもつ。これは、(a)磁極である大店・市場仲間のイエ――店表・台所という二重構造をもつ奉公人世界を内包するところの――、(b)取引・売買参加者との相互関係――当該商品の産地・流通・売買・小売などの諸局面、および金融取引関係、さらには領主を始めとする武家や寺社との取引関係を含む――、(c)出入関係――店表の従属的な中・小の商・手工業者との関係と、台所の諸零細商人・諸職人・「日用」層との関係とに二重化したところの――、(d)町屋敷所持・経営関係――店舗所在地における町中との関係と、抱屋敷居住の地借・店借層との関係――、の四つの局面が複層的に形づくる構造物といえるのである。

### (2) 対抗的社会構造

城下町の町人地を基盤として展開する単位社会構造＝分節構造βは、右でみたように都市の社会的権力の二つの形態――大店と市場仲間――をヘゲモニー主体として形成されたが、近世中・後期に、町人地社会はこれらによってすべてが全一的に統合され、あるいは構造化されたわけではけっしてない。第一に、町人地の基礎構造を規定する町共同体の枠組みが、社会＝空間構造としても牢固に残存したことを指摘できる。三都周縁部の町域や、中・小城下町においては、家持町人の比較的フラットな町中のありさまは幕末期にいたるまで広汎にみられた。また、たとえば江戸においては、表店商人・職人――二〜三間程度の狭い間口の店舗・作業場を地借・店借として賃借する小経営層――らは、業種を超えて町域を外枠とする一種の地縁的な共同性を強く維持し続けたのである。

第二に、単位社会構造や町の枠組みとは異なり、これと対抗的で独自に存立するところの民衆的位相における社会構造――対抗的社会構造――を措定しなければならない。これについては仮説的にではあるが、ほぼ以下のような特徴を指摘することができるように思われる(32)。

(一) 対抗的社会構造を形成する民衆世界のヘゲモニー主体として想定できるのは、若者組と、通り者層である。

(二) 若者組は、神社の氏子組織を外皮として町を単位に数十人規模で組織化され、職業や階層を超えた集団であり、町人地の民衆世界と共にあり、その一部分である。その中核にあるのは、職人手間取層や小商人、および「日用」層、奉公人層に属す青年男子であり、江戸では数町から二、三〇町レベルにおよぶ広い範囲での結合をとげている。彼らは、一方では大店や市場社会に統合される単位社会の一員でもあるが、祭礼・紛争・災害などに際し、これらと対抗し、あるいは調停者・暴力装置などという独自の存在として立ちあらわれる。こうして、町人地全体を覆う若者組の共同は、民衆世界における固有の磁極的要素となった。そして、民衆世界それ自体が、大店社会や市場社会に対する対抗的な社会構造として自立的な位置を有すという点で、重要な要因となったのである。

(三)　通り者とは、近世中・後期の町人地社会を主たる基盤として存在し、「逸脱的社会層」[33]にも片足をおいたヘゲモニー主体を意味する。彼らは、都市民衆世界からの逸脱層や被疎外層、およびプロレタリア的要素などの位相を中心に、都市社会のあらゆる局面に寄生的・暴力的に展開した。たとえば江戸の場合、町火消における人足頭取層、人宿や六組飛脚屋などにこうした通り者らをみいだすことができる。彼らは一面では賭場の所有などの点でアウトロー的性格を色濃くもったが、人足頭取や人宿といった形で、当該社会の公的地位をも同時に有していた点が重要である。通り者たちは、自身の周辺に一定数の「日用」層をかかえ、これを一種の暴力装置として、とくに大店や市場社会と寄生的に相対峙した。同時に彼らは祭礼・紛争・災害に際して民衆世界の同伴者・庇護者としてもあらわれ、この点では若者組とのあいだで競合関係にあった。しかし通り者をヘゲモニー主体として形成される対抗的社会構造は、民衆世界はおろか町人地社会をも超えて展開するところに、若者組を中核とするそれとは大きな相違があった。たとえば、江戸の大名藩邸において人宿を介して調達された武家奉公人＝「日用」層が起居する「部屋」、また抱鳶が詰める「鳶小屋」などは、こうした対抗的社会構造が武家地にまで広く深く浸透したことを明示しているのである。

## 六　城下町研究の課題

以上、前稿の内容を若干補いながら、都市社会史という視点から城下町の歴史的性格を一般的に検討してきた。ここで論じてきた問題のほかにも取り上げるべき論点はいくつも残されているが、そのうちの二、三について若干ふれて締めくくりにかえたい。

### (1)　「首都性」[34]

首都とは、一般的には「一国の統治機関が置かれている都市」とされる[35]。そこには統治権力とその機構が集中し、政治・軍事の中枢がおかれる。日本近世の場合、このような意味での首都に相当するのは、織豊期の安土→京都→伏見→大坂、徳川幕府成立後の江戸・駿府・京都などであろう。問題は、こうした特異な中央城下町としての首都においてのみ固有にみられる特質=首都性にはどのようなものがあるか、という点である。第一は、国家公権の集中にともない、大名・旗本らが集住せしめられ宮廷社会の一種である大名社会[36]が展開することである。これは、領主階級のサロンが、「衒示的消費」[37]のセンターとして奢侈的な消費文化のモデルを全国に向けて発信し、同時に国家の荘厳に寄与するという問題である。第二は、都市領域支配における特異性である。江戸の「御府内」、京都の「洛中」という社会=空間をめぐる支配や行政には、他の城下町域との差異をみいだしうるであろうか。たとえば江戸町方支配を担う町奉行は、同時に寺社奉行・勘定奉行とともに幕政レベルの行政・司法に携わる重職であることが、首都性の内容を考えるうえで改めて注目されよう。第三は、住民における首都意識の問題である。これは第一の点と表裏の関係にあるが、下層民衆をも含めた町人社会が創造するところの文化へゲモニーの構造[38]と、その結果生み出される首都意識・中央意識とはどのような特質を有したか、ということである。

### (2) 宗教都市との比較

前稿や本章で述べたように、城下町を日本前近代社会が生み出したもっとも代表的な伝統都市類型ととらえた場合、他の都市類型にはどのようなものがあり、城下町はそれらとどの点で異質なのかを改めて検討しなければならない。冒頭でふれたように、城下町とは異質な都市類型として「在方町」をあげる見方も検討に値するが、ここでは門前町を含む一群の「宗教都市」に注目したい。宗教都市とは、有力な寺社領主が中核となって形成されるもので、城下町についで多くの都市性を内包する都市類型である。これらは城下町より早く成熟し、あるいは日本中世が生み出した固有の都市類型とみなしうるかもしれない。近世においては、延暦寺—近江坂本や、信濃善光寺[39]、伊勢山田[40]のように、独立した都市域を有す場合と、浅草寺―寺領町々のように巨大城下町の分節構造の一画に内化される場合とが想定できる。これを城下町との対比でどのように性格づけるのかが一つの焦点となる。

### (3)　城下町の近代化

現代日本の主要な都市の大半が城下町を出発点とすることから、城下町という「有機的な秩序をもつ都市空間」の「設計」に「近代の序奏」をみ、近代の「城下町都市」という類型を設定しようとする論者もいる。(41) しかし問題は、都市空間の継続性にのみ注目することにあるのではなく、とくに、社会構造における近世から近代への転換を緻密にあとづけることが重要であろう。本章で述べた点からいえば、都市社会＝空間の身分秩序が解体されたのちに、対自的な分節構造とした部分、すなわち単位社会構造や対抗的社会構造がどのように都市域全体に展開・浸潤し、あるいは城下町を内部から変質・解体させていくかが最大のポイントとなろう。こうした点でも、日本における近代都市の構造分析にとって、城下町の特質を解明することは不可欠の階梯なのである。

(1)　豊田武『日本の封建都市』(岩波全書、一九五二年)。
(2)　渡辺浩一『近世日本の都市と民衆』(吉川弘文館、一九九九年)。
(3)　溝口雄三・浜下武志・平石直昭・宮嶋博史編『アジアから考える1　交錯するアジア』(東京大学出版会、一九九三年。〔吉田　二〇〇〇〕に収録)。
(4)　マックス・ウェーバー(世良晃志郎訳)『経済と社会　都市の類型学』(創文社、一九六四年)。
(5)　J・リクワート『〈まち〉のイデア』(みすず書房、一九九一年)。
(6)　吉田伸之「都市の近世」(『日本の近世9　都市の時代』中央公論社、一九九二年。本書第四章)。
(7)　承久の乱後に京都に六波羅探題府が設置されたことを一つの指標とする。高橋慎一朗『中世の都市と武士』(吉川弘文館、一九九六年）を参照。
(8) 至文堂、一九二八年刊。なお、小野均（晃嗣）『近世城下町の研究　増補版』（法政大学出版局、一九九三年）に再録。
(9) 小島道裕『城と城下』（新人物往来社、一九九七年）。
(10) 市村高男『戦国期東国の都市と権力』（思文閣出版、一九九四年）。
(11) 仁木宏『空間・公・共同体　中世都市から近世都市へ』（青木書店、一九九七年）。
(12) 前川要『都市考古学の研究――中世から近世への展開』（柏書房、一九九一年）。
(13) 『千葉市史』史料編三、四、七巻、および吉田伸之「北生実」（『日本都市史入門2　町』東京大学出版会、一九九〇年）を参照。
(14) 小野均「京都の近世都市化」（『社会経済史学』一〇巻七号、一九四〇年。小野注(8)書に収録）。
(15) 横田冬彦「城郭と権威」（『岩波講座　日本通史』一一巻、一九九三年）。
(16) 杉森哲也「聚楽町の成立と展開――近世初期京都都市構造の再検討」（『年報都市史研究』三号、山川出版社、一九九五年。のちに『近世京都の都市と社会』東京大学出版会、二〇〇八年）。
(17) 内藤昌・大野耕嗣・高橋宏之・村山克之「近世初頭京都公家町の研究」一～七（『日本建築学会東海支部研究報告』八～一〇、一九七〇－七二年）。
(18) 吉田伸之「公儀と町人身分」（『歴史学研究』別冊、青木書店、一九八〇年。〔吉田 一九九八〕に収録）を参照。
(19) 小路田泰直『日本近代都市史研究序説』（柏書房、一九九〇年）。
(20) 本章第四章。
(21) 「八幡町共有文書」。
(22) 朝尾直弘「安土山下町中定の第一二条について」（『観音寺城と佐々木六角氏』四号、一九八一年。のちに『都市と近世社会を考える』朝日新聞社、一九九五年、『朝尾直弘著作集』七巻、岩波書店、二〇〇四年に収録）。
(23) 高木昭作「所謂『身分法令』と『一季居』禁令」（『日本近世史論叢』上、吉川弘文館、一九八四年。のちに『日本近世国家史の研究』岩波書店、一九九〇年に収録）。
(24) 安藤正人「近世甲府の都市構造と役負担」（『史料館研究紀要』一三号、一九八一年）。
(25) 山口啓二「近世初期秋田藩における鉱山町」（『国民生活史研究』二巻、吉川弘文館、一九五九年。のちに『幕藩制成立史

の研究』校倉書房、一九七四年、『山口啓二著作集』二巻、校倉書房、二〇〇八年に収録)。
(26)　塚田孝「身分制の構造」(『岩波講座　日本通史』一二巻、一九九四年。のちに『近世身分制と周縁社会』東京大学出版会、一九九七年に収録)。
(27)　吉田伸之「役と町――江戸南伝馬町二丁目他三町を例として」(『歴史学研究』四七一号、一九七九年。〔吉田　一九九一〕に収録)を参照。
(28)　原田伴彦「近世都市と身分制度」(『歴史学研究』一八九号、一九五五年。のちに『日本封建都市研究』東京大学出版会、一九五七年に収録)。
(29)　塚田孝『近世の都市社会史』(青木書店、一九九六年)。
(30)　同右。
(31)　以下の点については、吉田伸之「巨大城下町―江戸」(『岩波講座　日本通史』一五巻、一九九五年。〔吉田　二〇〇〇〕に収録)を参照されたい。
(32)　以下については、吉田伸之「日本近世都市下層社会の存立構造」(『歴史学研究』増刊五三四号、一九八四年。〔吉田　一九九八〕に収録)、同「江戸町火消と若者仲間」(『浮世絵を読む』六巻、朝日新聞社、一九九七年。〔吉田　二〇〇三〕に収録)などを参照されたい。
(33)　安丸良夫編著『「監獄」の誕生』(『朝日百科　日本の歴史別冊　歴史を読みなおす』二〇、朝日新聞社、一九九五年。同著『一揆・監獄・コスモロジー』朝日新聞社、一九九九年に収録)における用語を参照した。
(34)　『年報都市史研究』七号(特集「首都性」、山川出版社、一九九九年)所掲の諸論考、および「シンポジウム討論の記録」を参照。
(35)　『大百科事典』七巻、平凡社、一九八五年の項目(新藤宗幸執筆)による。
(36)　大名社会というとらえ方については、松方冬子「近世中・後期大名社会の構造」(宮崎勝美・吉田伸之編『武家屋敷――空間と社会』山川出版社、一九九四年)を参照。
(37)　「衒示的消費」については、M・J・ドーントン「ロンドン、国家権力、経済変化　一六八〇―一九〇〇年」、川北稔「近世ロンドン史の二つの顔――首都から帝都へ」(いずれも『日本史研究』四〇四号、一九九六年)を参照。
(38)　吉田伸之「「江戸」の普及」(『日本史研究』四〇四、一九九六年。〔吉田　二〇〇三〕収録)を参照。

(39) 多和田雅保「宗教都市・善光寺」(佐藤信・吉田伸之編『新体系日本史6　都市社会史』山川出版社、二〇〇一年)を参照。
(40) 伊藤裕久「都市空間の分節と統合——伊勢山田の都市形成」(『年報都市史研究』八号、山川出版社、二〇〇〇年)。
(41) 佐藤滋『城下町の近代都市づくり』(鹿島出版会、一九九五年)。

# 第2章　近世都市の成立と展開

## はじめに

日本の近世都市に関する研究は、近年にいたり以前とは比較にならないほどの量と質をもって進展しつつあるが、まだ全体的な見通しをもった叙述をなしうる段階ではない(1)。そこで本章では、日本近世都市の成立と展開をみていく上で、当面している主な論点や解明すべき課題はなにか、という点を中心に、筆者の関心に引き寄せて、多分に仮説的なノートを記していきたいと考える(2)。

はじめに、近世都市の段階について、ごく一般的に位置づけておきたい(3)。まず、都市史を考える上で重要なのは、都市を、二重の意味での分業の所産として捉えるという視点であろう。一つは、農業からの非農耕的労働の分離とそれの定在域としての都市の形成、という点である。この分離は、日本近世においては、非農耕的労働が、さらに、生産=手工業と、交換=商業とのいわゆる商・工の分離を当初から一定程度伴ったとみることができる。いま一つは、物質的労働からの精神的労働の分離と、都市への定在、という点である。政治・法・文化・宗教等々の精神的労働が、生産的労働から分離する程度とその内容は、政治的・文化的支配の拠点としての都市の歴史的内容を規定する主要な要因なのである。このうち、後者の点はここでは略し、前者の内容を中心にみていくに止めたい。そこで、日本近世を封建的社会構成の段階とみる立場から、都市における非農耕的労働の基本的形態を考える時、各個人の用具所有を基礎とした手工業的小経営・小資本と、それと結合した、同職組合所有のありようが重要となろう。こうした小経営は「所有者の特定の労働と直接に一体となって」いる「身分的な資本」であり、共同組織の内に自己を融合することによってはじめて各自の所有を実現しうる小資本であった。この点から、日本近世都市を、分業の第一の視点からみていく時、同職組合という身分的資本の共同組織＝融合体、の日本における具体的な現れ方とその性格いかんが一つの焦点になる、ということである。以下この点を、町という日本中世の社会が生み出した個性的な共同体の問題を軸に検討していきたい(4)。

## 一　近世都市の成立

まず本節では、主に十六世紀後半から十七世紀中頃の諸都市の動向を念頭に置きながら、第一に、日本の近世都市が前提とした中世都市の到達点とはどのようなものか、第二に、そうした到達点を踏まえ、あるいは換骨奪胎しながら、近世都市固有の本源的形態と呼びうるような要素が形成されたとすれば、それはいかなる内容なのか、という二点について概観していきたい。

### (1)　中世末の都市の到達点

日本近世の諸都市と都市民は、十六世紀末以降まったくあらたに現出したのではなく、中世社会の中で生み出されてきた都市的諸要素を引き継ぎ、それらを踏まえて展開していったのである。(1)ではこの点を、京都・戦国期城下町・寺内町の研究をみる中で、その到達点を確認しておきたい。

〔京都〕　京都において特に注目されるのは、戦国期の動乱の過程で姿を現した、町《ちょう》と町組《ちょうぐみ》であろう。町の形成についての事例は、八条院町(5)・東寺境内款冬《やまぶき》町(6)・土御門《つちみかど》四丁町(7)などが知られ、また町組については、いわゆる禁裏《きんり》六町(8)の成立と展開の過程が解明されている。これらの事例から注目されるのは、次の点である。

㈠　町は、中世中頃から、権門寺社などの都市領主の邸宅・敷地の解体の過程で、商人や手工業者などの洛中百姓を核として形成され始めた地縁的な共同体であること。

㈡　応仁の乱以降、町は、街路をはさんだ両側町として広範に展開し、木戸や釘貫などの独自の防御施設をもち、自治的な活動を行う単位であった。そして町はその連合体として町組を形成した。こうした町組は、町の上位の自治組織としての性格をもち、さらに複数の町組からなる惣町的な連合体（上京中や下京中）をすら形成するまでにいたった。

㈢　町には中下級の貴族や武家をはじめ多くの被官人たちが混住したが、中核となる構成員は百姓であった。この百姓は、公権力や都市領主に対して地子・諸役などを負担し、その点で、農村の百姓と同様に把握されたが、小経営としては商・手工業者であり、事実上、小土地片＝町屋敷の所有者であったことから、社会的には村の百姓とは異なる身分として、町人とか町衆《ちょうしゅう》という呼称で呼ばれるにいたった。

〔戦国期の城下町〕　次に戦国大名の城下町といわれるものの事例をみておきたい。十五世紀末以降、戦国大名の居城周辺に形成された城下町としては、長宗我部氏支配下の岡豊《おこう》新町をはじめとする土佐一帯の町々(9)、結城氏支配下の結城の町々(10)、六角氏支配下の近江湖東の石寺《いしでら》新市(11)、斎藤氏・織田信長支配下の岐阜(12)などが注目される。これらは、各戦国大名権力のありようによって、それぞれ個性的な性格を示すが、以下の点で共通する特徴を帯びるものと考えられる。

㈠　まず注目すべきは、ここでも町の形成がみられることである。図1は、天正十六年（一五八八）の「土佐国長岡

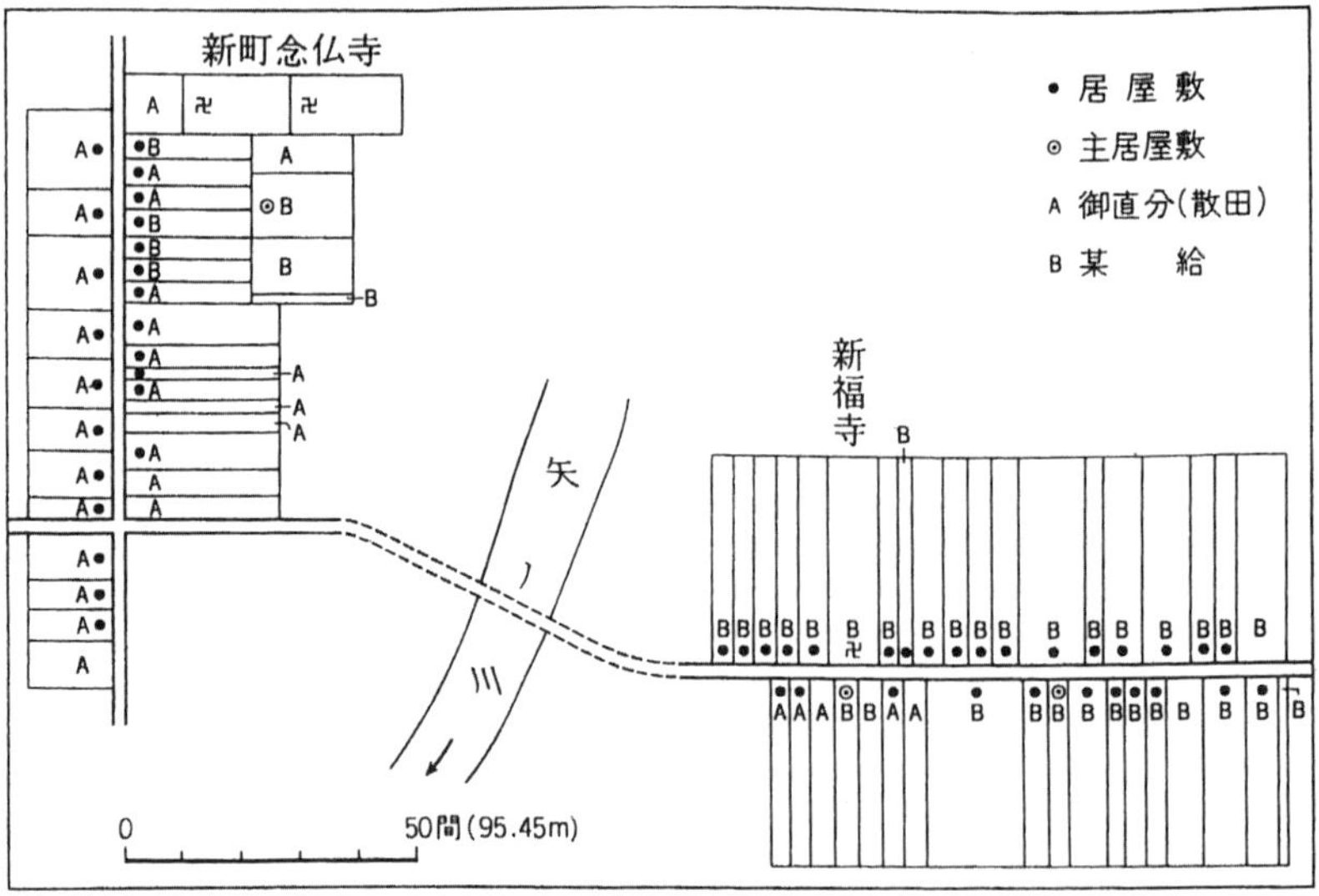


**図1**　岡豊新町の構造復原図

注）小林「戦国大名長宗我部氏の城下岡豊の市町」による.

郡江村郷御地検帳(13)」から復原された岡豊新町の構造である(14)。図にみられるように、長さ一町前後の街路をはさんだ両側町特有の構造がここに明らかに読みとれる。結城の場合も、城郭の周辺に六つの町がみられ、それぞれ木戸や門といった防御施設をもっていた(15)。こうした点から、京都におけるものと同様な町の形成が、こうした城下町の核としてあったことが確実である。

(二)　これらの町は、石寺新市のように単独の場合と、岡豊（二町）や岐阜（加納の外三町）、結城（六町）のように複数の場合がある。後者は、「町々」と総称される町組と似た町連合の存在も推測させる。しかし、京都の場合のように、複数の町が相互に隣接・近接しあい、面として連続的につながるということはなかった。すなわち、戦国大名の居城の郭外周辺に個別の町が散在するという構造をもったのである。

(三)　いま一つ特徴的なのは、こうした町々と、城郭内の町域との二元性である。城郭内には大名の居館のほかに、家臣や直属商・手工業者の居住域=町がみられ、これと郭外の町々とは一体化していなかった(16)（結城・岐阜など）。この点は、近世の城下町における町人地の一体性との顕著な相違であるが、郭内の町域の構造とその性格についてはいまだ十分解明されていない。

㈣　こうした町の住人構成やその性格の詳細は不詳であるが、結城のように、町人のほか、侍やその下人が混住すること、屋敷持とそれ以外に分化していること、町人は固有の役負担を大名に負うこと、などが知られる(17)。

〔寺内町〕　十五世紀末以降、畿内・北陸・伊勢などにおいて、一向宗の活動に伴い、その寺院を中心とする多数の小都市が形成された。これらは寺内町と呼ばれ、その性格が以前から注目されてきた。代表的なものとしては、石山本願寺(18)・山科《やましな》本願寺(19)・富田林《とんだばやし》(20)・今井(21)などの事例があげられる。これらに共通しているのは、いずれも陸上・水上交通の拠点にあり、河口部や湖岸に多く展開することである(22)。寺内町は、その成立の契機から三類型に区分され(23)（①寺院側の完全なイニシアティブによるもの＝山科・石山など、②有力土豪・大名の寄進や門徒化によるもの＝今井・城端《じょうはな》など、③門徒集団による買得や一定区域の占拠によるもの＝貝塚・富田林など）、また成立の時期からは三つのグループに分けられている(24)（ⓐ一五〇〇年以前＝山科・石山など、ⓑ一五三〇—七〇年＝貝塚・富田林・今井など、ⓒ一五八〇年以降＝天満《てんま》・京の寺内など）。しかし、ここでも類型間の差異にではなく、次のような共通性に注目しておきたい。

㈠　寺内町についても、やはりその基礎組織として町の形成が確認できる。例えば、石山本願寺においては、天文年間（一五三二—五五）にすでに北町・北町屋・西町・南町屋・清水町・新屋敷の六町が確認され、それぞれが、町之番屋や木戸をもつ自立的な共同体であった。他の寺内町についても、近世中後期の街区復原からみて(25)、中世末期段階において、こうした個別町を複数包含していたことが推定される。

㈡　一方、こうした町々は、計画的に街区割された寺内の空間に整然と展開した。この点では、戦国大名居館の郭内町域との近似性を予想させる。すなわち、寺内町においては、町の連合としての惣町＝町組が、個別町の上位の共同組織として同時に形成され、年寄衆を中心とした自治的な合議運営機関をもち、寺院の統制と相対峙し、あるいはこれと共同しながら、寺内領域の自立性を支えたのである。

㈢　寺内町における町々の住民の中核は、ここでも町人・町衆であった。町人は、外部の領主層などへ地子を負担し、本願寺などの寺院への諸役を担った。こうした町人は、多様な商・手工業者からなり、また一方で寺内町には日用を含む下層民が相当程度存在したことが確認されている。(26)

〔町と町人の形成〕　以上、中世末における都市の一端を垣間みたが、ここでその到達点について小括しておきたい。

到達点の第一にあげられるのは、町の広範な形成である。町は、京都や寺内町では面として団塊状に広がり、また戦国大名の城下では散在する形で展開したが、いずれの場合においても街路をはさむ両側町という構造をもち、独自の運営組織と防御施設を有する共同体として、等質的である点が注目されよう。また町は、一方では複数の町との間に町組・惣町などの上位の共同組織を有する場合があり、これらは全体として、自己の自立性と構成員の平等と友愛の維持に努めたものと思われる。

第二にあげうるのは、町人の成立である。商・手工業の多様な展開の結果、都市に定在し、町を形成した人々は、百姓一般とは異なる、非農耕的労働に従事する固有の社会的存在として認知された。これらの小経営は、町という地縁的な共同体に自己を融合しながらその所有を実現し、また、商・手工業の分離がいまだ過渡的段階にあったことから、小商人資本とともに、全体としては町人・町衆と呼ばれた。(27)そして町人は、領主層に対して地子や諸役を負担し、その対価として、小土地片＝町屋敷の事実上の所有を実現しつつあり、これを自己の小経営・小資本存在の根幹としたのである。

## ⑵　近世都市の形成と町

(1)でみた中世末の都市の到達点を踏まえて、十六世紀末から十七世紀初頭にかけての諸都市の動向をみながら、近世都市の本源的形態や、その基礎組織＝町の特質をめぐって、近世城下町の形成、京都の近世都市化、在郷町と宿の三つの側面から検討したい。

〔近世城下町の形成〕　戦国期段階とは異なる近世的城下町形成の端緒は、織田信長政権による安土の建設にあるとみられる。それは、次の二つの点からうかがうことができる。

(一)　安土城下町の形態を復原的に考察した研究[28]によれば、安土城下町は、安土城の西の麓部分に北から南へ、幅数町、長さ十数町に及ぶ広範囲に面として展開し、計画的に町割された格子状の街区をもった。これらの街区は、武家地・町屋・寺院などに区分され、町屋地区には、博労町・鉄炮町・鍋屋町など商・手工業者の集住を推測させる多数の個別町が団塊状に広がったものとみられる。すなわち安土は、戦国期の城下町とは比較にならないほどの規模を有し、また、城郭・武家地・町屋および寺社地域の一体化を実現し、構造的にはのちの近世大名の城下町の形態を先駆的に示したのである。

(二)　天正五年(一五七七)六月、織田信長が安土山下《さんげ》町中宛に制定した定[29]は、いわゆる楽市《らくいち》令の典型として有名であるが、全一三条にわたるその内容から、近世城下町の端緒としての特質をいくつか読みとることが可能である[30]。第一に、分業・流通の拠点としての機能を、城下町の各町に担わせようとしている点である（二条の、商人の中山道通行の禁止と、安土内の通行・寄宿強制、一三条の、馬売買の安土への一元化など）。第二に、城下町の平和領域化（一〇条）と、農村とは異質の都市空間として固有の場であることの明示化（一・三・四条）があげられる。すなわち、城下町域に居住する者は、座の統制、諸役・諸公事、平時の普請役・伝馬役などから自由であり、同時に地子も免除されたものと推定される[31]。こうして、安土城下町の住人は、特権や負担の点で独自の存在として純化され、他の領域にある者との差異が明確にされたと思われる。第三に、城下町内部において、役負担の差異による身分編成（三・四・一二条）と、身分に応じた居住地区分がうかがえる点が注目される（一二条）。すなわち、奉公人＝給人層や諸職人は、本来、町並み居住の町人とは異なる地区に居住することが原則とされたのである。

次に、近世最大の城下町である江戸の構造的特質をみておきたい。近世初期の江戸の状況を直接うかがわせる文献史料は、今のところ非常に限られているが、次の二つの面から手掛りをえることができる。

㈠　まず、寛永江戸図があげられる（図2）。[32]この江戸図は寛永九年（一六三二）の刊で、明暦大火以前の江戸町の状況を詳細に示す最古の絵図史料である。この図で注目されるのは、第一に、武家屋敷地・寺町・町屋の区分が明示されていることである。身分とその格によって居所が編成されるという、近世都市の身分的性格が明らかである。第二に、町屋の街区割が、方一町の整然としたプランを基本として実施され、古町《こちょう》三百町と呼ばれる多数の町が、両側町として配置されている点が指摘できる。[33]これらの町は、均等な奥行と数間の間口からなる短冊状の小土地片＝町屋敷を細胞とし、独自の算用を行い、番人を常置して警備を行う有機的な単位であった。[34]以上のような特徴は、十六世紀末—十七世紀初頭においてすでに見いだしうるものと推定される。

㈡　次に、江戸の古町の成立を記す由緒書《ゆいしょがき》の類を主な素材とした復原的考察をあげることができる。[35]それによれば、古町の名主の多くは、幕府に対する伝馬役、染物・鉄炮・鍛冶・研屋・石匠・桶細工などのさまざまな職人役などの役負担の請負人に淵源しており、その代償として町を拝領し、これを分割して役負担者＝家持《いえもち》に町屋敷を割り当てたとされる。[36]この点は、慶長十七年（一六一二）に、銀座中に銀座四町が一括して与えられ、この町域が銀座中の構成員や出入の両替商売人へと分割された事実からも傍証できる。[37]このように、公儀や領主権力が、役負担の請負人に対し一定の町域を与え、その請負人のヘゲモニーの下で町の開発と形成が実現されるという形は、近世城下町の下での町形成の主要なコースであったとみられる。

以上の二点から、城下町としての江戸の特質は、安土で先駆的にみられた諸特徴を、より徹底して推し進めたものとみることができる。江戸は、こうして全国の城下町のモデルとなり、また同時に、数百からのちには千数百に及ぶ町を基礎組織として抱え、町方のみで五〇万人の人口を有し、京都や大坂とともにずば抜けた規模をもつ巨大都市へと展開していくのである。

〔京都の近世都市化〕　近世城下町の形成の一方、中世末にいたるまで長期にわたり日本最大の都市であり首都であった京都も、大きく改変された。ここで、その内容を三点にわたってまとめておきたい。

(一)　まず、天正末年に、洛中町々全域に徹底的な検地が秀吉政権によって実施された[38]。この検地は、個々の町を単位として行われ、間口・奥行・地積、家持の名前、地子銭・米の額、都市領主などが調査された。すなわち、この検地の意義は、①町屋敷を丈量し、その家数を町ごとに確定したこと、②統一政権にとって、都市領主がどの程度の規模で展開しているのかの数量的把握を可能にしたこと、③町を基礎組織として安堵し、地子と諸役の負担者を把握したこと、などになろう。

(二)　次に注目されるのは、天正十九年（一五九一）九月の地子免許の実施である。すなわち、秀吉は、洛中の町組と、その上部組織である上京中・下京中・禁裏六町・聚楽組宛に、それぞれ屋地子の永代免許を令した。これにより、①

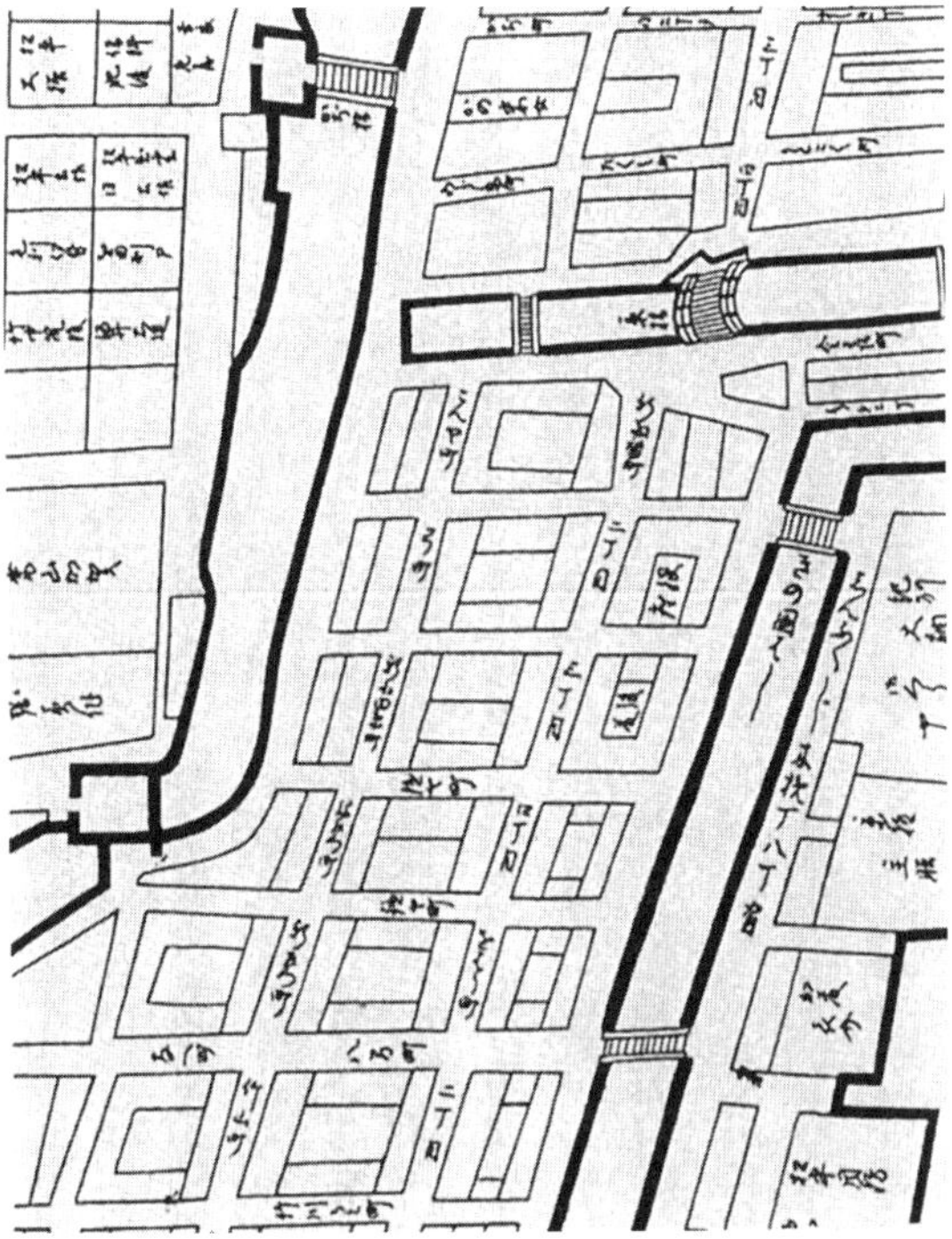

図2　寛永江戸図（部分）

洛中検地によって把握された都市の領主的土地所有（地子＋課役）が排除され、洛中町々の家持は、町を介して統一政権に直接掌握されることになり、また、②家持は、禁裏や統一政権への役負担の有無とその種類によって、町人や禁裏被官人・御用職人などに峻別されたのである。

㈢　右の過程と並行して、天正十九年を中心に京都全域の空間が大きく改造された[39]。これは、洛中を囲む外郭としての御土居の造営、禁裏御所の修築、武家屋敷地と寺町の造成、また街区の改変による町の移転[40]や新町の創出など大規模にわたり、首都京都の近世都市化と呼ぶにふさわしいものであった。

京都の場合、前項でみたように、すでに中世末期までに広範な町の形成と町組の展開がみられ、京都の近世都市化の根幹は、これらの町組―町を基礎組織として安堵し、また雑然とした町の構成員を町人を中心に身分的に再編するところにあったといえよう。

〔在郷町と宿〕　前項でみた寺内町は、一向一揆の消長の中で滅亡した場合もあったが、多くは近世社会を迎える過程で、一部は城下町に改変され、大半は在郷町として蘇生を遂げ発展していった。例えば寺内町富田林は、文禄五年（一五九六）以降の検地で高九三石余の富田林村となり、町の住民は百姓身分として掌握されたが、村内の大半は町場として維持された。そして、十七世紀以降多様な商・手工業者を抱え、十数町の町の連合体からなる在方の小都市＝在郷町として発展を遂げていくのである[41]。

このような在方の小都市は、それぞれの地域的小市場圏のセンターとして、寺内町のほかにも多様な形で形成されていくが、それらと並んでいま一つ注目されるのは、街道・往還上に形成された多数の町＝宿《しゅく》である。宿は本来、中世後半に陸上交通の体系に沿って形成された町の一形態である[42]が、江戸幕府による全国的な交通体系の整備の下で、大量に創出され、また再編成されたのである。宿の多くは、在郷町と同様に村とされ、その住民は百姓身分が大半を占めたが、構造的には街道・往還をはさんで、一町ないし数町からなる両側町を基礎組織としており、また住民＝家持は、もっぱら伝馬役を負担し、その代償として地子や他の諸役を免除されたりする場合が多く、その点では城下町の町や町人と同質であった。そして街道・往還の人と物の流通を担い、一方で地域の市場的センターとして機能するという小都市でもあったのである。

〔近世都市の基礎組織〕　かくて十七世紀中頃までに、城下町を主軸とする諸都市が形成ないしは再編され、近世社会における非農耕的分業の集約域として、また支配の中枢として全国的に定立した。それらは、三都をはじめとする幕府直轄都市、城下町・鉱山町・門前町・在郷町・港町・河岸・宿などさまざまな形態をもった。しかし注目すべきことは、それらのいずれの形態においても、町という固有の小共同体を基礎組織としている点である。ここで本節の小括を兼ねて、近世都市の基礎組織＝町の基本的性格をまとめておきたい。

㈠　町は、第一に町人[43]によって構成される町中を中核とする地縁的な小共同体である。町は独自の法[44]をもち、固有の財産を基礎に、権力からの賦課や共同体間・共同体内の諸経費を算用する自立的な自治団体であった。そして町中は月行事・年寄などを中心に運営され、諸儀礼の共催、都市生活上の相互扶助を行った。

㈡　また同時に町は、本源的には中世における座的結合の発展の所産としての一面をもつ、同職組合的な共同の場でもあった[45]。すなわち、町の構成主体は、小資本・小経営の基盤である小土地片＝町屋敷所有を相互に保全しあい、また土地集積や、特定の職種の者の加入を規制しながら、商・手工業未分離の脆弱な小経営や小商人資本を保障しあったのである。こうして、初期の町は、ほぼ一町屋敷＝一家持という均等でフラットな構造をもった。

㈢　一方、借屋・店借などの非家持層は、相対的比重は大きくなかったが、町中の構成から疎外され、下人層などとともに個々の町人の家に包摂され、あるいは町中に従属していたものと考えられる。

㈣　都市の町方部分は、規模の差はあれ、こうした町の単体、ないしは複合組織体としての構造をもった。

以上、㈠―㈣から、以降の都市＝町方の展開をみる上での最大の焦点の一つは、基礎組織としての町の動向にあるといいうるのである。

## 二　近世都市の展開

本節では、主に十七世紀後半から十九世紀初期における日本近世都市の展開過程をラフにスケッチする。その際、一節で触れた近世都市の基礎組織＝町の変容に焦点をあて、これが都市の諸側面に対してどのような二次的・三次的変化をもたらしていくのかをみていきたい。以下、まず町の変化の前提を検討し、次に変容の過程をたどり、最後に、かくて形成された都市社会のあらたな段階と、その存在構造を素描していく。

### (1)　諸変化の前提

町《ちょう》や都市社会の変容をもたらす基底的要因はなにか。本項では、これを、商人＝高利貸資本の登場と、都市下層社会の成立の二点に見出してみたい。

〔商人＝高利貸資本の登場〕　享保年間（一七一六―三六）に、三井家三代高房《たかふさ》が記した『町人考見録《こうけんろく》』(46)は、十七世紀後半を中心に京都で活躍した有力町人の盛衰を描くものとして著名であるが、ここにみられる有力町人の事例(47)から、いくつかの共通した特徴をうかがい知ることができる。以下これを四点にまとめておきたい。

(一)　まず、その図抜けた富の蓄積があげられる。彼らの中には、金二、三〇万両とか銀数千貫目の身上をもつ者があったと記されている。そして広壮な邸宅を構え、諸大名を上回るほどの富貴を誇る者もあった。このような大商人の簇生は、京都に限らず、大坂・江戸をはじめ全国の諸都市にもみられ、日本の歴史上でもはじめての事態であった。

(二)　こうした蓄財を可能にした条件は、幕藩制社会における市場・流通構造の確立それ自体にあった。すなわち、

『町人考見録』に現れる多くの町人は、長崎貿易に吸着し、糸・巻物・薬種を独占的に扱う問屋として、また一方では、領主権力に寄生する大名貸によって巨利をえていくのである(48)。

(三)　また注目されるのは、これらの経営においては全体として生糸・反物・呉服などの営業部門と、大名貸・町貸・両替などの金融業の部門とが目立ち、また、この両者を兼業する事例もみられる点である。このことは、これらの有力町人が、生糸・絹織物を中心とする商業と、金融業の二つの部門を軸として、十七世紀末前後に相次いで巨大化を遂げていったことを示唆するものである。そして、このような有力町人層を、全体として商人＝高利貸資本として捉えることが可能となろう。

(四)　また、『町人考見録』にみられる有力町人の家産の構成をみると、金銀・貸金・質物・諸道具・問屋株・居屋敷・抱屋敷などからなることがうかがえる。このうち居屋敷・抱屋敷は、その大半がいずれも京都の中心部の町々に展開しており、その居屋敷の規模が大きくなり、また抱屋敷が多数になるに従って、これが町の構造を変容させていく要因となるのは必至であった。

ところで、『町人考見録』でいま一つ注目されるのは、作者である高房の出た三井家と関係をもつ町人が多数記載されていることである。これらは、第一に、有力町人の没落後、売却された家屋敷が、三井の店舗や三井各家の居宅として用益されている例(49)、第二に、三井の同族や、のちに連家となった事例(50)、第三に、三井本店のあった冷泉《れいせん》町が所在する室町通りとその近辺の者など、からなっている。これから『町人考見録』とは、京都の有力町人一般についての単なる記録ではなく、主要には三井が直接収奪し、あるいは身近に接した町人たちの群像を記したものであることがうかがえる。すなわち、十七世紀末段階における京都の商人＝高利貸資本の頂点の一つに君臨するにいたった三井の気負いと自負とを、『町人考見録』に読みとることができるのではないだろうか。

こうして十七世紀後半に活動を開始した三井家は、元禄から享保期にかけて三都に展開し、本店《ほんだな》―呉服物仕入れ・

販売、両替店―金融業、という二部門を骨格とする巨大な商人＝高利貸資本へと急成長を遂げた。(51)そして三井家とその店舗は本家・連家の同族団を中核に、三都を中心に展開する店舗には多くの店表《たなおもて》や台所方の奉公人を抱え、また、取引や前貸的支配を介して多数の諸商人・諸職人を従属的に傘下に置くという、膨大な人的構成のネットワークとを作りあげたのである。(52)この結果、各家の居宅や店舗の所在する町において、最大の土地所持者となり、また多数の奉公人＝下人層が町の人口において圧倒的な比重を占めたために、それぞれの町は三井に従属していくことになるのである。また、三井は三都において多くの抱屋敷を集積したが、(53)その大半は地主不在の地面として、そこに家守が置かれ地代・店賃された。このように地代・店賃の収益を図る経営を町屋敷経営と呼ぶ。こうした三井のような商人＝高利貸資本の一群は、いずれも共通して十七世紀末から十八世紀にかけて、居宅・店舗用の敷地や抱屋敷などとして大規模な町屋敷集積を推進していった。そして、このような動向が、町の構成を一変させる直接的な契機となっていくのである。

〔都市下層社会の成立〕　十七世紀後半以降の都市社会をみていく上で、商人＝高利貸資本の登場とともに重要なのは、都市下層社会の成立がこの時期にみられたことである。次に、巨大都市化した江戸を事例として、都市下層社会の特徴を二点にわたってまとめておきたい。(54)

㈠　下層社会は、基本的には次の二つの層からなる。一つは、棒手振りなどの極小商人層（「振売」層）や、諸職人の徒弟、ないしは仲間外の下層の職人＝手間取層、および家業として日用を営む者などである。これらは、町の内部では裏店層として膨大に存在するにいたる。しかし彼らは、零細とはいえ小家族を有し、また、頻々と移動しながらも、のちにみるような店衆として、町屋敷を単位とする小共同体の成員となるのである。こうした裏店層は、町屋敷を管理する家守を媒介として、地主（その多くが、商人＝高利貸資本）と相対峙し、また、自己の零細小経営を通じて、出入先の商人や武家方・諸寺社と直接関係を取り結びながら分厚く展開した。(55)

㈡　もう一つは「日用」層である。[56]「日用」層とは、事実上の労働力販売を用役給付として行うもので、賃労働の本格的形成以前においても、都市域を中心に広範に存在した。江戸においては、次の三つの存在形態をもったと考えられる。

第一は、町方において、日用頭[57]や人宿[58]などの特殊な商人資本の家のうちに、寄留人（出《で》居衆《いしゅう》・寄子《よりこ》）として存在する部分、第二は、商人資本の家のうちに包摂される、台所方を中心とする一季・半季の下人、第三は、武家方（また寺社方も）に展開する一季・半季の奉公人である。[59]こうした「日用」層の特徴としては、まず、基本的に家を欠いた単身者である点があげられる。したがって、彼らは寄留先＝店主や雇用先から放り出されれば、無宿へと転落してしまうのである。[60]また、移動の激しさが二つめの特徴としてあげられる。例えば、町方の人宿の寄子から大名屋敷の一《いっ》季《き》居《おり》の武家奉公人に出、そこで中途で欠落し、町方で日用となるなど、都市域の身分的支配の枠組みを越えて流動する。[61]そして、このような激しい流動は、江戸を一つのセンターとして、全国各地へと及ぶものでもあった。こうした「日用」層は、近世社会の当初から都市域を中心に多数存在したものとみられ、町や町人との関係でいうと、町人身分の者が勤める町人足役を代替して勤め、また町内外の土木建設に随時雇用されるなど、不可欠の存在でもあった。

以上の二層よりなる都市下層民衆は、全体として、飢饉や災害、疫病の流行などに際して容易に窮民化した。また、給金や手間賃・日用賃、また銭価などの動向や、米価や諸物価の高騰などに、その労働と生活を大きく左右されたのである。そしてなかでも「日用」層が、その存在形態からみてもっとも窮乏しやすく、飢人や無宿、野非人へと転落する場合が多かったのである。このような特質をもつ都市下層社会の成立は、大坂や京都をはじめ全国の諸都市域でみられ、それらは、「日用」層の流動性の高さを基礎として、全国レベルで連続的で等質的な構造を形成するにいたり、町を基礎組織とする都市社会を、その深部から大きく変容せしめる要因となっていくのである。

## (2) 都市社会の変容

本項では、右でみてきた二つの諸変化の前提、すなわち、商人＝高利貸資本の登場と都市下層社会の成立とが、町を基礎組織とする都市の社会構造をどのように変容させていくのかを、いくつかの側面から概観していきたい。

〔町屋敷〕　まず、町屋敷の変容から検討しよう。この変化は、土地所有の性格と、町屋敷における小社会構造との二つの面でみられた。

町屋敷は、その所持者である町人にとって、第一に、町の正規の構成員＝家持として位置づけられるための不可欠の条件であり、第二に、小経営・小資本としての自己の家の基盤であり、また同時に、店舗や作業場の敷地として、さらには信用の源泉としての意味を帯びた。こうした点で、町屋敷は町人と不可分一体のものとして「人格的な土地」としての特質を帯びたものと考えられる。ところが、十七世紀後半以降、巨大な商人＝高利貸資本の登場によって大規模な町屋敷集積が推し進められ、町の規制や抵抗にもかかわらず、初期の小経営・小資本の多くが町屋敷を喪失し転落していく。こうして町屋敷は、所持者である町人との人格的結合を断ち切られ、商人＝高利貸資本に集積されていく過程で、当初の人格的性格を急速に失うに至る。

右の点を、町屋敷の物化の過程として特質づけることができるとすれば、この物化の過程の中で、町屋敷という小宇宙の社会構造は次のような展開をみせていくと考えられる。

すなわち、初期の町人の家が消失すると、その代りに商人＝高利貸資本などが所有者となった町屋敷には、前述したように、不在地主の代理人としての家守が置かれた。そして、この家守によって貸長屋などが営まれて、多くの零細な裏店層を含む地借・店借に賃貸されたのである（町屋敷経営）。こうして生れた小社会は、家守を「親」とし、地借・店借を「店子」とする、擬制的な「家」としての特質をもつにいたった。

この家守は、家主・屋代などとも呼ばれたが、本来的には、家屋敷の主人が不在の地を預かる留守居の、町方における存在形態であったと考えられる。特に、江戸や大坂には初期から町における留守居が多くみられた形跡がある。[62]彼らは、地主と個別に契約を結び、不在地主の代りに町用を勤め、また、地借・店借を差配してこれから地代・店賃を収取し、これらの代償として、家守給や居所の借家賃の免除などをえたのである。

〔町の展開〕　右のような町屋敷の物化と、その小社会構造の変容は、町屋敷を母胎としてなり立つところの町に対しても大きな変動を与え、町が本源的に有していた地縁的・職縁的共同性を解体させ、あらたな町の構造をもたらした。ここで、まずその地縁性における変容についてみておきたい。

第一は、初期の町が有した、均等でフラットな構成が失われたことである。例えば、三井の京本店があった京都冷泉町（室町通二条上ル）の西面の場合、十六世紀末には二九であった家持数が、十七世紀末には一二に落ち込み、また、三井京両替店があった京都六角町（新町通六角下ル）では、十七世紀前半の家持数三〇から、十八世紀初めには二〇へと激減している。そして一方で、三井は冷泉町において、十八世紀末までには西面の三分の一にあたる九軒役分の町屋敷を集積し、六角町においても、町全体の六分の一を占めるにいたっている。[63]このような構成的変化は、町が本源的に有した地縁的・職縁的性格を解体させ、自立的な町中を、商人＝高利貸資本の下に従属する町中へと変容させる結果をもたらした。

第二は、右のような状況が、先にみた家守層による町運営の代替を進め、江戸の中心部の町々において、町中の運営は実質的に家守によって担われることになった。こうした町において、町中とは、家守層の一種の共同組織としての性格を色濃く帯びることになったのである。

第三は、町内における都市下層社会の構造化である。すなわち、前項でみた都市下層社会の成立は、実際には、それぞれの町域を場としてみられるのであって、これによって町が受ける影響は甚大であったと考えられる。一つは、町における店衆・借家中の形成があげられる。店衆とは、先述のように、店＝町屋敷における地借・店借層の生活レベルの共同組織であり、また、借家中とは、町レベルにおける借家層の結合体であった。この両者の関係は、十分明らかにされてはいないが、借家中の構成主体は表店借を中心とし、非家持でありながら町人に準ずるのに対して、店衆は、零細な裏店層を中心とするものと考えられる。そして、これらの町中とは異なる固有の共同組織が町に形成され、町中はこれを排除しえない段階に立ちいたる。

また、右と同時に、町方の「日用」層も多数町域に展開した点があげられる。すなわち、商人の台所方や、それ自身借家人であり裏店層でもあった人宿や日用頭の下に、寄留人として存在したのである。彼らは町との関係は希薄であり、商人の家の下にあったり寄留先の戸主の下にあっても、その人格的支配は相対的に弱く、また町域を大きく越えて活動し流動を繰り返したために、町にとっては、自己の基底部に大きな不安定要因を抱え込むことになった。

以上から、町は、その地縁性において当初の町人結合＝町中という単一組織から、家守層や借家中・店衆など、また、商人＝高利貸資本の家や店舗といった、多様な共同組織や社会集団を含む複合的な地縁的組織へとその相貌を大きく変えた。

〔仲間・組合の派生〕　次に、町における職縁性の変容について概観しておきたい。初期における町が、一方で職縁的な共同性を有したのは、第一に、町の構成員が、小資本・小経営として近似的で均質な存在であり、それぞれの町屋敷が、店舗や作業場として小資本の中核となり、これを共同で維持することが各自の小経営の保全と直結したこと、第二に、初期の段階では、いまだ商・手工業が十分に分離せず、このために、同職的な共同組織の発展が低位なレベルに止まっていたこと、また第三に、領主権力に直接奉仕するところの一部の特権的な諸職人は、上からの分業編成に応じて同職集住を遂げ、その結果生れた職人町は、当初から職縁性をあわせもったこと、によるのである。しかし、十七世紀後半以降の状況は、商人＝高利貸資本によるあらたなヘゲモニーの下で、都市社会における商・手工業の分離と、多様な分業の形成を実現した。また、右の過程は、民間レベルの需要に依拠する諸職人の展開と増大をもたらし、その結果、職人町など役奉仕の論理によって上から編成された町においても、その職縁的性格を喪失することになったのである。(64)

かくて十七世紀後半以降、これらの小資本・小経営は、町とは異なるあらたな結合としての仲間や組合を、町を越えて形成していく。この仲間や組合は、江戸の十組《とくみ》問屋、大坂の二十四組問屋、両替商の仲間などから、諸職人の仲間、人宿や日用頭の組合などにいたるまで非常に多彩であった。これを、町の派生的産物という点からその特徴をみると、次の点が指摘できると思われる。(65)

(一)　町屋敷の所持・不所持は、成員となる上でのメルクマールにはならないこと。すなわち、家持ではなく、地借・店借であっても仲間・組合のメンバーとなることができた。むしろ全体としては、町屋敷所持から疎外された階層が、中核的位置を占めていくものと推測される。

(二)　町屋敷に代って、最大のメルクマールになったのは、用具所有や営業権所有である。これらの多くは、株札の形で象徴化され、その結果、札持である点こそが構成員たる条件になっていく。

(三)　しかし仲間や組合は、その発生が町を母胎とすることから、町の母斑を色濃く残存させた。例えば、仲間や組合の規約にみられる論理と、町法の論理が近似的である点、また、組の単位に町の呼称が多々みられる点などを、この点の傍証としてあげることができる。(66)

### (3)　都市社会のあらたな段階と存在構造

本節のまとめとして、前項でみた都市社会の変容が、十七世紀末から十八世紀前半にかけて、全体として、どのようにあらたな都市社会の存在構造を形成するのかを検討し、あわせて、都市社会に内在する諸矛盾のありようを垣間みておこう。

〔都市社会の存在構造〕　ここで、この段階の都市社会を、その一体化ないしは均質化という点と、三極化した階層構造という二つの面からみていきたい。

はじめに都市社会の一体化・均質化という問題であるが、これは、個々の都市内部においてと、全国的レベルにおいての両側面を伴うものと思われる。その内容はほぼ次のようなものであろう。

㈠　一都市域内においては、その基礎組織であった町が大きく変容し、その地縁的・職縁的性格が解体されていく中で、当初の個性的性格を喪失したことが、都市社会の一体化の基本的要因であったと思われる。その下で、町と不可分のものとして融合していた個々の町人の家は、あるいは没落し、または自立化し始めて、町を越えた職縁的結合へと包摂されていった。そして、町は、町中・家守中・借家中・店衆などの地縁的共同組織の複合体へと変り、依然として基底的ではあるが、仲間や組合などと並ぶ都市の社会集団の一形態に定位することになった。

㈡　全国的レベルにおいては、物と人の流通が諸都市の近似化・均質化をもたらした。すなわち、三都を中心に本拠をもつ商人＝高利貸資本が主導する物流と、事実上の労働力販売者として全国へと流動する「日用」層とによって、江戸などの都市社会の構造は、同時に、各地の都市構造と相似化し、相互に深く規定しあうにいたるのである。

かくて形成された都市社会は、商人資本の論理と、「日用」層の論理という両義性を帯びる、商品＝貨幣の論理が横溢する場となった。すなわち、一方では、土地や人間関係までも商品化＝物化する論理、他方では、自己の労働能力以外には失う何物をももたぬ者の論理が展開し、都市社会は近世社会全体とは異質な、あらたな社会関係を胚胎したのである。そして、変容した都市社会は、三極化した階層構造をもつことになった。第一は、商人＝高利貸資本の一群、第二は、町や仲間・組合の構成員、第三は、前述のように二層からなる下層民衆であった。

〔都市の社会問題と民衆運動〕　以上、概括したような存在構造をもつ都市社会は、近世社会一般とは異なる固有の社会問題を内包することになった。

(一)　第一は、都市問題とでもいうべきものである。住居と人との密集それ自体が、上水・下水・火災・疫病などを社会問題化させた。特に巨大都市における大火に備える対策は、火除地・土手の設定という都市構造の面で[67]、土蔵・穴蔵・塗家造という家屋構造の面で、また、火消組織という社会構造の面で[68]、それぞれ大きな影響を与えた。

(二)　第二は、賃金・物価・銭価問題である。米穀を中心とした領主的商品の消費市場としての特質をもたされた都市において、とりわけ町方における購買層の貨幣獲得水準と諸物価や銭価とのバランスの維持は重要な問題であった。なかでも、わずかな手間賃・日用賃や営業収入によって生活を支えている多くの下層民衆にとって、米価や諸物価の高騰や銭価の低落などを契機として、零細な家計のバランスが崩れることは、即、深刻な生活困窮から飢餓に直面することを意味した[69]。

(三)　第三は、都市が擬似的にも市民社会のような相貌を呈することから派生する問題があげられる。すなわち、都市には、日本近世の諸身分の大半が混住し、それぞれ身分的な住み分けによって編成されていたが、先にみた両義性を有する商品＝貨幣の論理は、かかる身分的・人格的諸関係を大きく蚕食し、変質させていくのである。このことは、身分制社会を総括する近世権力の中枢である巨大都市自体が生み出す、きわめて逆説的な事態であるということができよう。

このような都市社会固有の矛盾を背景として、近世中後期には多様な都市民の運動や闘争が展開した。それらの主な形態とその特徴は、ほぼ以下のようである。

(一)　第一のものは、町や仲間・組合の構成員を中心とする運動である。江戸における正徳三―四年（一七一三―一四）や、享保十七年（一七三二）十二月から翌年にかけての、「惣町中名主町人共」による米価引下げや困窮者救済などの要求を掲げた訴願運動[70]、大坂における元文元年（一七三六）七月の「大坂町々丁人共」による三郷惣会所入用節減要求[71]や、明和四―五年（一七六七―六八）の家質奥印差配所設置反対の訴願運動[72]、京都における文政元年（一八一八）の町代改儀一件[73]などがこの例として指摘できる。これらの運動の特徴としては、(イ)訴願運動に終始すること、(ロ)広域的な結集を示し、惣町レベルの自治組織が支配システムへと変質することへの批判や不正の糾弾を伴うこと、(ハ)下層民衆との矛盾を糊塗するために権力による救済要求などを行うこと、などがあげられよう。こうした部分の運動は、旧来の基礎組織＝町の変容がもたらすものでもあり、一面では、権力や商人＝高利貸資本との闘争という性格をもつが、他面では、都市下層民衆との矛盾の深化によって、いわば下から衝き動かされるという受動的性格を有したのである。

(二)　第二のものは、都市下層民衆を主体とする民衆運動である[74]。これは、前述のように、都市下層社会の二層的構造に応じて大きく二つに区分できよう。一つは、さまざまな雑業や稼ぎに従事する裏店層の運動である。例えば、享保十八年(一七三三)一月、天明四、七年(一七八四、八七)、天保四―八年(一八三三―三七)における江戸の三井抱屋敷店衆の施行要求があげられる。その特徴は、(イ)町や店＝町屋敷を単位とした示威・訴願行動が中心であること、(ロ)地縁的共同性や、出入などの職縁的関係など、縁を運動の論理の中心に据えていること（縁の体系）、(ハ)生命と生活を守るための施行・合力の実現が主な要求であること、(ニ)ときには「日用」層とともに激しい打ちこわしなどの直接行動を伴うこと、などであろう。

いま一つの下層民衆の運動は、「日用」層を中核とするものである。享保末年・天明期・天保期、および幕末期の都市の諸闘争は、その多くが「日用」層を中核的な担い手としたものと考えられる[75]。その特徴としては、(イ)下層民衆全般を巻き込みながら群衆として行動すること、(ロ)縁の体系から疎外されていることから、激しい行動形態を伴うこと、(ハ)その流動性の高さから行動域が広域に及び、また波及性が顕著なこと、などが指摘できると思われる。

（1）　近世都市の総括的叙述の試みは、古くは小野均『近世城下町の研究』（至文堂、一九二八年）や、豊田武『日本の封建都市』（岩波書店、一九五二年）、また近来のものとしては、中井信彦『日本の歴史21　町人』（小学館、一九七五年）があげられる。しかし、前二著はきわめて概括的なものに止まり、また中井のそれも、かならずしも近世都市論が主題とはいえない憾みがある。

(2) この点で、本章は吉田伸之「町人と町」(『講座日本歴史』五巻、東京大学出版会、一九八五年〔吉田 一九九八〕に収録)の補足的ノートでもある。

(3) 以下、マルクス=エンゲルス『ドイツ・イデオロギー』を参照。

(4) このような意味において、町に焦点をあてる視角や方法については、朝尾直弘「近世の身分制と賤民」(『部落問題研究』六八号、一九八一年、のちに『朝尾直弘著作集』七巻〔岩波書店、二〇〇四年〕に収録)から多くを学ぶことができる。

(5) 秋山国三・仲村研『京都「町」の研究』(法政大学出版局、一九七五年)。

(6) 秋山・仲村注(5)書。

(7) 高橋康夫『京都中世都市史研究』(思文閣出版、一九八三年)。

(8) 秋山国三『公同沿革史』上巻(一九四四年、のちに『近世京都町組発達史』〔法政大学出版局、一九八〇年〕に改訂)。高橋注(7)書。

(9) 松本豊寿『城下町の歴史地理学的研究』(吉川弘文館、一九六七年)、小林健太郎「戦国大名長宗我部氏の城下岡豊の市町」(『史林』六一巻六号、一九七八年)。

(10) 『結城市史』通史編古代・中世、一九七七年、市村高男「関東の城下町」(『講座 日本の封建都市』三巻、文一総合出版、一九八三年)。

(11) 小島道裕「六角氏の城下町石寺について」(『観音寺城と佐々木六角氏』四号、一九八一年)、同「戦国期城下町の構造」(『日本史研究』二五七号、一九八四年)。

(12) 小島注(11)論文。

(13) 『長宗我部地検帳』長岡郡下、所収。

(14) 小林注(9)論文。

(15) 「結城氏市新法度」三二条を参照(『中世政治社会思想』上、日本思想大系21、岩波書店、一九七二年所収)。

(16) 小島注(11)「戦国期城下町の構造」による。

(17) 「結城氏新法度」三十二・六十七・八十二・九十五・九十七条などを参照。

(18)　田中清三郎「石山本願寺寺内町に於ける本願寺の領主的性格」(『社会経済史学』一〇巻六号、一九四〇年)、伊藤毅「摂津石山本願寺　寺内町の構成」(『建築史学』三号、一九八四年、のち伊藤毅『近世大坂成立史論』(生活史研究所、一九八七年所収)。
(19)　西川幸治『日本都市史研究』(日本放送出版協会、一九七二年)。
(20)　脇田修「寺内町の構造と展開」(『史林』四一巻一号、一九五八年)、水本邦彦「畿内寺内町の形成と展開について」(京都大学近世史研究会編『論集近世史研究』一九七六年)、伊藤裕久「富田林に於ける近世期住宅地形成過程に関する史的考察」(『日本建築学会大会学術講演梗概集』、一九八二年)。
(21)　橋詰茂「寺内町今井について」(『日本文化の社会的基盤』雄山閣、一九七六年)。
(22)　井上鋭夫『一向一揆の研究』(吉川弘文館、一九六八年)。
(23)　脇田注(20)論文による。
(24)　水本注(20)論文による。
(25)　伊藤注(20)論文、同「大ケ塚寺内町に於ける都市形成過程に関する考察」(『日本建築学会大会学術講演梗概集』、一九八三年)。
(26)　脇田注(20)論文。
(27)　大工・鋳物師などの諸職人で町に居住した者が、町人・町衆とは異なる呼称で呼ばれたのか否かは、十分明らかにされていない。
(28)　小島注(11)「六角氏の城下町石寺について」。
(29)　「八幡町共有文書」。
(30)　この法令の分析としては、勝俣鎮夫「楽市場と楽市令」(『戦国法成立史論』東京大学出版会、一九七九年)、朝尾直弘「安土山下町中定の第一二条について」(『観音寺城と佐々木六角氏』四号、一九八一年、のちに『朝尾直弘著作集』七巻に収録)。などがある。また本書第1章収録の拙論で、この十二条がもつ意味について再考した。
(31)　勝俣注(30)論文では、この定の一条で、地子免除がはずされているとしているが、安土のようにあらたに建設された城下町において、地子免除はむしろ自明のこととして、法令の文面に明示化されることはなかったのではないか。
(32)　「武州豊嶋郡江戸庄図」(東京都立中央図書館所蔵、『古板江戸図集成』所収)。なお、江戸の絵図史料については、玉井哲雄「江戸の町割と庶民の生活空間」（東京都教育委員会『都心部の遺跡』、一九八五年）、同『江戸――失われた都市空間を読む』（平凡社、一九八六年）を参照されたい。
(33) 近世中後期の江戸の町屋敷の構造と性格については、玉井哲雄『江戸町人地に関する研究』（近世風俗研究会、一九七七年）が詳細に論じている。
(34) 吉田伸之「寛永期江戸町方に関する一史料」（『歴史科学と教育』三号、一九八四年〔吉田 一九九八〕に収録）。
(35) 三浦俊明「江戸城下町の成立過程」（『日本歴史』一七二号、一九六二年）。
(36) 江戸の町々は、こうして役負担の内容に応じて、大伝馬町・南伝馬町・小伝馬町の三伝馬町や、諸職人の町からなる国役町と、町人足役を務める公役町に区分されることになった。吉田伸之「役と町」（『歴史学研究』四七一号、一九七九年〔吉田 一九九八〕に収録）を参照。
(37) 田谷博吉『近世銀座の研究』（吉川弘文館、一九六三年）。
(38) 中部よし子「近世初期の都市検地と町民支配」（『近世都市社会経済史研究』晃洋書房、一九七四年）、吉田伸之「公儀と町人身分」（『世界史における地域と民衆・続』青木書店、一九八〇年〔吉田 一九九八〕に収録）。
(39) 小野晃嗣「京都の近世都市化」（『社会経済史学』一〇巻七号、一九四〇年）、『京都の歴史』四巻（学芸書林、一九六九年）。
(40) 禁裏六町の解体・移転については、高橋注(7)書、五章を参照されたい。
(41) 脇田修「在郷町の形成と発展」（『ヒストリア』一九・二一号、一九五七年）。
(42) 吉田伸之「日本近世の交通支配と町人身分」（『中世史講座』三巻、学生社、一九八二年〔吉田 一九九八〕に収録）。また伝馬役と宿をめぐる研究として、安藤正人「近世初期の街道と宿駅」（『講座　日本技術の社会史』八巻、日本評論社、一九八五年）を参照されたい。宿を、町や村という共同体との関係でどう位置づけるかは重要な論点であろう。地子免許の有無、高役＝百姓役負担の有無、市機能の存在、町並み景観の存否などがメルクマールになると考えるが、いずれにしても、町そのもの、ないしは町と街村の中間的形態であり、全体として、町の一形態として括れるものと位置づけておきたい。
(43) これには、在郷町や宿の百姓身分の者も、町人並みとして包括して理解できるものと思われる。
(44) 成文化された場合は、町掟・町式目などと呼ばれた。初期の町法の例は、いずれも京都・堺・大坂のもので、他の諸都市における事例はまだ十分発掘されていない。

(45) 中井信彦『幕藩社会と商品流通』(塙書房、一九六一年)、朝尾注(4)論文。
(46) 三井文庫蔵、『近世町人思想』(日本思想大系59、岩波書店、一九七五年)所収。
(47) 四六名の町人の項目と、銀座・糸割符・呉服所・両替屋から構成されている。
(48) 松本四郎「寛文―元禄期における大名貸しの特質」(『三井文庫論叢』一号、一九六七年)。
(49) 金屋勝右衛門・北脇市兵衛・那波屋九郎左衛門・平野祐見・和久屋九郎右衛門の五例。
(50) 家原自元・日野屋長左衛門・三井三郎左衛門・三井六右衛門の四例。
(51) 三井文庫編『三井事業史』本篇一巻(三井文庫、一九八〇年)。
(52) 例えば、江戸本店のあった駿河町周辺では、文政十二年(一八二九)の場合、店表三六八名、台所方一五六名もの奉公人が存在した。
(53) 例えば江戸においては、十八世紀末以降、ほぼ八〇―一〇〇カ所の抱屋敷を有した。吉田伸之「近世都市と諸闘争」(『一揆』三巻、東京大学出版会、一九八〇年。〔吉田 一九九八〕に収録)、小川保「京都における三井家の屋敷――集積過程からみた特質」(『三井文庫論叢』一四号、一九八〇年)を参照されたい。
(54) 都市下層社会の研究は、その多くが江戸を対象としたものに片寄っている。以下の論著を参照。南和男『江戸の社会構造』(塙書房、一九六九年)、同『幕末江戸社会の研究』(吉川弘文館、一九七八年)、松本四郎「幕末・維新期における都市と階級闘争」(『歴史における国家権力と人民闘争』青木書店、一九七〇年)、同『日本近世都市論』(東京大学出版会、一九八三年)、吉田伸之「日本近世都市下層社会の存立構造」(『歴史学研究』五三四号、一九八四年。〔吉田 一九九八〕に収録)。
(55) 吉田伸之「施行と其日稼の者」(百姓一揆研究会編『天保期の人民闘争と社会変革』上、校倉書房、一九八〇年。〔吉田 一九九一〕に収録)。
(56) 「日用」層については、吉田注(54)論文、同「日本近世におけるプロレタリア的要素について」(『歴史学研究』五四八号、一九八五年〔吉田 一九九八〕に収録)を参照されたい。
(57) 日用頭については、藤村潤一郎「江戸六組飛脚仲間について」(『史料館研究紀要』五―六号、一九七二―七三年)、同「福岡日雇支配・大坂通日雇万屋喜平次について」(同八号、一九七五年)などの一連の研究を参照。
(58) 人宿については、南注(54)『江戸の社会構造』を参照。
(59) 武家方の一季・半季の奉公人については、高木昭作「所謂「身分法令」と「一季居」禁令」『日本近世史論叢』上、吉川弘文館、一九八四年）。のちに、同『日本近世国家史の研究』（岩波書店、一九九〇年）に収録）を参照。
(60)　無宿の位置づけについては、塚田孝「近世後期における江戸の非人と町方」（『部落問題研究』六五輯、一九八〇年）のちに、同『近世日本身分制の研究』（兵庫部落問題研究所、一九八七年）に収録）を参照。
(61)　片倉比佐子「一八世紀初頭欠落事例にみる江戸町住民の構成」（北島正元編『近世の支配体制と社会構造』吉川弘文館、一九八三年）。
(62)　田谷注(37)書、二二三―二五頁に紹介されている「大坂両替町五人組帳」を参照。
(63)　吉田注(53)論文を参照。
(64)　吉田注(36)論文。
(65)　宮本又次『株仲間の研究』（有斐閣、一九三八年）、林玲子『江戸問屋仲間の研究』（御茶の水書房、一九六七年）などを参照。
(66)　例えば、江戸の札差仲間は、天王町・森田町・片町の三つの町名を記した組から構成された。北原進『江戸の札差』（吉川弘文館、一九八五年）。
(67)　吉岡由利子「享保期江戸町方における訴願運動の実態」（『都市の地方史』雄山閣、一九八〇年）。
(68)　鮎川克平「江戸町方火消人足の研究」（『論集きんせい』三号、一九七九年）。
(69)　佐々木潤之介「世直しの状況」（『講座日本史』五巻、東京大学出版会、一九七〇年）を参照。
(70)　小野正雄「市中かるきもの」（『日本民衆の歴史』四巻、三省堂、一九七四年）。
(71)　乾宏巳『なにわ大坂菊屋町』（柳原書店、一九七七年）。
(72)　林基『国民の歴史16　享保と寛政』（文英堂、一九七一年）、松本四郎「大坂の家質差配所一件」（注(70)『日本民衆の歴史』四巻）。
(73)　『京都の歴史』六巻（学芸書林、一九七三年）、辻ミチ子『町組と小学校』（角川書店、一九七七年）。
(74)　この分野の研究は多い。松本注(54)「幕末・維新期における都市と階級闘争」、同『日本近世都市論』、南注(54)『江戸の社会構造』のほか、竹内誠「天明の江戸打ちこわしの実態」（徳川林政史研究所『研究紀要』四五号、一九七一年）、山田忠雄「近世都市民の闘争」（『階級闘争の歴史と理論』二巻、青木書店、一九八〇年）などを参照。
(75)　吉田注(54)論文。

# 第3章　巨大都市・江戸の空間構成と社会構造

## はじめに

この報告の目的は、十八世紀から十九世紀中頃の巨大都市・江戸の空間構成の骨格と、そこで展開された社会構造の一端を素描し、併せて都市社会における民衆世界の位置を考えることにある。そして、日本近世社会における「都市性」の一つの側面をあぶり出し、イスラームのそれと比較するための議論の素材を提供できればと希望する。

## 一　都市空間の三つの構成要素

近世日本の首都・江戸は人口一〇〇万を越える巨大都市であって、その全体像をつかむことは容易でない。ここではまずはじめに「江戸切絵図」と呼ばれる江戸市中の区分地図を眺めることからはじめたい。図1・2は、一八五〇年代に尾張屋（金鱗堂）という版元が製作・販売した江戸市中各地三十余図の中の二枚である。[1]図1は、江戸城の東隣、町人居住地域の中枢部分にあたる「日本橋北」地域を描き、また図2は江戸城の外堀をこえて北方に広がる「本郷」地域を描いている。原図はいずれもあざやかな美しい多色刷りで、これらの色による区分と、いくつかの記号や文字

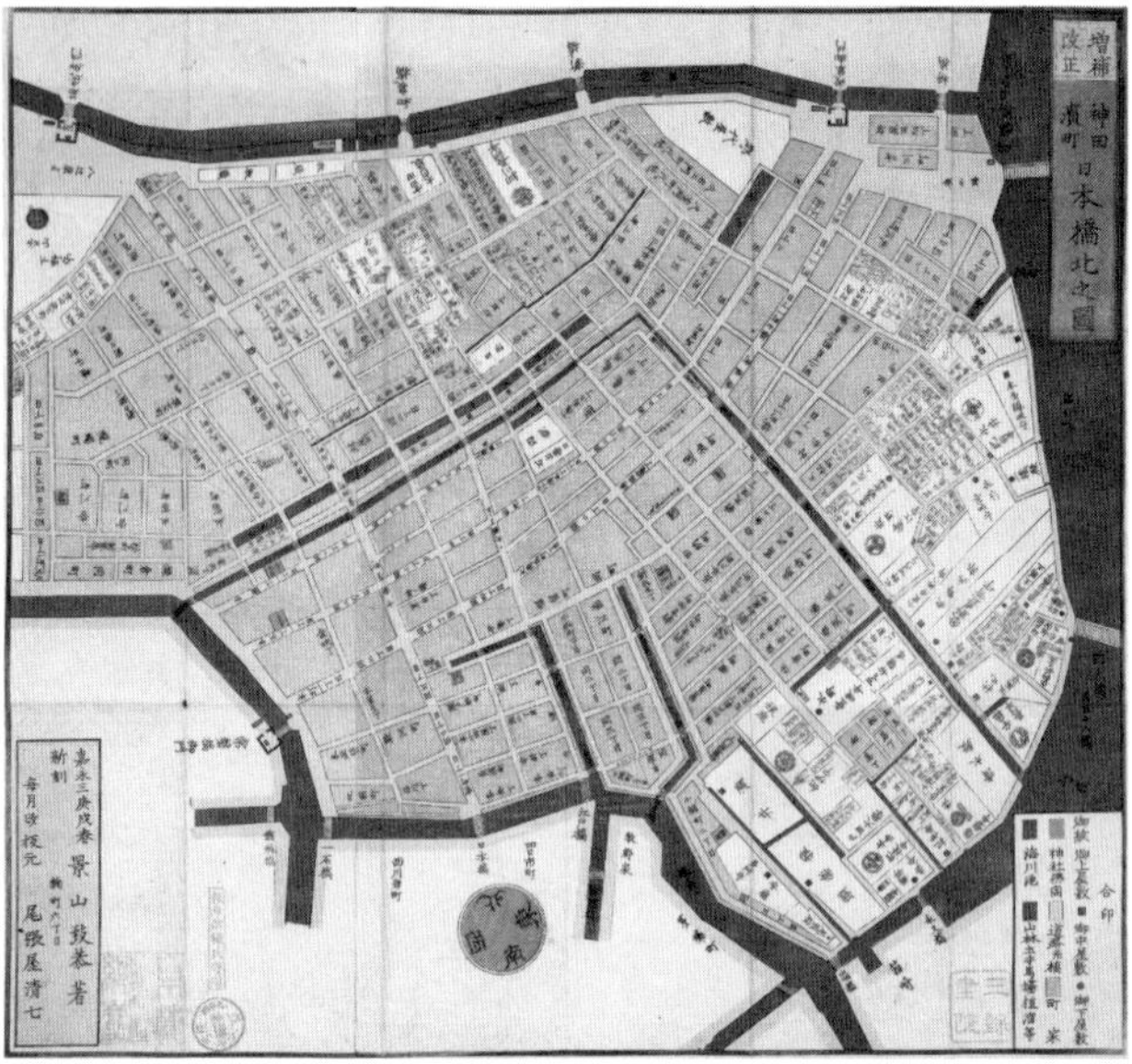


図1　江戸切絵図「日本橋北」

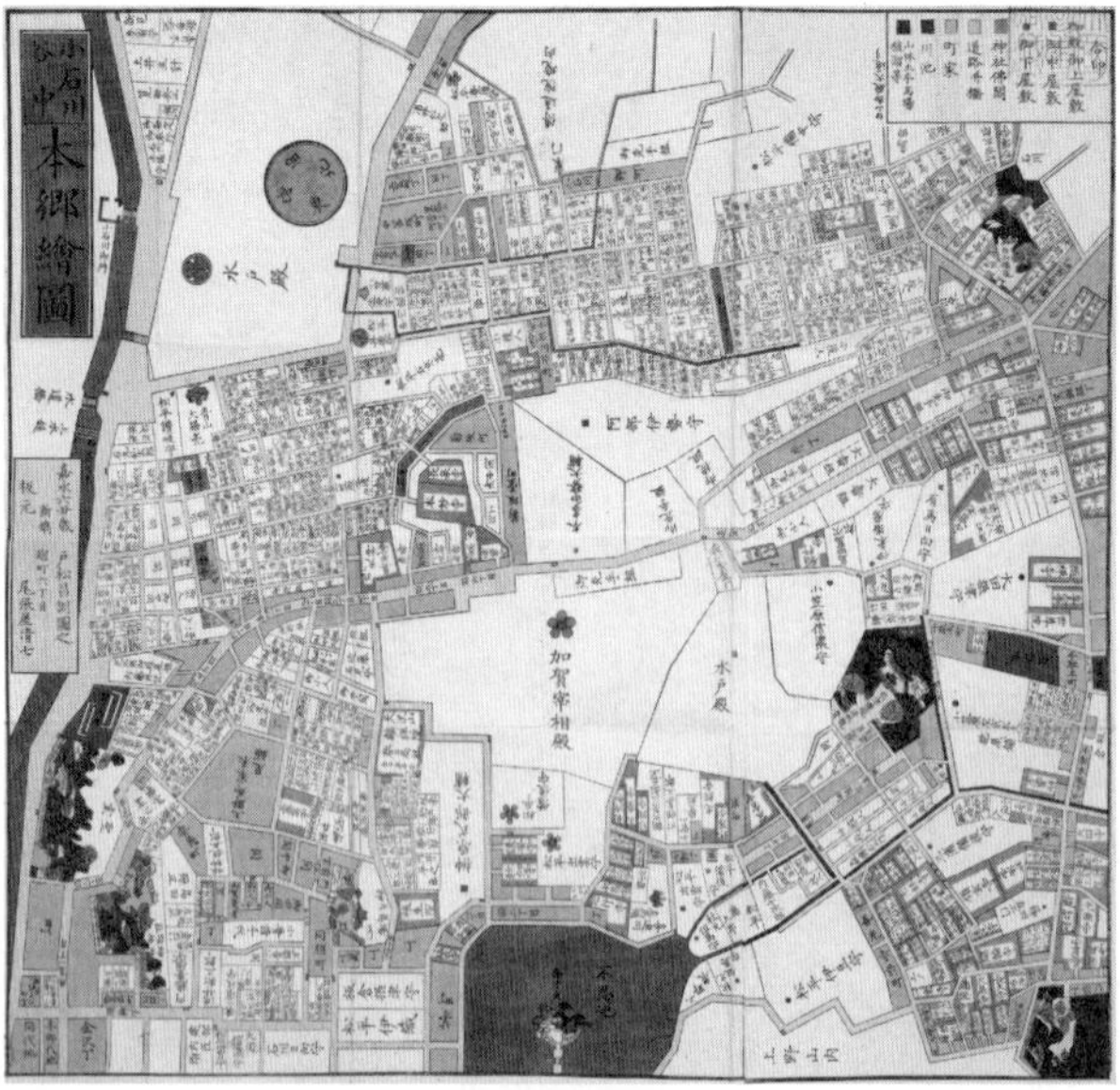


図2　江戸切絵図「本郷」

によって、それぞれの地域の空間構成を簡潔にではあるが明晰に表現しているのである。そして、これらの切絵図の片隅に記されている「合印」（凡例）等によるならば、江戸の複雑な都市空間はほぼ以下の諸要素によって解読されるということになる。

a1　大名屋敷―上屋敷（当主名とともに家紋を記す）・中屋敷（■を目印とする）・下屋敷（●を目印とする）

a2　旗本屋敷―（当主名を記す）

b　神社・仏閣―（赤色で表現）

c　町家―（灰色で表現）

d　道路・橋―（黄色）、海・川・池―（青色）、山林・土手等―（緑色）

これらを手がかりにまず図1をみると、日本橋北の地域はほとんどが町家によって構成されており、これらの町家は正方形を基準とする街区を構成し、これが面として連続的に展開している点が注目される。[2] 一方、神社・仏閣は小さな稲荷社以外はほぼ皆無で、武家地も南東の川沿いに少し見える程度である。

次に図2の本郷地区をみると、ここでは図1と様相がまったく異なっている。もっとも広大な面積を占めているのは大名屋敷をはじめとする大小様々の武家屋敷である。またこの地域には数多くの神社・仏閣がみられ、相当のスペースを占めていることが読みとれよう。一方町家は、武家屋敷地や神社・仏閣のすきまの道路沿いを縫うように細長く連なるにすぎず、面としての広がりを欠き、この地域に占める面積の比率は著しく小さい。

このように、江戸の都市社会は、それぞれの地域で空間構成が大きく異なっていることが特徴的である。しかし全体としてみると、都市の居住空間は、武士、神職・僧侶、町人の身分別に整然と編成されており、どの地域においても、a武家屋敷、b神社・仏閣、c町家、の三つが都市空間を構成する主要な要素なのである。

そこで以下、これら空間構成の三つの要素について、それぞれ具体的事例に即してその特質を検討してみよう。

## 二　武家屋敷

江戸の都市空間は、江戸城を含めてその三分の二が武家屋敷によって占められた。約五二〇〇家の旗本、約一万七〇〇〇家の御家人等の徳川家の直臣は、それぞれの家格に応じて江戸に屋敷地を与えられ、市中に相当な面積を占めた。しかしそれ以上に、全国二七〇家の大名が有した広大な上屋敷・中屋敷・下屋敷などの「藩邸」は、江戸の武家屋敷地の最大の要素であり、巨大都市に特徴的な性格を与えたのである。そこで藩邸の一例として、最大の大名であった加賀藩の上屋敷をとりあげてみたい。

図3は一八四〇年代の加賀藩上屋敷の状況を描くもので、金沢における加賀藩の御大工方清水家に残されていたものである。(3) 今、改めて図2を見ると、画面中央にこの加賀藩前田家の広大な上屋敷が描かれており、その輪郭は、図3の該当部分とほぼ一致することがわかる。すなわち、図2では不明な内部構造を、図3はきわめて詳細に描き出しているのである。

図3によると、上屋敷の中心を占めるのは、「御殿」と呼ばれる巨大な建築物である。ここには、加賀藩の江戸役所をはじめ、江戸滞在中の藩主の居宅、藩主の家族や女中たちの居住空間が含まれている。そしてこれらの建築物は、広大な庭園（育徳園。現在の三四郎池とその周辺。）を含めて、外に対しては勿論、屋敷内の他の部分からも塀や築地によって隔離された空間となっていることが明らかである。これを「御殿空間」と呼ぶことにする。

しかし大名屋敷は、「御殿空間」のみによって構成されているのではない。図3を見ると、御殿空間の周囲には広大な空間が広がり、そこここに様々な施設や建物が描かれていることが注目される。これらの建築物は江戸に常駐する家臣や、藩主の江戸参勤とともに金沢からやってきた家臣等に貸与される住宅――「御貸小屋」と呼ばれる――が

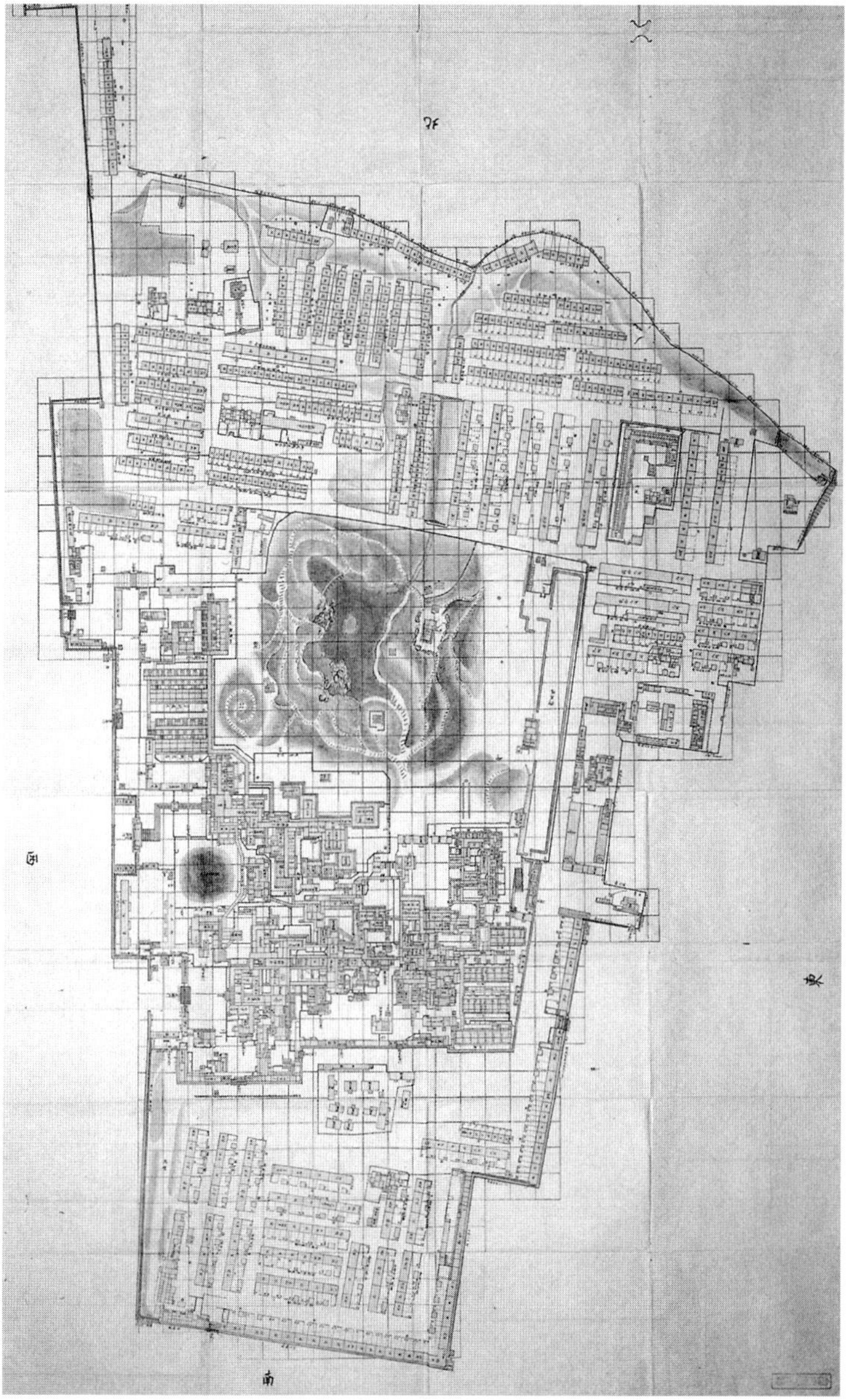


**図 3**　江戸御上屋敷惣御絵図

注）　金沢市立玉川図書館所蔵清水文庫.

展開しているのである。

次に北部の一帯を見ると、藩直属の奉公人――足軽・中間・小者――が集住する小屋が建ち並び、一見すると後で見る町家とよく似た様相を示している。これらの家臣や奉公人は、「詰人」と総称された。その他この空間には藩邸を維持・管理するための施設がみられるが、その全体を「御殿空間」とは区別して、「詰人空間」と呼んでおきたい。

こうして、加賀藩の上屋敷は、「御殿空間」と「詰人空間」という二つの異なる空間の複合体として構成されたが、こうした特徴は、少なくとも大名の藩邸一般についてもあてはまりそうである。そして藩邸は、大名当主を頂点として権威的に内部編成され、武士や奉公人以外の諸身分の者は内部に居住することを原則的に禁止された。また周囲の都市社会に対しては、閉鎖的な空間として存在した。このような大名藩邸や旗本等の屋敷は、その経済的基盤を江戸の外部、すなわち自己の領国や知行地に持ち、江戸の内部にはそうした基盤をほとんど有しなかった。つまり、江戸社会にとって武家屋敷はその規模の大小を問わず、いずれも単なる消費の単位群を構成するに過ぎなかったのである。

## 三　神社・仏閣

江戸の社会空間を構成する二つめの要素は「神社・仏閣」である。一八三〇年頃に作成された『御府内備考続編』[4]によると、その当時の江戸市中の主要な神社は一一二社、仏閣は九八〇寺にも及んでいる。そして中でも仏閣の多くは図2に見られるように団塊状に広がり、寺町と呼ばれる一角を構成した。これらは江戸全域のほぼ六分の一を占めたとされる。ここでは神社と仏閣の事例を一つずつ取りあげて、それぞれの空間構成を簡単に検討してみる。

図4は、根津神社の「境内惣図」である。この神社は、先に見た図2の中にも描かれ、江戸市中でも有数の神社の一つであった。図4は、二万二〇〇〇坪（七万一二八〇平方メートル）余にも及ぶこの神社の広大な社地＝境内の大よ

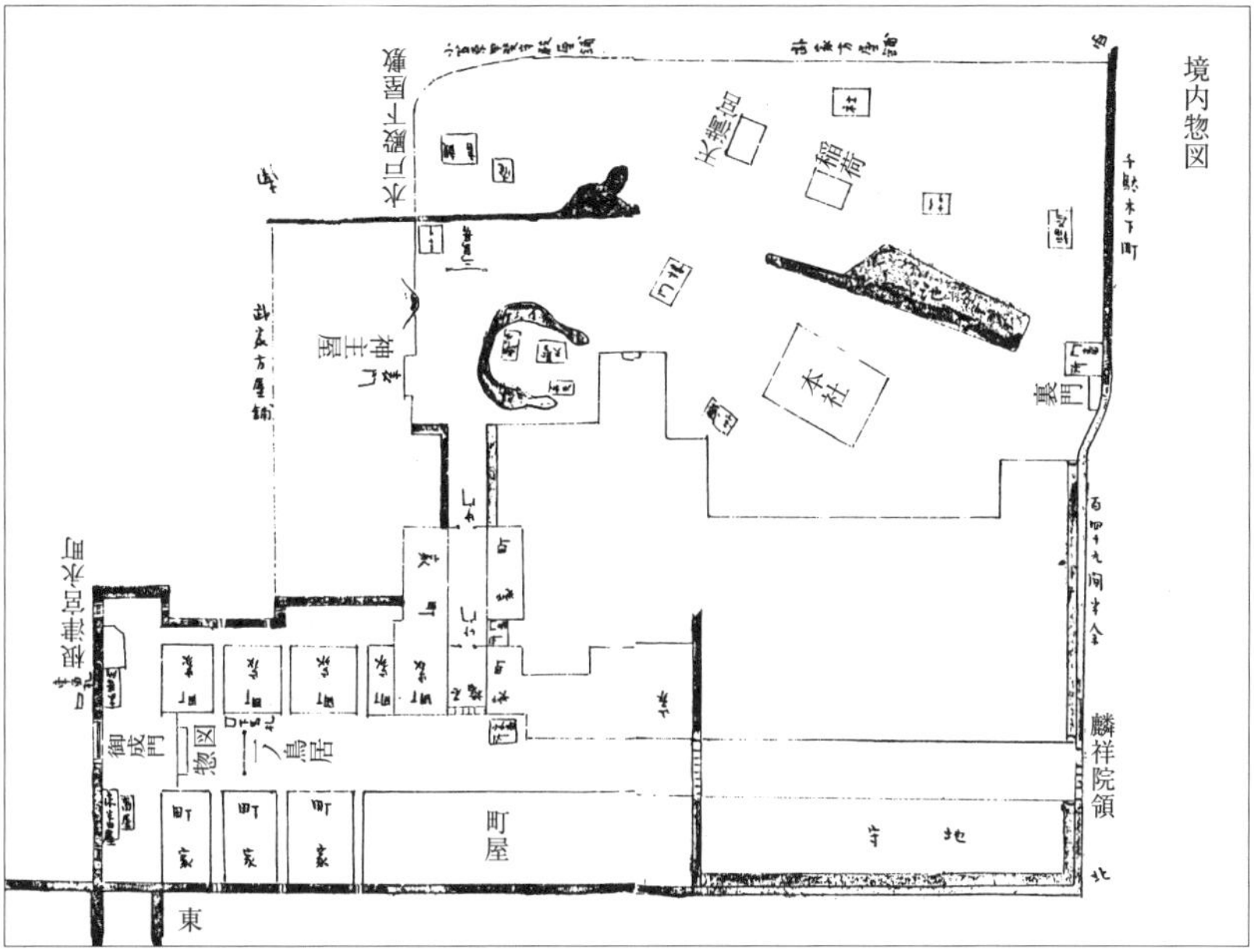


**図4　根津神社の境内図**

注）『御府内寺社備考』1巻所掲.

その状況を描くものである。これによって神社境内の構造を見ると、ほぼ以下の三つの部分から構成されていることがわかる。第一は「本社」を中心とする宗教施設の点在する場所であり「本社空間」とでも呼べる地域である。ここには数多くの堂社が含まれ、全体が周囲の俗界から明確に区分されている。第二は、神主や別当の屋敷である。ここを「屋敷空間」と呼ぶことにする。ここは社家・神人や別当をはじめとする僧侶等、根津神社を運営する神職・僧侶等の実務と生活の空間なのである。そしてこの屋敷空間は本社空間とは区別され、武家屋敷とよく似た閉じた空間となっている。第三は境内の一画にみられる「町家」である。これらの町家は根津門前町と根津社地門前という二つの町を構成し、土地は神社に属したが、住人は延享二年（一七四五）以降、一般町人同様に町奉行所の支配下に置かれた。そしてこれらの町家では多数の料理茶屋が営まれ、江戸市中でも有数の岡場所として、歓楽街の様相を呈していた。

図4を見ると、これらの町家部分は、周囲の町家と一体になり、境内の領域は明示されていない。根津神社と武家屋敷との関係については不詳であるが、町家との間には、少なくとも次の三つの点で直接的な関係を有した。㈠境内の門前町家に居住する住民から地代を取りたて、また役奉仕を強制したこと。㈡氏子町とよばれる近隣の一六の町々から寄進を得たこと。㈢各地からの参詣者がもたらす賽銭を得たこと。

次に、仏閣の例として、浅草寺をとりあげてみよう。図5―1～2は浅草寺とその周辺を描くものである。浅草寺は古代以来の伝統を持つ寺であったのが、十六世紀末に新たに徳川氏の祈願所となり、近世寺院としての地位を確立した。図5に見られる浅草寺の空間構成の特徴は次の通りである。第一は、本堂、五重塔、諸堂社等からなる宗教施設の展開する空間で、これを「本堂空間」と呼んでおく。これは神社の本社空間と同質の地域である。浅草寺の場合、本堂空間から参道一帯の各所に「境内商人」と呼ばれる零細商人の仮設店舗が多数確認できる。(5) つまり、周囲の町家に居住する民衆の一部にとって境内は重要な生業の場であったのである。第二は、別当代の屋敷である本坊（伝法院）であり、ここには浅草寺一山を運営する組織が置かれた（屋敷空間）。第三は、境内に営まれた南馬道町と北馬道町の二つの境内町屋である。

浅草寺地域の場合、上とは別に、境内地域内において三四ヶ院の塔頭が本堂空間の周囲を埋める点が注目される。これは、一二の衆徒、二二の寺僧からなる浅草寺の僧侶集団が営む塔頭であり、寺中と称された。そして本山のまわりに、南谷・東谷・北谷という三つの谷仲間と呼ばれるブロックを形成したのである。この内の六ヶ院はそれぞれ独自の門前町屋を持ち、また他の諸院にも「貸地町屋」が営まれた。

浅草寺の本堂空間や伝法院と寺中三四ヶ院の全体を浅草寺一山と総称すると、この一山と町家との関わりは、次の五点に見出すことができる。㈠門前町家からの地代収取と役奉仕の徴発、㈡寺領町々約二〇町からの年貢収取と寺役奉仕の徴発、㈢参詣者からの賽銭収取。以上は根津神社の場合とよく似ている。しかし、浅草寺の場合、この他㈣境

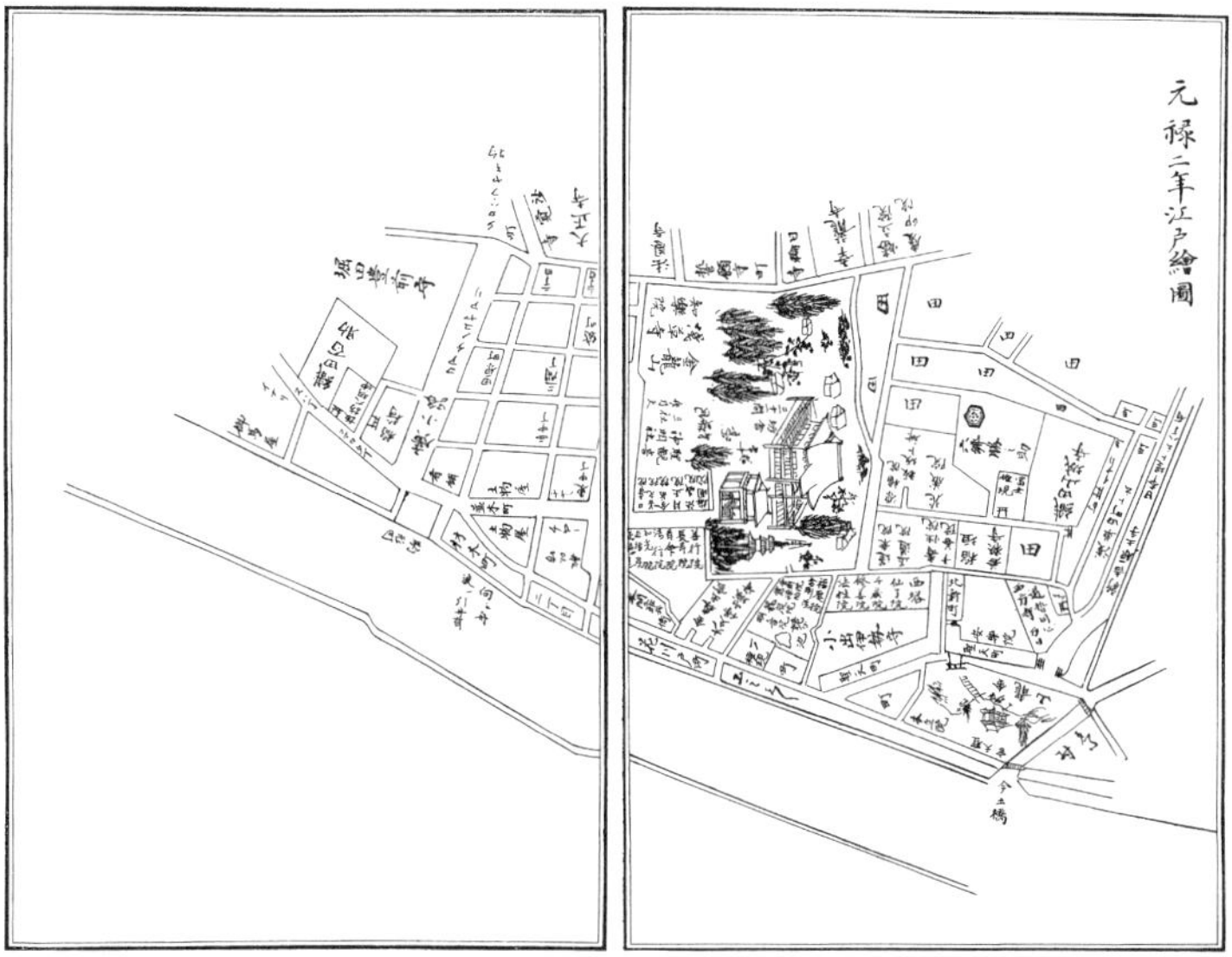


図 5-1　浅草寺一山の図

注）『浅草寺』巻一，46，47 頁による．

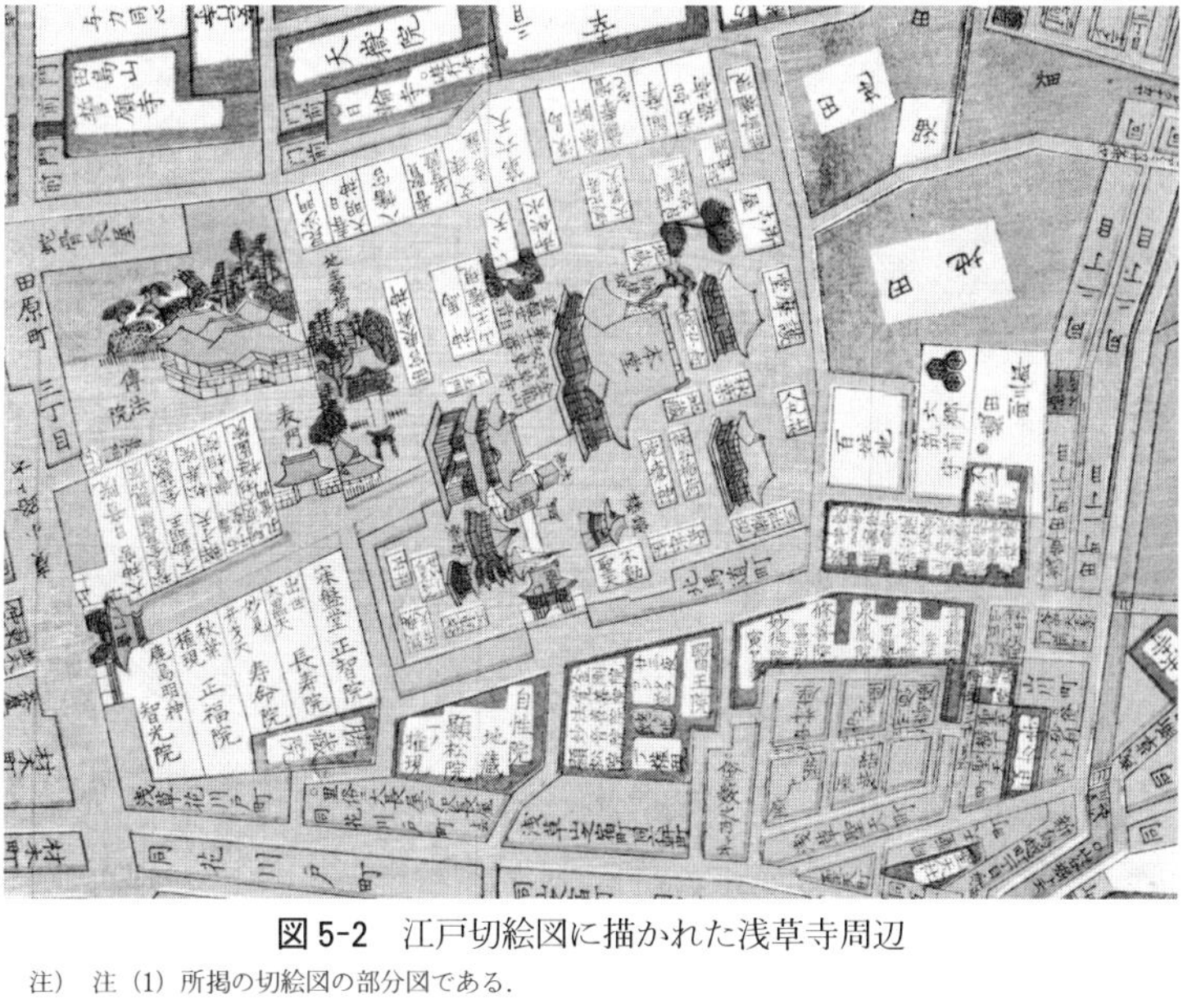


図 5-2　江戸切絵図に描かれた浅草寺周辺

注）注（1）所掲の切絵図の部分図である．

内商人からの地代、㈤市中檀徒からの寄進、が独自のものとしてさらに確認できる。

以上、二つの事例から江戸市中の神社・仏閣の構造を眺めてみた。それらの空間を特質づけるのは、境内という領域の特殊性にあると思われる。そこには別当屋敷のような大名屋敷の「御殿空間」とよく似た閉鎖的な部分もあるが、その大半は都市社会に対して開放的な場であり、またその内部には門前町家や境内商人が存在するというように、町家の世界を直接自己の内部に取りこんでいる点が特徴的である。こうして、江戸の神社や仏閣は町家の世界に自己を半ば溶解させ、そうすることによって、都市社会での存立基盤をよりたしかなものにしたのである。

## 四　町　家

都市の社会空間を構成する三つめの要素は町家である。これらの場は「町方」とも呼ばれ、市中全域に占める面積は六分の一と狭かったが、十八世紀後半以降、そこには一七〇〇の町が存在し、五〇万人の商人や手工業者・日雇等が暮らしていた。これらの町は、図1・2で見たように江戸の各地でそれぞれ個性的で多様な展開を示した。ここでは、図1にも描かれている本町一丁目を事例としてとりあげ、町という社会空間の持つ性格について少し詳しく検討してみたい。

図6は、十八世紀前半の本町一丁目を描くものである。この町は、江戸市中で最も格式の高い町の一つで、著名な道路である本町通りの起点にあたる（現在は、日本銀行敷地の北半に相当する）。図6を見ると町は本町通りを南北から挟む両側のブロックからなり、その東西の端と横町には木戸が設けられ、また南北の境界には大下水が掘られて周囲から区分されている。これから同町が全体として一つの独立した空間を構成している様子がうかがえる。(6)

図6により町の内部を見ると、町の両側のブロックは南北に細長い土地片に細分されていることがわかる。このよ

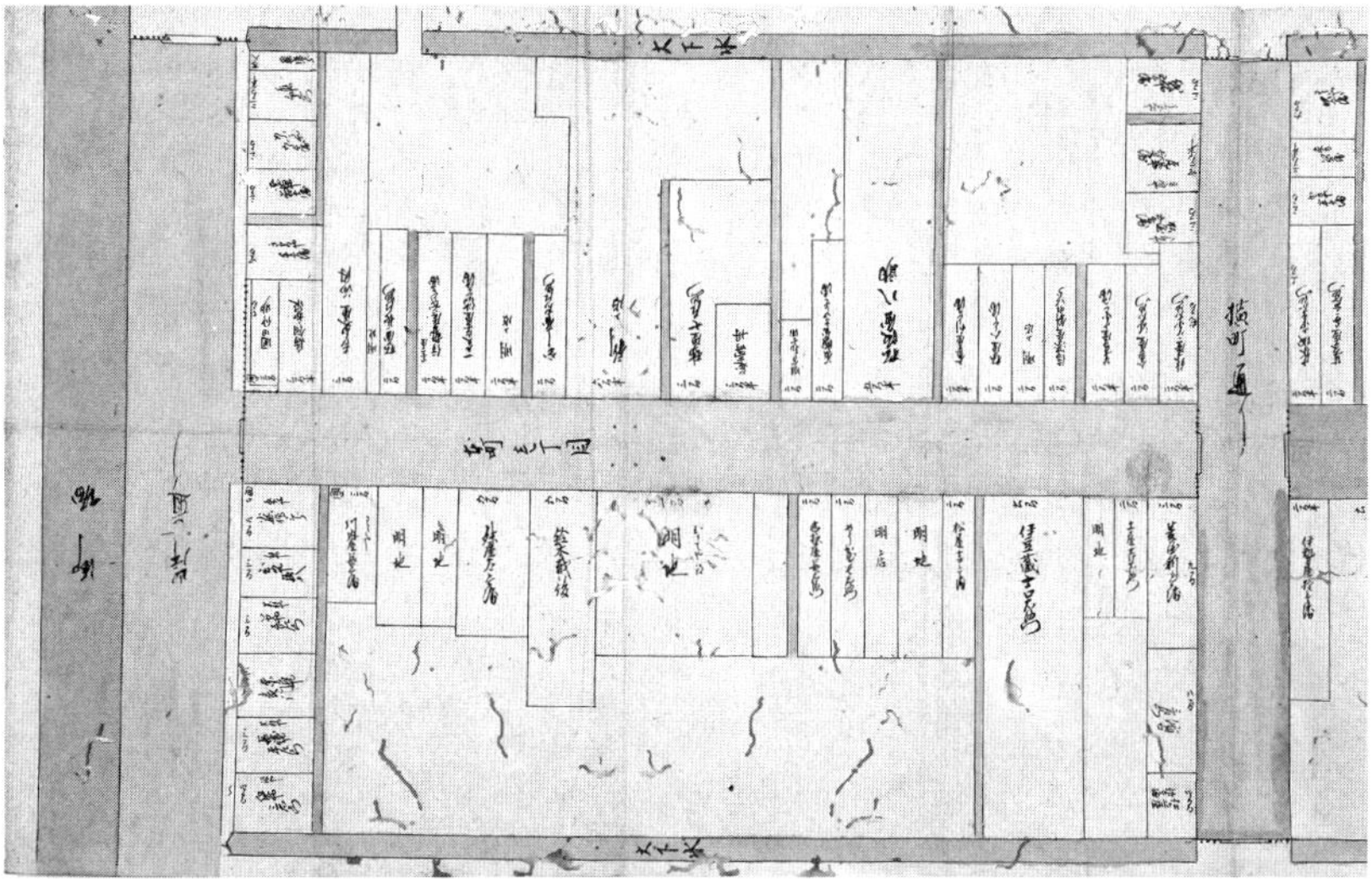

**図6　本町1丁目絵図（1720年）**

注）上が北側．中央は本町通りで左端に「御堀」が見える．北側中央の「新店」が富山の店舗．（国文学研究資料館国立資料館所蔵「富山家文書」）

うな小土地片を町屋敷と呼ぶ。町屋敷には本来、所持者である町人の家や店舗が営まれ、町はこうした町屋敷の集合体なのである。

そこで次に、この町屋敷の内部構造をのぞいてみよう。(7) 図7は図6と同じ頃のもので、本町一丁目北側の中程にある「富山喜左衛門」所持町屋敷の内部構造を描く。この図には、間口京間一〇間余（約二〇メートル）の「東家」と、同七間（約一三・七メートル）の「西家」の二つの町屋敷が同じ地主の下で一つのものとして用益されている状況が示される。

この図7からまず注目されるのは、西端に見える間口五間の「新店」である。富山家は当時有数の呉服店を経営し、京都から仕入れた呉服物を江戸で販売する拠点を本町に有していた。そして、本町二丁目では本店を、一丁目では新店をそれぞれ営んだ。図8は新店の指図で、本町一丁目・富山家新店一階部分の構造を示すものである。広い売場を店舗内に持ち、敷地の奥には二つの土蔵と店舗を維持する裏店《うらみせ》が見える。図6を見ると、町内にこのような規模の店舗は他に二店を数えるのみであり、その卓絶した地位がう

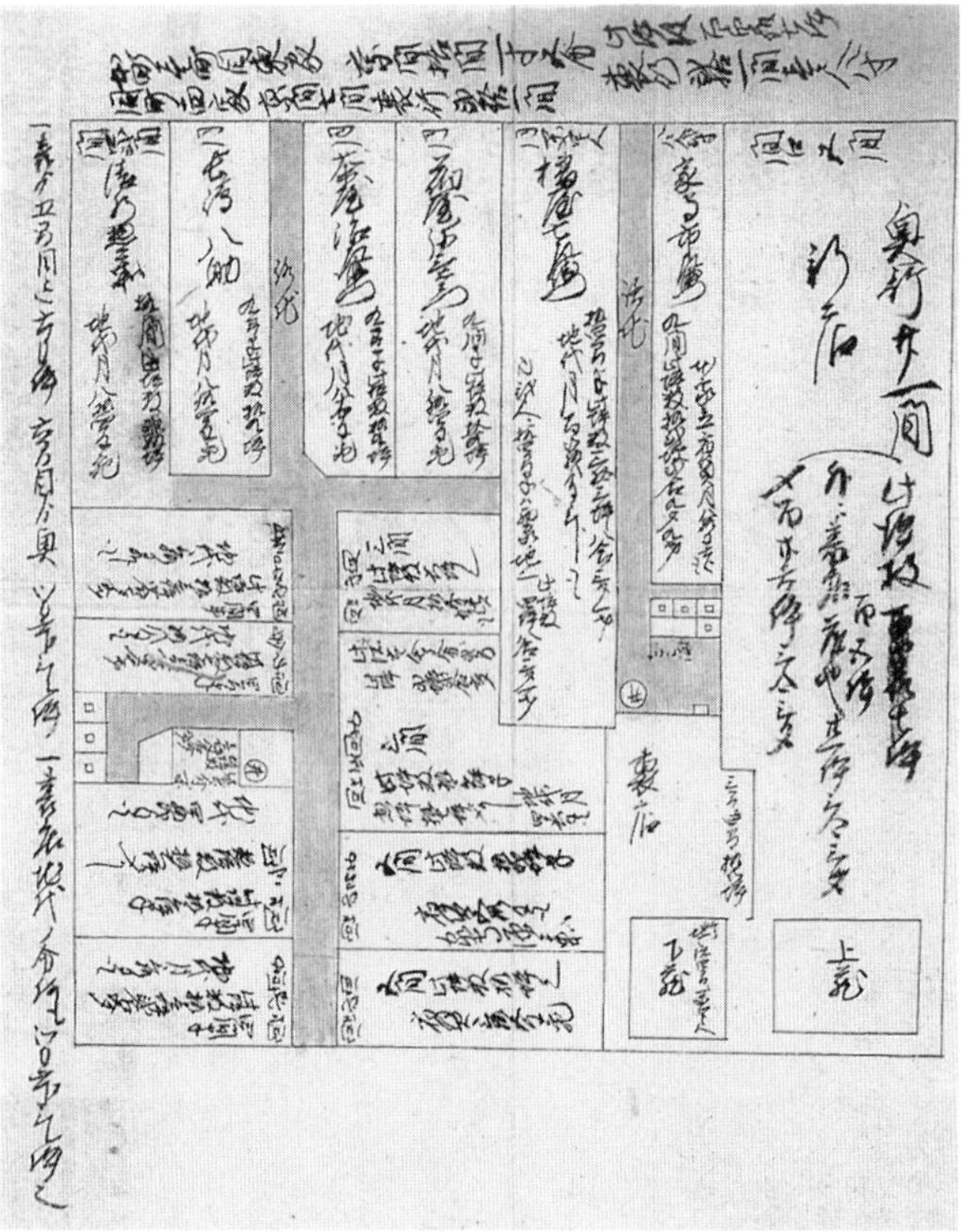

図7　富山家所有の本町1丁目北側の町屋敷

注）上が南側で本町通りに面す．右端に「新店」がみえる．（国文学研究資料館国立資料館所蔵「富山家文書」）

かがえよう。この店舗の経営者である富山家は京都に住居を持ち、江戸の店舗経営の実務は有力な手代を支配人としてこれに任せていた。つまり、江戸の店舗は同時に奉公人達のみの居住空間であったのである。このような不在地主の場合を含めて、町屋敷を所有し、そこで店舗を営業するものを「地主＝店持」と呼んでおきたい。

図7の町屋敷絵図で次に目立つのは、本町通りに面して連なる狭い間口の六カ所の小区画である。これらにはいずれも姓名や屋号が記され、その面積と一月分の借地代が記されている。図6には省略されて描かれていないが、これらは富山家が賃貸する小店舗用地なのである。これらの用地はいずれも表通りに面しており、このように表通りに沿った一帯は常設の店舗営業を許された特別の部分なのであって、「表店《おもてだな》」と呼ばれ、他と区別された。そしてここには高額な地代や家賃を負担して、常設の店舗を営む商人層の世界が展開していた。

さて、図7の東側奥に、上でみた表店とは異なる一画があることに気付く。ここには、わずかな面積の八カ所の区画が見え、一例を除いて人名は記されず、また表店の半額以下の地代や屋賃が記されている。これらは、町屋敷内で「裏店《うらだな》」と呼ばれる部分であり、後に見るように、このような空間に都市の民衆世界が展開したのである。

以上から、図7の町屋敷には、地主＝店持、表店＝商人の世界、裏店＝民衆、という相互に異質な三つの要素が見いだされたことになる。そして、これらの表店、裏店の地借・店借（借地・借家人）は、図7にも見える家守という不在地主の代理人によって管理され、地代や家賃を徴収された。

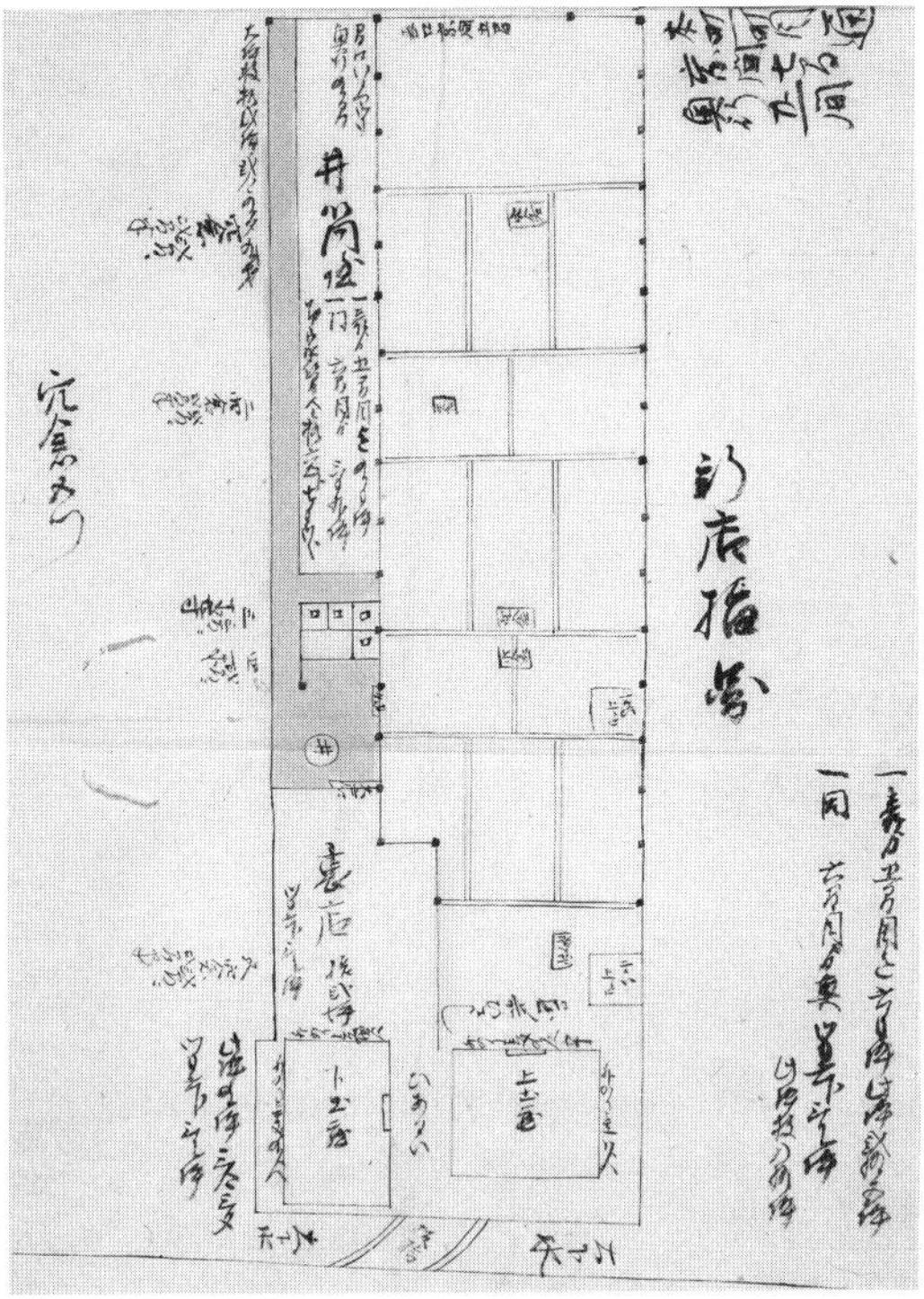


**図8　本町1丁目の富山家新店の指図**

注）図7の右端に相当．（国文学研究資料館国立資料館所蔵「富山家文書」）

ここで再び図6を見ながら、町屋敷にみられる、地主、表店、裏店の三つの要素が、本町一丁目全体ではどのように展開しているのかを検討したい。まず、地主であるが、本町一丁目の場合、当時一四人の地主がおり、これらは次の三つのタイプに分類できる。㈠拝領地主―幕府から町屋敷を授与されたもの。この場合、町屋敷は売買できない。同町には、町年寄奈良屋市右衛門、金座後藤庄三郎らの広大な拝領地がある。㈡沽券地（売買できる町屋敷）地主―本人は町内に居住しないがそこで店舗を経営するもの（地主＝店持）。㈢㈡と同様の不在地主であるが、町内での店舗等を持たないもの。

町は本来、町に居住し、そこで営業を行う地主＝町人達の共同体なのであるが、本町一丁目の場合、町内に居住する地主＝町人は拝領地主の一部を除けばほぼ皆無である。そして町は、地主＝町人の代理人としてその役割を代替する十数人の家守によって運営された。

これに対して、本町一丁目の場合、町の実質的な主人公といえるのは、表店の商人層である。図6には、本町通りや横町通りに面して、表店の小規模な店舗が多数描かれていることがわかる。この本町一丁目は、東隣の本町二丁目とともに、十七世紀以来多数の呉服問屋や仲買商人の集中する町として著名であった。図6の表店の大半は、呉服問屋や仲買商人によって占められていた。そして一部に、先に見た地主＝店持のような大型の店舗を含みながら、呉服業の商人層を主軸とする商人仲間＝共同組織が町の表店を覆ったのである。

一方、図6に見える町の裏側部分空白域の多くには、裏店が展開した。安永七年（一七七八）の資料[8]によると、町内の裏店は五六軒に達し、表店と地主＝店持の合計四〇軒を軒数では大きく上回っている。また裏店の居住者たちは、町屋敷を単位として「裏長屋中」、「裏店中」等と呼ばれた。

江戸の町家＝町人地は、町屋敷を細胞とし、その集合によって作られる町を基礎組織として構成された。約一七〇〇にも及ぶ多数の町は、それぞれ多様な性格をもっていたが、地主、表店＝商人層、裏店＝民衆の世界という三つの異質な社会空間の複合体としての共通性を持った。そして、都市の商業、流通、手工業、労働力のほとんどは、町を基礎単位とする町家の世界によって担われていたのである。

## 五　裏店と民衆世界

以上、巨大都市・江戸の空間構成の主要な骨格とその構成要素について略述した。次に問題となるのは、こうした都市空間の中でくりひろげられる社会の構造と、その相互の関係であろう。ここではその中で、四節で述べた裏店という町家の中の空間に展開した社会構造が、都市社会全体にとってどのような役割と位置を持ったかについて考えることにしたい。ここでも町家の二つの具体例に即して考えてみることにする。

まず第一は、本石町二丁目についてである。この町は、四節で取り上げた本町一丁目の北東隣に位置し、やはり江戸町方の最上級ランクに属する町である。この町の場合、江戸時代のものではないが、一八六八年一一月の戸籍が残されている。(9) これには、地主五戸、地借六六戸、店借三二戸、人別四〇五人について、一戸ごとの住所・職業・年齢・家族・住居坪数等が詳細に記載されている。地借・店借の中での表店・裏店の分布は不明である。そこで一つの指標として、住居坪数一〇坪を基準として地借・店借九八戸の分布を見ると、一〇坪未満には地借一五戸・店借二八戸の計四三戸が収まる。これを裏店の戸数と仮定したうえで、その職業の種類を見ると次のようである。

a　職人（左官、べっこう、仕立、紺屋、木具、大工、足袋、髪結）

b　小商人（枡酒、荒物、魚、小間物、せり呉服、煎茶、米買次、乾物、揚物、綿、売薬、炭薪仲買、小切売、紙）

c　日雇（鳶日雇、奉公人口入、日雇）

d　寡婦・障害者（賃仕事、按摩、針）

次に、江戸町方の最西端に位置する雑司谷町の場合を見てみたい。この町には、文政元年（一八一八）四月の人別帳が残されている。(10) 当時、同町は家持三六戸、家守一六戸、店借五七戸、人口三六六人の町であった。家持には水茶屋と農業を営むものが目立ち、鬼子母神の近辺という遊興地の性格と、近郊農村に接する農村的性格を併せて示している。この人別帳からも裏店のものを他と峻別するのは困難である。そこで、店借全体の主要な職業を見てみると以下のようになっている。

a　職人（下駄、大工、鍛冶、桶、塗師、井戸掘、髪結）

b　小商人（時の物売、水油、青物、塩、荒物、鉄物、ざる、薬湯、植木）
c　日雇（日雇、車力、町かご）
d　寡婦ほか（賃仕事、修行者）

上のうち時の物売は二三例に達し、他と比べて異様に多い。これは、近郊の野菜類を仕入れ、江戸市中に販売する振売の小商人らが同町に集中した結果と推定される。しかしこの点を除くと、全体として江戸中心部の本石町二丁目の場合と、基本的にはほぼ同じ職業構成であることが注目できる。

右の二つの町の事例から、裏店という社会は、地主や表店の商人層とは異なる固有の役割を都市社会全体に対して担っていたことが想定されよう。なかでも二つの町の職業構成a―cには、都市の消費生活上の必需品や多様な労働力をあらゆる分野へと供給する機能が全て備わっている。このように、町家裏店に居住する様々な職人・小商人・日雇等によって担われた役割を、「都市社会の賄機能」と呼んでおく。そして、「都市社会の賄機能」をめぐる、裏店の民衆世界と、その他の都市社会との関係はほぼ以下のようであった。

まず巨大な消費単位である武家屋敷の場合、消費物資の多くは、直接町家の裏店の小商人によって供給された。また、広大な御殿をはじめとする諸施設を維持し、武具を管理する上で、周辺地域の職人層はなくてはならない存在だった。さらに、絶えず不足がちの奉公人や、防火のための人足や番人には、裏店の日雇等が用益された。こうして、武家屋敷の間を縦横に伸びる町家の裏店は、武家屋敷が都市社会で存続していく上での生命線に外ならなかった。逆にいえば裏店の民衆世界は、このような形で武家屋敷の存立条件を深く拘束したといえるのである。

神社・仏閣の場合、裏店の担う「都市社会の賄機能」に依存する点では武家屋敷と同様である。そして門前町屋や境内商人の存在を承認することで、境内内部に町家をとりこむことになった。これによって、町家との関係は相互に深いものとなったが、神社・仏閣の固有の領域である境内の多くが、周囲の町家の世界に浸潤され、これと溶融してしまう結果をもたらした。そして境内の周辺の町家、特に裏店居住の民衆によって生活空間の不可欠の一部にとりこまれていくことになる。

町家において、地主＝店持や表店の商人たちは、一方では武家屋敷や神社・仏閣の消費生活に吸着し、これを強く拘束する位置にあった。しかし、彼らの経済活動は、小売りをはじめ、店舗や屋敷の維持・管理、多様な単純労働等の点で、裏店の担う「都市社会の賄機能」に大きく依存せざるをえなかった。こうして、江戸の都市社会は、町家裏店に展開する民衆世界によって、その存立基盤を直接に強く拘束されることになったのである。

（1）『江戸切絵図集成　尾張屋板』（上・下、中央公論社、一九八二年）所掲の絵図による。
（2）この地域の構造については、玉井哲雄『江戸――失われた都市空間を読む』（平凡社、一九八六年）を参照。
（3）金沢市立図書館・清水文庫（特一八・六―二七）「江戸御上屋敷惣御絵図」。なお以下の部分は、吉田伸之「近世の城下町・江戸から金沢へ」（『歴史の読み方』二巻、朝日新聞社、一九八八年。〔吉田 二〇〇〇〕に収録）を参照されたい。
（4）国立国会図書館蔵。ここでは、名著出版刊行の影印本『御府内寺社備考』によった。
（5）『浅草寺日記』（吉川弘文館から刊行中）の各巻による。
（6）町の基本的性格については、朝尾直弘「近世の身分制と賤民」（『部落問題研究』六八、一九八一年。『朝尾直弘著作集』七巻（岩波書店、二〇〇四年）に収録）、吉田伸之「町人と町」（『講座日本歴史』五、東京大学出版会、一九八五年。〔吉田 一九九八〕に収録）を参照されたい。なお以下の部分は、吉田「町と村の社会構造――大地との関わりに見る」（『歴史の読み方』六巻、朝日新聞社、一九八九年。〔吉田 二〇〇〇〕に収録）を参照されたい。
（7）以下は、玉井哲雄『江戸町人地に関する研究』（近世風俗研究会、一九七七年）を参照した。
（8）「本町一丁目其他町法留書」（三井文庫所蔵）。
（9）「壱番組本石町弐丁目戸籍下書」（東京大学史料編纂所所蔵）。
（10）『豊島区史』資料編二、所掲。

# 第4章　都市の近世

## 一　都市史の現在

### (1) メガロポリス・東京の二つの歴史的現在

現代社会を都市の時代と呼ぶのは一般的であるが、日本の近世社会ははたして「都市の時代」であったといえるのだろうか。国土の大半が村と百姓によって充たされた「農村の時代」であった近世社会が、一面で「都市の時代」とも呼びうるとすれば、それはどのような意味においてなのか。そこでまず、日本における都市の歴史のなかで、〝現在〟がどのような地点にあるのかを考えることからはじめよう。

一九九〇年代――この二十世紀最後の一〇年間は、メガロポリス（超巨大都市群）の代表的存在である東京の歴史にとって、けっして忘れることができなくなるであろう、対蹠的な意味を帯びる二つの〝歴史的現在〟――やがては歴史の一部となる〝いま〟――が刻まれつつある。

そのうちの一つは、両国国技館の東側、旧国鉄用地に建設され、一九九二年度開館の「東京都江戸東京博物館」（以下、江戸東京博と略称）である。「日本的原型としての大屋根」をイメージしたという奇抜な建築デザインの評価は措くとして、総事業費五五〇億円を投下して「江戸開府四〇〇年」のモニュメントを作ろうというこの大規模プロジェクトの内容には、都民ならずとも重大な関心を寄せざるをえない。このやや風がわりな名称の博物館は、どのような事情で、また何を目的として建設されているのだろうか。鈴木俊一都知事の依頼によって「二一世紀の都民文化創造と新たな博物館のあり方を求めて」作られた、東京都江戸東京博物館建設懇談会の「報告書」(東京都、一九八二年)が、江戸東京博建設の全体構想について述べているので、いまこれから「建設の背景と目的」(同書第一章)をうかがってみよう。

建設の背景として、まず東京は「世界的にも一、二を競う大都市であり、首都として、我が国の政治、経済、文化の中心」であり、ここに「総合的かつ大規模な歴史博物館」を設立するのは「長い間都民の期待するところ」だったとしている。そして、「東京を再び「ふるさとと呼べるまち」に再生」させ、都民の間に生じつつある「自らの居住地域への「愛着」や「良きこだわり」」を「東京への愛着や一体感」へと高める、文化行政の目玉として位置づけるのである。つまり、江戸東京博とは、鈴木都知事の「マイタウン東京構想」という政治戦略の一環であるということが「懇談会」(座長暉峻康隆以下二二名)によって率直に吐露されているわけである。

こうして、「「マイタウン東京構想」における「ふるさとと呼べるまち」を目標とした」江戸東京博の建設にゴー・サインが出され、次の七点にわたって「意義と目的」が述べられている。

① 江戸・東京に関する文化の保存と継承。
② 明日の都市づくりの手掛りを江戸・東京の歴史のなかに求める。
③ 都民参加による総合的都市学としての江戸東京学の確立と発展の必要。
④ 都民文化創造への活動センターとしての位置づけ。
⑤ 情報化社会における都市文化装置としての情報センターの役割。
⑥ 国内、国外にむけての首都東京のシンボル的文化施設としての位置づけ。

⑦　都市文化施設、博物館の新しいあり方を探求するモデル施設としての位置づけ。

これらのうち、①・④・⑤などには積極的な意味も見いだせると思うが、その他についてはどうか。たとえば②については「東京のように、江戸時代から今日まで国内はもちろん国際的にも数少い大都市性を誇ってきた都市にとって、その歴史の集積を掘り下げて見るならば、そこには幾本ものあたかも大河の如きドラマが発見され」、こうしたものを学び継承し「未来の都市」への展望をきりひらくべきだという。大国主義と首都意識が複合したある種の独善――これは⑥などにもみられる全体のトーンなのだが――も気になるが、「大河の如きドラマ」の発見という〝文学〟的課題と、歴史研究をベースとすべき歴史博物館の役割とがどう接合するのだろうか。ドラマは虚構であって、歴史研究は事実の集積とその分析・論理化である。博物館の劇場化、ディズニーランド化として危惧されている問題の根源がここに見え隠れしている。

また③の「江戸東京学」とは何であろうか。これについては、「現代という地点に立脚して、都民が真に期待するものは、おそらくこうした（研究機関等における歴史研究の）蓄積と成果を基礎にしつつも、さらに江戸時代から明治、大正、昭和へと時代的にも相互に関連性をもち、生活に根ざした視点からの、かつ、現在から未来への都市づくりの課題性に照応する、総合的な都市学の構築ではあるまいか」と述べて、これを江戸東京博が主唱すべきとしているのである。私にはどうもこの「江戸東京学」というのが何をやる学問なのか理解できない。たとえばこの「学」の主唱者である小木新造によると「江戸から今日までの都市形成発展と、文化変容の過程を一貫した視座からとらえ、その連続性や非連続性と、江戸東京の都市としての特性を学際的に研究する開かれた学」(1)とされる。つまり、江戸と東京を一括して扱う、学際的に行なう、この二つが特徴となろうか。しかし私には、都市や地域を限定的にとりあげる「学」が時局に乗じて構築されることが望ましいとは思えない。新しく研究上の脚光を浴びた地域をめぐって、「学」がまだ素朴で未分化な段階に限って、地域名を冠した「学際」的「学」が有意味なのではないか。しかも、こうした

「学」が、自治体のまた特定の政治理念（「マイタウン東京構想」）と一体となって提唱されるところに、この「学」における学問や研究の自立・自主性の危うさを見る思いがする。このほか、指摘したい問題点はいくつもあるが、いまなぜ――家康の入府四〇〇年は別として――このメガロポリス東京は、こうした記念碑的博物館を必要とするのか。その都市史的意味合いを考える前に、東京の北東の片隅で刻まれつつあるもう一つの〝歴史的現在〟を紹介しておこう。

### (2) 汐入――都市集落の死

東京二三区の北東部、荒川・足立・墨田の三区の出合うあたり、隅田川が北西の方向から南へと大きく蛇行する部分に半島状につき出た一画がある。荒川区南千住八丁目である。ここはかつて汐入と呼ばれ、江戸の北西端にあった橋場町内の、戸数二〇戸ほどの小名《こな》（小集落）であった。十九世紀末までは、ダイコンと胡粉（牡蠣の殻からつくる白色の顔料）を特産とする江戸近郊の小村であったが、一九〇六年の東京紡績会社などによる工場用地の買収や関東大震災後の東京郊外の急速な宅地化を契機として、村域の都市化が進行し、近来では一四〇〇戸の住宅が密集する町へと変容したのである。(2)この町の現況――とはいっても現在では日々消えつつあるのだが――を記す伊藤毅の文章を引用しよう。

汐入を訪れると、戦前の下町にタイムスリップしたような錯覚に襲われる。緑と静謐を湛える胡録神社境内、そして迷路のような道は曲りくねって地区内を縫うように走る。そこから複雑に枝分れした路地には、戦前の東京の下町にはごく普通にみられた長屋や木造家屋が密集してたちならび、路上には植栽・鉢植えなどの緑が溢れる。およそ一、四〇〇戸からなる地区の東と西にはそれぞれ一軒ずつ銭湯があり、銭湯付近には日用品を商う店々や家内工業を営む併用住宅が点在する。町で見かける老人たちは車の通らない路地で立話しをしたり、夏には縁台を出し、うちわを片手に憩う。このほか小学校、中学校、消防署、郵便局なども地区内にあり、ひとつの完結したコミュニティーのようにみえる。ここだけはまるで時間が止っているかのようだ。(3)

「重要文化財」の建物が立っているわけでもない。町としての何百年もの歴史をもつのでもない。美しい路地と居心地のよい陽当りと子供の笑い声とお年寄のくつろぎをもつ、一見してどこにもありそうな下町の一角にすぎないようにみえる。ところがこの汐入の町は、これまでの町並の景観を完全に失おうとしている、ということから特別な意味合いを帯びるのである。

図　汐入の風景

注）環境が変貌する空間（1994年撮影）．上は駄菓子屋，下は再開発後の団地周辺．稲垣栄三『東京周縁の居住地形成と変容に関する歴史・計画学的研究』（住宅総合研究財団，1999年）より．

いま汐入では「白鬚西地区再開発事業」として、東京都の施行による市街地再開発事業が進行しつつある。一九九一年三月には新築された権利者用住宅・再開発住宅に一八〇数世帯が移り、空き家になった家々は現在次々と取り壊されている。事業は今後も着実に進められる予定で、数年後にはこの地区は神社のみをかろうじて残し、完璧にその姿を消す。(4)

この事業の目的は「安心して住めるまち」の創出であり、「公共施設を整備し、密集した建物を不燃・集合化することによって安全でうるおいのある街づくりを進め」ること（東京都発行のパンフレットによる）、つまり江東デルタの不燃化をめざす「防災拠点」づくりという都市公共の論理がその背景に存在するのである。ダンプカーやベンツが入りこめない路地、近隣のぶあついネットワーク、これらは汐入の人々にとってすでにある意味で「安全でうるおいのある街」が現実のものであることを示唆している。住環境の激変が老人や子供、病人、障害者などのくらしに破壊的に作用しかねないのではないか。胡録神社を除いて地域の歴史的モニュメントは、入りくんだ街区や路地をふくめてすべてこの地上から抹殺されることになり、「土地の記憶を呼び戻すような装置の保存」(5)の欠如という点で、新たに「再開発」された後の地域のアイデンティティにとっては治癒不能な深い傷を残すこととなるのではないか。こうした点への配慮や問題意識はこの計画からまったくうかがえない。二十一世紀の汐入はどのようなものとして、〝再生〟を遂げるのか。現在たしかなのは、「東京を再び「ふるさとと呼べるまち」に再生」させようという、当の東京都の手によって、いままでの汐入が、このままゆけば一九九六年度中に確実に地上から消滅させられてしまうということだけなのである。

### (3) 死者の都市、最適都市

巨費を投じた無機質のモニュメント――江戸東京博――の誕生と、防災の名の下に死に瀕するぬくもりのある町―汐入。東京都という巨大自治体権力がおしすすめる、この二つの対蹠的な事例を見ると、都市にも生成、発展、死滅の歴史があり、世紀末を迎える現在の東京は、都市史の上で重大な分岐点にさしかかりつつあるように思われてならないのである。この分岐点とはどのような意味においてだろうか。

一九三八年、ファシズムの暗雲が広くヨーロッパや極東を覆いはじめたころ、アメリカ合衆国で『都市の文化』と題するぶあつい一冊の本が上梓された(6)。ルイス・マンフォードによって著された同書は、都市の生態学、あるいは文明史的研究の書であり、一九三〇年代のニューヨークをはじめとする大都市を素材としてくりひろげられる（当時の）「現代都市」批判の鋭さにはおどろくばかりである。同書のなかでマンフォードは、都市の「発展と衰退の輪廻」と

循環の諸段階を「上昇曲線」の三段階と、それに続く「下降曲線」の三段階との、あわせて六段階に区分している。(7)

Ⅰ　原《エオ》ポリス――都市の原型となる村落である。

Ⅱ　ポリス――多分に田園的性格を残した中世都市、田舎町をあげる。

Ⅲ　メトロポリス――農村からはっきり分化した凝集域である〝母都市〟。都市的な自由と解放の到達点であり、「高度の新しい秩序」＝理念型への前段階であるが、Ⅳ段階へ移行する弱点を孕《はら》む。

Ⅳ　メガロポリス――資本主義社会に代表される「量への信仰」に毒された巨大都市。衰退のはじまり。

Ⅴ　ティラノポリス（専制都市）――「寄生状態」に冒されたメガロポリス。テロやファシズムの吹きすさぶ破滅への途。

Ⅵ　ネクロポリス（死者の都市）――戦争・飢饉・疫病による都市の死。「肉は灰と化し、生命は無意味な塩の柱と化す」。都市は廃墟となり文明の墓場へと帰結する。

こうして彼は、都市の生誕から死滅への循環過程をまとめ、かつてⅥに至ったバビロン、ニネベ、ローマのように「現代」の諸都市が破滅への途を歩みつつあると警告する。そして「現代」のニューヨークなどはⅣないしⅤにさしかかりつつあるものととらえ、死者の都市への輪廻からこれを救済する方途を、理念型をいくつか呈示しながら熱っぽく語るのである。それは「調和のある地域内での調和のある都市共同体、一方では高度な人間文化の手段と過程の広汎な普及、他方では、田舎の生命保持的環境と生活本位的関心の都市への注入」を原理とする「田園都市」の回復であり、(8)高いレベルでの、都市と農村の分離・対立の克服である。その内容は多様に語られるべきであろうが、こうした現状批判にたった理念型としての都市を、「最適都市」と呼びたい。(9)

さて、マンフォードの目をかりて二十世紀末の東京を見ると、どのような段階のものとして見えるだろうか。たとえば、一九八三年に開園して以来高い人気を誇る東京ディズニーランドを一瞥してみよう。舞浜という美しい地名をつけられたこの一帯は、埋め立てられるまでは旧江戸川河口のかけがえのない生きた自然の干潟であった。無数の鳥や魚貝類をはぐくみ、沿岸の人々のくらしを支えた遠浅の海は、埋立てによって自然の墓場と化し、その上につくられたコンクリートとプラスティック製の人工の無機的「自然」には、マンガの「動物」と「夢」を売り買いする人々が日夜うごめいている。現実の都市世界では、わずかな自然も人間らしい生活も死に瀕しているというのに、ディズニーランドという虚構都市には「夢」がみちあふれている。これは都市史の現段階としての東京の姿を象徴する情景ではないか。「機械生産が独創的な芸術にとって代り、巨大さが形式にとって代り、量の大小が意味にとって代る。……生活からきり離された知識、生活の有用性から離れた産業。生そのものが分割され、極限化され、ついには解体され、力を失う」[10]。マンフォードから見ると現在の東京はメガロポリスの末期か、ティラノポリスの初めのステージにふみこみつつあるということになろう。こうしてみると、江戸東京博の「日本的原型としての大屋根」が、東京都の新庁舎などとともに、ネクロポリス＝死者の都市と化した近未来東京の巨大な〝墓標〟にもなりかねないイメージを抱いてしまう。あるいは、汐入にこめられてきた庶民の都市生活の叡知とぬくもりを都市再生の残された希望と見て、そこから謙虚に学んで最適都市への途へと転轍し、着実に歩み出すことができるのだろうか。そのような意味での、都市の「死と再生」の分岐点に、いまわれわれは当面しているのである。

## 二　都市史の方法

### (1)　都市の骨格

さて、東京を事例に、都市の歴史における現在の意味あいを考えてみたが、次に都市の歴史を見てゆく上での方法にはどのようなものがあるのかを検討してみよう。この問題に本格的にふみこむための準備がいまのところ欠けており、またここはそうした場でもないので、最近の研究のなかから参考となる議論を二つとりあげてこれを吟味する程度にとどめたい。

一つは、日本近代史の研究者、小路田泰直『日本近代都市史研究序説』[11]における議論があげられる。小路田は、日本近世の都市史研究の近来の動向を、「身分史として都市史を扱う」ものと見て、「ひたすら町や仲間など都市集団の研究に没頭」するだけで「都市の骨格」をとりあげないのでは都市史にならないと強く批判している。実際の研究動向はけっして彼がいうように「町や仲間など都市集団の研究に没頭」してきただけではなく、もっと多様でゆたかな成果をあげてきたといえる。しかし次に見る彼の「都市の骨格」論については、都市史の方法として耳を傾ける必要を感ずる。

都市の競争力とは何か。当然、空間の内外における社会的分業総体の発達の程度＝「集積の利益」ということになる。そして、社会的分業という概念は分解すると、都市に展開する個々の経営の企業内（経営内）的分業と企業間（狭義の社会的）分業の二つにわけることができる。が、つまるところ、都市の競争力を決定するのは、その都市において実現し得る企業内的分業の最高の到達の程度いかんということになる。なぜならば、企業間の社会的分業の発達は、それを可能にする公共権力の企業内分業がどの程度まで発達しているかにかかっているからである。交通・通信手段が発達し、治安・衛生管理が行き届き、貨幣と信用の安定的供給がなければ企業間の社会的分業も発達しないが、それを支えるのは、公共権力の官僚制である。しかも、一般的にいって、都市の公共権力はその都市において、最も高度な分業組織を持つ大企業だからである。[12]

ここで小路田がいうのは近代・現代の都市についてだけではない。「ある都市を歴史的に評価しようとするとき、我々がまず分析しなくてはならないのは、公共権力を核とした、都市の社会的分業の総体の構造であり、それを測る第一の指標としての分業編制のありかた」なのだという点からみて、前近代の都市一般についても適用しうる方法として彼は考えているのである。そして、「都市の公共権力の編制」を「都市の骨格」と見て、この解明こそが都市史研究の第一義的課題だと主張するのである。これは正しい方法だろうか。

第一に、分業という概念の用い方が気になる。小路田のいう「企業内的分業と企業間分業」という区分は、社会的分業が、発達した商品生産と商品流通によって媒介される、資本主義経済の初期＝マニュファクチュア段階以降の、「社会のなかでの分業と一つの作業場のなかでの分業」(13)というとらえ方の援用だろう。つまり、こうした社会的分業のレベルに達した社会を背景にもつものとして論じうる都市とは、日本などの場合、早く見ても十九世紀なかば以降のものに限定せざるをえないことになるのではないか。

第二に、企業という概念の恣意的な拡大という問題である。企業＝経営体とするなら、これは資本を単位とする生産の組織＝団体であろう。しかし小路田は「都市の公共権力」も「都市において、最も高度な分業組織を持つ大企業」なのだという。比喩的ないいまわしならばともかくとして、たとえば近世都市の「公共権力」がどのような資本と経営をその内容にもつ「大企業」といいうるのか事実に即してていねいに説明されるべきではないだろうか。

第三に、前近代の都市においても、単一で都市領域に特化した「公共権力」の存立は自明の事柄なのだろうか、という点である。「都市に展開する個々の経営」の「企業間分業」を結びつけこれを支える「公共権力の官僚制」の実現とは、実はそれ自体が都市の近代化に際しての固有の課題であったのではないか。

つまり、小路田のいう「都市の骨格」とは近代産業都市段階の「骨格」なのであって、これと前近代都市の「骨格」とを同列に論ずることは無理が大きいのである。また、同書で小路田は独特な団体類型を呈示し、「近世における都市を一つの家団体」と断じる。彼のいう「家団体」とは、「団体の公共業務が、団体構成員によってではなく、……何等かの「専門家」……によって担われる」団体で、「藩や都市や家的大経営や家元制的に編制された職能集団がこれにあたる」という。しかし右で藩や家的大経営などはよいとしても、都市をも単一の「家団体」として括ることは可能だろうか。日本近世の都市のうち、たとえば城下町は、後でみるように、城郭や、家中の集住地＝武家地、足軽町、自立的な寺院社会の共同組織によって構成される寺町、町人地などが基本的にはそれぞれ独立した社会＝空間領域として、一つの都市域内に併存する点に特徴がある。つまり、原理のことなる異種的な社会の複合、分節的共在としてその骨格は形成されたのである。幕府や藩などの公権力は一見するとそれら諸社会の上に聳立したかにみえるが、実際には公権力のシステム＝官僚制のうちで、都市行政に主に携わり、「都市の公共権力」とも呼びうる職掌は、町方を担当する町奉行が担う部門にほぼ限定された。しかもこの町奉行にしても、一方では幕府や藩の行政・司法全般における重職でもあって、「都市の公共権力」としては特化し分離しきっていなかった点に特徴がある。小路田の都市史研究の方法論は、こうした近世都市の固有性を充分検討しないままに主張されており、近世の「都市の骨格」論としては問題の多い未熟な議論であると考えられる。

## (2) イスラームの都市性

次に「イスラームの都市性」という問題をテーマとする大規模研究プロジェクト（一九八八—九〇年度文部省科学研究費重点領域研究）を主導してきた板垣雄三の所論から都市史の方法を探ってみよう。板垣は次のようにいう。

……中東から都市は生まれた。人類史のなかで都市を発明した商業的社会の産物であるイスラームは、人と物と情報が交流しあう場としての「都市」をいかに生きるかということに関するメッセージなのだともいえよう。……都市研究およびイスラーム研究のいずれにおいても、パラダイム（理論枠組）の思いきった変換をなし遂げることが課題となってきた。それは、いずれの場合も、西欧のコミューン（自治都市）に都市の原型を求めてきた西洋中心主義の呪縛から身をふりほどくことである。言い換えれば、西欧の独自性に関するマックス・ウェーバー流の理論的前提にまとわりついてきたオリエンタリズム（ヨーロッパの自己中心的東洋理解）を克服するという課題なのである。[14]

右で強く批判されるのは、「西洋中心主義」＝オリエンタリズム[15]である。そのなかで、ヨーロッパ自由都市を「原型」とする都市論が、やり玉にあげられる。それでは「都市を発明」したイスラームから、どのような都市史の方法が生み出されるのか。

（イスラームの論理の基本である）タウヒード（一つにすること、あるいは一と数えること、また一と決めること）の論理形式にあっては、「一」という存在はつねに「多」を前提としているといえるのである。個別性・多様性・雑多性を恐れぬ態度・方法が、（ヨーロッパ的論理方法における）二分法と二項対立で割り切る分割の論理とは異質なものとして自己主張する。近代と前近代、ヨーロッパと非ヨーロッパ、正・邪、真・偽、善玉・悪玉の二つの世界、こうしたファジー集合を認めようとしない分割の論理に対して、タウヒード的思考は遷移や透過や変身などに媒介される万華鏡的中東地域社会の融合的現実を反映するものだ……。[16]

こうして、タウヒードを核とする「都市性」＝都市的な生き方を、イスラーム都市論の「定義を前提としないで定立しうる基礎概念」や「発見の道具」として提示するのである。オリエンタリズムの枠内での都市史の方法を鋭く批判し、新たなパラダイム構築のための「発見の道具」をイスラームの論理に求めようという点は深く学ぶべきであろう。しかし、弁証法的な考え方や、発展段階論をもあわせて相対化してしまってよいのであろうか。たとえば板垣とともにこの共同研究のリーダーである後藤明は次のようにいう。「六世紀後半から七世紀初頭のメッカとは、一人一人が自立した個人が集まる社会であった。……われわれは、同時代の日本やアルプス以北のヨーロッパよりははるかに現代に近い社会を、当時のアラビアに、とりわけメッカにみいだす[17]」。対象への思い入れはわかるような気がするが、後藤が「現代」社会をどのように考えているか開示されない限り、オリエンタリズムの裏返しとしての、イスラーム中心史観とでもいうべき立場なのではないかという疑念を抱いてしまう。「西欧的な知の枠組」の歪みやあやまりを批判し、これらを人類全体の共有物へと高めてゆく、そうした視点と方法が重要なのではないだろうか。

### (3) 都市の発展段階論

以上、最近の研究動向から都市史の新たな方法として注目されるものを批判的に検討してみた。私としては、これらの潮流をみて都市史の方法的基礎は、骨格論やファジーな〝都市性〟論にではなく、社会的分業＝所有論をベースとする発展段階論に求めるべきだと改めて痛感させられた。ここでは、イメージ的にではあるが、都市の発展段階をごく大まかにのべてみたい。

そこで改めて参照したいのは、先に紹介したマンフォードによる都市の「発展と衰退の輪廻」論である。彼の議論はたいへん魅力的なのだが、「輪廻」という歴史の循環論に陥っている点が大きな弱点になっている。たとえば、I－VIの諸段階のうち、IV期の実例として「紀元前三世紀のアレキサンドリア、紀元三世紀のローマ、十世紀のビザンチン、十八世紀のパリ、二十世紀初頭のニューヨーク」を並列するなど、都市の事例は時間と空間をこえている。循環論たる所以である。こうして彼の六段階論をそのまま都市史に適用することには躊躇せざるをえないが、これを以下のように読みかえることによって、都市史の方法＝発展段階論として生かすことができるのではないだろうか。

第一に、I・IIの段階を前近代の都市として限定してみたい。マンフォードのいう原ポリス、ポリスという都市概念は、いずれもヨーロッパ世界が生み出した都市の原型や、その前近代――古典古代や中世――の都市を素材として作られたものである。つまり、そこでは非ヨーロッパの前近代都市がほとんど無視されている。私は、ヨーロッパ近代が世界を覆うに至る以前の前近代の多様で個性的な都市を一括して「伝統都市」と呼んでみたい。そうすると、ポリスなどは、伝統都市のヨーロッパ型の一類型とでも括れよう。

第二に、マンフォードのいうIII段階＝メトロポリスと、IV段階＝メガロポリスを、ヨーロッパや北米の近代が生み出した産業都市を中心とする、資本主義社会に適合的な都市類型――近代都市――として考えてみる。そうすると、資本主義が世界を覆うにつれて、ヨーロッパや北米のメトロポリスは各地に普及し、一個の普遍的な都市類型として展開してゆくことになろう。なかでも伝統都市による拘束がほとんどなかった北米のメトロポリスは、資本主義下の都市の理念型（＝現代都市）となっていく。しかし、非ヨーロッパ世界においてはもとより、ヨーロッパにおいても、それ以前の伝統都市の上に形成された近代都市は、程度の差はあれ「伝統」によってさまざまに拘束された。逆にいえば、近代都市とは、伝統都市に依然として強く拘束される過渡期の類型ともいえよう。こうして、各地の近代都市は、自己の内なる伝統都市を、資本主義の進展度に応じて解体させ、全体として、非個性的で無機的な現代都市＝メガロポリスという理念型を実現していくことになるのである。

第三に、メトロポリスからメガロポリスへの段階を都市の「死と再生」の最大の分岐点と見てみたい。そうすると、現代都市は、メガロポリスの変異体としてのⅤ段階＝ティラノポリスを経て、Ⅵ段階＝ネクロポリス（死者の都市）への途に迷いこむのか、あるいは伝統都市のすぐれた遺産からも学んで新たな最適都市への途をきりひらいてゆくかの分かれめに立っている――東京などはすでに前者の途にふみこんでしまったような気もするが――といえるのではなかろうか。

## 三　「都市の時代」としての近世

### (1)　日本の伝統都市―城下町

東アジアの一隅、非ヨーロッパ世界の「極東」に属す日本における都市史には、前節の最後で述べた都市の発展段階の三分法――伝統都市、近代都市、現代都市――が典型的にあてはまるように思われる。本章の冒頭で見た汐入の集落には、近代都市東京に再生した伝統都市の民衆的世界の真髄を見いだすことができ、こうした小社会を解体し、一方で江戸東京博のような巨大なモニュメントを生み出す諸力の根源にあるのは、現代都市段階固有の画一性、無機質性、物神性にほかならない。それでは、すでに失われた歴史ともなりつつある日本の近代都市を、過去から拘束してきた伝統都市とはどのようなものであっただろうか。

前近代日本の都市にはさまざまなタイプのものを見いだしうるが、その主要な類型は二つであると考える。都城と城下町である。このうち、都城は律令制度とともに中国から移入された都市類型であり[18]、古代から中世初頭にかけて独自の展開を遂げたが、南北朝期ごろまでにはほぼその歴史を終えたものと考えられる。こうして多くの都城の歴史は、全体としては都市の農村化の過程に彩られているといえよう[19]。つまり伝統都市の一類型としての都城は、日本においては近代都市を直接拘束することはなかったのである。

これに対して城下町は、日本の前近代社会が固有に生み出した独自の伝統都市類型であり、日本の近代都市をいろいろな点から深く拘束してきたといえる。城下町は、古代末期―中世前期の在地社会において簇生する武士のイエを祖型としてうまれた（農村の都市化）。武士のイエには、近世に確立する城下町を構成する諸要素の多くがすでにそなわっている。主人の館は城郭に、被官（従者）の居宅は武家地に、周辺の支配地域の百姓らは町人地にとそれぞれ比定できる[20]。しかし城下町との決定的なちがいが少なくとも二つあった。第一は、武士のイエ支配から自立的な商・手工業者を随伴しているかどうかという点である。特に重要なのは、非農耕的労働に自立的、安定的に従事できる手工業者＝諸職人の存在である。大地＝土地の所有一般から、道具＝用具の所有を実現した手工業者の一群が分離する。そうした手工業が多様に展開するためには、社会的分業の相当程度の発展が不可欠である。もっぱら支配階級の需要に応ずるためだけではなく、農民や都市民の広汎な消費需要を存立の基盤としてもつことで、はじめて自立的、安定的な手工業者が都市域に定住できることになる。こうした手工業者は、武士のイエ＝城郭の内部にも存在したが、隷属的な性格が色濃く、城郭の外部にある町域で自己の作業場と用具・顧客を確保し、町《ちょう》という地縁的枠組に結集することではじめて都市域内に自立的に存立しえたのである。

第二は寺院社会との関係である。寺院社会とは、古代の都城域とその周辺や在地社会において広汎に成立した、僧侶＝寺院大衆の起居する房（坊）を構成単位とする固有の社会である。もちろん顕密仏教系の大寺院と、在地社会の小寺院とではその規模や様相は大きく異なる。しかし、それらの基礎をかたちづくる房の性格は次の二点でほぼ共通する性格を有した。一つは、その構造が武士のイエと近似的である点であり[21]、二つめは、房の内部と房相互間における結合原理がいずれも水平的かつ平等なことである。寺院社会やその構成単位としての房は、中世までは武士のイエ支配の外部にあって、これと対抗してきた。ところが城下町は、こうした寺院社会を、武家地とも町人地ともまったく異なる都市内領域――寺中と寺町――の内へと丸ごと包摂してしまったのである。

問題は、祖型としての武士のイエから城下町への飛躍が具体的にはどのように行なわれたかということである。実は、この中間形態として「原・城下町」――いわゆる「戦国城下町」――の段階を考えねばならないが[22]、この点の検討は別稿にゆずり[23]、ここでは、近世初頭に全国各地で創出された城下町の基本的な構成要素について考えておきたい。

### (2)　城下町の基本要素

城下町の社会＝空間における基本要素は次の五つであると考えられる。

①城郭と領主の館　在地社会に芽ばえた武士のイエにその淵源をもつ。城塞としての閉鎖的な空間であり、その内部は、御殿――政庁＝表向と、領主の居宅部分＝奥向からなる――と、付属施設部分とに区分される。

②武家地（家中屋敷）　領主のイエの外にあって、その支配に属する武士＝家中の屋敷がひろがる部分である。家中の構成員は一つ一つが自立的な武士のイエの主人であって、その内部構造は領主のそれと相似形であり同質といえる。

城下町域にあっても、家中の個々の屋敷は、それぞれ独立する排他的なイエの領域を構成するが、上下水、道路管理、治安、防災といった都市の公共機能にかかわる分野においては、武家地内の近隣の地縁性や役職の上下関係にもとづく「共同性」（家中）が不可欠のものとされた。しかし、そのような「共同性」は、とりあえず武家地という枠内で完結していたといえるのである。

③足軽町　領主や家中の「武士のイエ」＝武家に包摂され、これに奉公する軽輩のもの（足軽・小人《こびと》層）が狭義の武家奉公人に相当する。(24) こうした足軽・小人層は、領主や家中の屋敷内部に集団で居住し、イエを構成しない単身者が中心であった。このうち、領主直属の足軽・小人のなかで、イエをもつことを許されたものは、武家地外の町人地域において地縁的なまとまりをもって集住することが多く見られた。これを足軽町などと呼ぶ。足軽町には多くの都市民衆も混住し、〃ファジー〃な社会＝空間を形成することになる。

④寺社地　寺社地は、寺院空間と神社空間とに区分されるが、そのほとんどは寺院空間によって占められる。領主の菩提寺をふくめ、城下町域には多数の寺院が集った。これらは、多くの子院（寺中）からなる大寺院と、単立の小寺院に区分されるが、このうち後者は宗派のちがいをこえて、地縁的にまとまる場合が多かった。これを寺町と呼ぶ。寺中も寺町も、その構成単位は房（坊）であり、逆にいえば、房の共同性の差異——宗派か、地縁か——が寺中と寺町の区別となってあらわれたのである。これらの要素からなる寺社地には、こうして城下町域内において、房や社家を単位とする独自の全体社会が営まれることになる。

⑤町人地　ここには自立的な手工業者層と商人資本の多様なレベルが集住している。かれらは小規模ではあるが独自にイエを構成し、町屋敷を所持して、町を枠とする地縁的共同体（町中）を構成した。手工業者にとっての作業場や、商人にとっての売場を安定的に維持するためには、町屋敷を有し、町の一員であることが最適な条件とされたためである。しかし、作業場や売場の所有にとって、土地＝町屋敷は不可欠な条件では必ずしもなかった。手工業にと

っては用具が、商人にとっては動産が、それぞれの存立にとって最も重要なものであり、これらは土地＝町屋敷を所持しなくても獲得し維持することが可能であったからである。こうして、町という枠組は、重要ではあるが、徐々にその性格を変えて、町人地という全体社会の公共機能やインフラストラクチャーを維持し、「平和と安全」を支えるための行政的な場へと化してゆく。

以上、ごく大まかに城下町の基本要素を五つにわけて考えてみた。このほかにもえた・非人の社会(25)や、町人地に存在するさまざまな身分的周縁の小社会についてもふれねばならないが、城下町の基本的な骨格とは、主として右にみた五つの要素が、①・②・③からなる武家社会＝武士のイエの集合と、④・⑤とによって複合的に形成されているといえよう。幕府や領主といった①の要素は、家中屋敷・足軽町を直接統轄するという点で、①・②・③は「一つの家団体」ということもできよう。しかし、寺社地と町人地は、①によって空間的には統合されているが、それぞれが固有で排他的な全体社会を構成したのである。そのなかでもっとも多様な要素をつつみこむのは町人地であり、そこで育まれてゆく商品世界が、町人地の全体へさらには城下町全域へと浸潤してゆき、分節的で相互に閉鎖的な城下町の身分的構成をその土台から解体させてゆくことになろう。

### (3) 巨大城下町、三都

さて、「都市の時代」としての日本近世を伝統都市の固有類型たる城下町の時代として意味づけた場合、支城城下や陣屋元村をふくめれば数百に達するとみられる城下町のなかから、ここではなにを素材とすればよいのであろうか。そこではまず、城下町の諸類型が吟味されねばならないことになろう。この点は別の機会にゆずって、ここでは、城下町の最高の発展形態としての巨大城下町（近世巨大都市）＝三都の特質を二点だけ指摘しておきたい。

第一に、巨大化を遂げた三都は、城下町としての基本的属性——先にみた五つの基本的要素の複合——をかわることなく保持しており、三都の検討は、同時に中小の城下町の特質解明にもつながる利点をもつことである。たとえば日本ザルの構造を知ることが、より下等な哺乳動物の構造やその進化のプロセスを見るのに資すること多大であるというように。

第二に、巨大城下町においてはじめて発生するところの特徴を、より素朴な形態との対比においてとらえうるという点である。巨大都市の〝巨大性〟とは、一面では量や規模の問題なのだが、一方では質の問題、つまり新たな要素の出現を伴うものであり、それらをも包括的にとらえることによって、伝統都市の到達点を全体として見いだすことができるのではなかろうか。

（1）小木新造「江戸東京学序説」（『江戸東京学事典』三省堂、一九八七年）。なお、小木新造『江戸東京学事始め』（筑摩書房、一九九一年）を参照した。
（2）『汐入の民俗』（東京都荒川区教育委員会、一九八八年）、『汐入のまち』（汐入研究会、一九九二年）を参照。
（3）伊藤毅「汐入と汐入研究会」（『群居』二七、一九九一年）。
（4）伊藤注(3)論文。
（5）稲垣栄三「居住地再開発のオルタナティブ」（『群居』二七、一九九一年）『稲垣栄三著作集』三巻（中央公論美術出版、二〇〇七年）に収録。
（6）ルイス・マンフォード『都市の文化』、原題 *The Culture of Cities.*（生田勉訳、鹿島出版会、一九七四年）。
（7）マンフォード注(6)書、二九〇―二九九頁。
（8）マンフォード注(6)書、三九九頁。
（9）宇沢弘文・堀内行蔵編『最適都市を考える』（東京大学出版会、一九九二年）参照。
（10）マンフォード注(6)書、二九六頁。
（11）小路田泰直『日本近代都市史研究序説』（柏書房、一九九〇年）。
（12）小路田注(11)書、五頁。

(13) カール・マルクス『資本論』一二章。
(14) 板垣雄三「都市性と比較」板垣雄三・後藤明編『事典 イスラームの都市性』亜紀書房、一九九二年。
(15) エドワード・サイード『オリエンタリズム』(今沢紀子訳、平凡社、一九八六年)。
(16) 板垣・後藤編注(14)『事典イスラームの都市性』。
(17) 後藤明『メッカ』(中公新書、一九九一年)。
(18) 都城については、岸俊男編『都城の生態』(日本の古代、第9巻、中央公論社、一九八七年)を参照。
(19) 斉藤利男は「奥州藤原三代の都・平泉」の全貌を仮説を交えて紹介するなかで、「都市平泉」を「中央の巨大都市・京都」とも共通する面をもつ「中世はじめの日本の北方世界に花ひらいた壮大な都市」とのべ、「都市の時代」としての中世が生み出した「境界都市」であると主張している(『平泉——よみがえる中世都市』岩波新書、一九九二年)。しかし、平泉が都市であるというのははたして自明なことなのだろうか。かりに都市であるとしても都城の一派生形態であり、さいごは農村に帰しているのであって、「都市化の時代」としての中世の「巨大な動きのひとつとして生まれた」とするにはいくつもの留保が必要なのではなかろうか。
(20) 西川幸治『日本都市史研究』(日本放送出版協会、一九七二年)。
(21) 黒田俊雄『寺社勢力』(岩波書店、一九八〇年)。
(22) 松本豊寿『城下町の歴史地理学的研究』(吉川弘文館、一九六七年)。
(23) 吉田伸之「都市と農村、社会と権力——前近代日本の都市性と城下町」(溝口雄三他編『アジアから考える1　交錯するアジア』東京大学出版会、一九九三年。〔吉田 二〇〇〇〕所収)を参照されたい。
(24) 高木昭作「大名と藩制」(『日本歴史大系』第三巻、第一編三章二節、山川出版社、一九八八年)。
(25) この点はその後、「かわた(皮多)町村」という表現とした。本書第二章、六〇—六一頁を参照。

〔付記〕
汐入地域の「再開発」は、四一年間の白髭西地区市街地再開発事業を経て、二〇一〇年に完了した。それまで、防災に不安のあった住宅・工場の密集地区は、「道路、公園、避難広場などが整備され、また、住宅、病院、学校などの建設により、災害に強い安全安心なまちとして生まれ変わ」り、「幸福実感都市あらかわ」を体現する最適都市に変わったということである

(『時を越えて――白髭西地区市街地再開発事業完成記念誌』荒川区、二〇一〇年)。こうして防災を大義とする行政の手で、伝統都市の残滓は、人々の暮らしとともに跡形もなく抹殺された。なお、再開発事業の施行過程に失われていく汐入を記録した貴重な調査報告書に、稲垣栄三編著『東京周縁の居住地形成と変容に関する歴史・計画学的研究――汐入の「まち」の記録』(住宅総合研究財団、一九九九年)がある。

# 補論1　都市社会＝空間構造の分節的把握

## 一　都市の社会＝空間構造論について

日本近世の都市を素材とする諸研究において、社会構造分析を都市の空間構造と密接に関連させて行うという手法は、現在かなり一般的になってきたといえる。しかしこれは、所与の研究法として古くから自明のものとして存在してきたのではけっしてない。また社会と空間の問題を相互に密接に関連させながら都市の歴史を検討するというような、ごく一般的な方法論にとどまるものでもない。筆者自身の自己主張も若干込めながらいえば、これは一九七〇年前後に、建築史学と近世史学との出会いの中で創出され、その後一九七〇年代の後半にかけて確立していった固有の研究法あるいは視角であるといえる。

そのルーツの第一は、かつて指摘したことがあるように、建築史学の野口徹による「町屋、町屋敷」論[1]にあると思われる。氏の研究においては、東京大学工学部修士論文「近世京都に於ける宅地所有の実態と町」（一九六八年）以来、ほぼ一貫して都市の空間構造分析の基礎に、その最小単位であるところの宅地＝町屋敷がおかれている。そしてここを出発点に、集落や共同体レベルの空間構造が検討され、これと社会集団のあり方とがリンクされて都市の構造分析が進められるという方法が先駆的に採られているように思われる。例えば、修士論文における京都三条衣棚町の研究や、その後の大和郡山近隣の集落分析などにおいて、フィジカルな空間構造とその上に展開する社会構造とを不可分のものとして研究する方向性が、かなり自覚的にめざされた形跡をわれわれは看取することができるのである。

一方、歴史学の分野においても、野口徹の仕事と相前後して、江戸町方を素材とする社会構造分析が進展していた。その牽引車となったのは、松本四郎の江戸の住民構成に関する画期的な研究である(2)。この研究は「幕末・維新期における都市の打ちこわしの歴史的性格」を「下層を軸にしての都市構成員の全構成の特質」とからめて検討し、その前提として江戸市中広域に及ぶ都市的形態の分析を試みたものである。そして、店借の比率や一戸当たりの平均宅地坪数を指標に、「店借＝都市下層」の存在状態を概括的にではあるが明らかにしようとした。つまりここには、空間構造への志向が内在的に準備されていることが明らかであり、これを第二のルーツと見ることができよう。

こうした建築史と歴史学の別々の分野でほぼ同時に進行していた動向を一つのものに結合させたのが、玉井哲雄による一連の江戸町人地研究に他ならない(3)。氏は松本の研究にも触発されながら、町屋敷を基礎に、江戸中心部の町の空間構造分析を精力的に進め、多くの成果を上げた。そしてその後、「都市空間は、都市に関係する人間、ないし人間集団のあり方と、相互に密接不可分の関係にある」と述べ、「都市空間が都市住民にとってどのような意味をもっていたか」を考察するところに都市空間研究の意義があると指摘している(4)。ここに、野口、松本以来の異なる分野の都市史研究の方法が、社会＝空間構造論として自覚的に統一されるにいたったことを確認できよう。

一九七〇年秋に、東京大学文学部で開講された山口啓二先生のゼミは、「幕藩制社会における都市」をテーマとするものであった。筆者はこのゼミで玉井と同じグループに属し、氏の町屋敷研究から多くを学ぶことができた。そして、修士論文で江戸町会所の研究に取り組んだが、その過程で、町会所関係史料に厖大に含まれている町屋敷関係史料に注目し、「江戸町会所金貸付と町屋敷経営」という形にまとめた〔吉田一九九一〕。そこでの町屋敷論は、玉井の研究から大きな影響を受けており、松本の段階に比べ、建築史学の方法や成果を直接学べるという幸運に恵まれることになったのである。こうして、都市空間の細部にこだわる玉井の方法と、下層社会の細密画を描こうとする筆者の社会構造分析が、山口先生のゼミを坩堝にして、町屋敷という都市社会の基礎単位において融合しあったところに、社会＝空間構造論の原型が生まれたと考えている。

さて、こうした社会＝空間構造論の特徴、あるいはメリットとでもいえるものを羅列すると、現状では以下のようになろうか。

⑴　ここでいう空間とは、単なる自然としての物理的なそれと同義なのではない。過去を生きた人間やその集団が、大地をはじめとする自然に労働の対象として働きかけ、これを意識的に改造・変革した産物・結果としての人為を施された空間を意味する。歴史学と建築史学との共同関係において、こうした空間とは、主として建築物やその土台としての土地（屋敷地）、これらの複合としての集落（町など）、さらにはこうした集落などを内包する広領域（都市）などを意味してきている。しかし、例えば考古学などを念頭におけば、大地に刻まれた遺構や遺物なども、こうした空間の重要な構成要件となるであろう。

⑵　こうして、人為を施された対象としての大地の一部を扱う視点と、当該の空間において営まれた人々の社会構造を見る歴史学のスタンスとが相互に不可分のものとなるのは必然である。そして過去の事実のリアリティに迫る上で、空間の可視的な部分を復元的に考察しながら、社会構造を解析する事が非常に有効な方法となるのではなかろうか。

⑶　歴史認識や歴史叙述の上で、空間構造を含めた細部の復元的考察は、特に民衆史にとって重要な方法であると考える。この点では、かつて筆者が玉井とともに試みた江戸の裏店層に関する検討などを、一つの例としてあげることができる。記録資料の相対的に乏しい普通の人々の生活や労働を見てゆく上で、非文字史料の中でも、空間に刻まれ、あるいは残された痕跡・遺構・遺物などは特に貴重な素材だということができる。そしてこうした素材を対象化

する視点・方法として、社会＝空間構造論が定在しているのである。

こうした社会＝空間構造論の方法という点で、本書に収録された論文の多くに筆者と共通するものを確認することができる。(5) 近世の巨大都市・大坂における社会＝空間構造を進展させる上で、今後の課題と思われる点を二、三記しておきたい。

一つは、大坂三郷全体を俯瞰しうるような空間構造分析と、それを基礎にした近世大坂全体の復元図作成が切実に求められているのではないか。ほぼ一世紀以前に作成された『大阪市史』附図（一九〇二）はわれわれに多大な便宜を与えてきたが、現状の研究水準にたった新たな復元図が求められているように思われる。この点では、江戸を素材とした玉井による研究が格好のモデルとなろう。(6)

二つ目は、部分社会に関する社会＝空間構造分析の個別研究をいっそう進展させるという課題であろう。本書収録の論考に関連していえば、蔵屋敷などについては多くの成果を得たが、芸能の場、市場社会、仲間の分布などについては、空間復元を伴ったより立ち入った検討も必要であろう。(7)

三つ目は、町屋敷という微細なレベルにおける空間構造分析の必要性である。江戸の場合、三井や鹿島、白木屋といった有力商人の抱屋敷をはじめ、町会所管理下の土地などの素材から、町屋敷の構造的な特質について、かなりの研究蓄積があるが、大坂の場合、都市の社会＝空間構造における細胞であるところの町屋敷の実態分析が、考古学の一部の成果を除くとまだこれからなのではないだろうか。

## 二　都市社会＝空間構造の分節的把握をめぐって

分節的把握とは、ごく一般的にいえば、部分と全体の関係に注意しながら社会構造を捉える方法ということになろう。こうした捉え方について筆者自身の内在的な前提とでもいえるのは、かつて江戸の髪結と鳶を素材として近世の身分と職分について考えた論考の冒頭で述べたように、「巨大都市の民衆世界を構成する人々の諸要素を一つ一つ丁寧に、かつ具体的に明らかに」することを課題として自覚した点である。(8) 都市社会の分析に向かうこうしたスタンスは、社会構造の細部に一切踏み込まぬままに、もっぱら「都市の骨格」や「都市の公共権力」を上滑りに論じようとする一部の潮流への批判的な立場につながっている。そして「原理のことなる異種的な社会の複合、分節的共在」として近世都市の「骨格」を再構成してゆこうとする筆者の立場が、(9) 分節構造論として自分なりに明確なものとなったように思う。

都市社会＝空間構造の分節的把握を考える上でまず前提にすべきは、塚田孝の社会集団（共同組織）における「重層と複合」論である。周知のように塚田は、「基礎的な社会集団が二次的三次的に集団を形成していくような関係」を重層とし、また「異種の社会集団間の交流・関係」を複合として、こうした重層と複合という関係構造によって近世の全体社会が構成されるとした。(10) これは、前述のような細部にこだわろうとする筆者の「内在的な前提」とも深く関連する方法論である。

次に、かかる諸社会集団の「重層と複合」関係を、ただ単に同一次元における平面的な関係で扱うのではなく、支配・従属関係を孕む特定の秩序を有した立体的な構造物として把握することが重要である。こうした秩序構造を解明する上では、当の構造を生み出し、あるいは解体する方向にさまざまな形で作用する諸力の具体相に注目する必要があろう。例えば、近世後期の江戸町方における三井のような商人＝高利貸資本はその好例である。江戸の三井各店は、自己の店舗の周辺社会、あるいは所持屋敷地（町屋敷）の住民諸層（店衆）との間に固有の社会関係を取り結び、また取引や出入関係などにおいて多様な諸社会集団との関係をもち、自身は当該の社会構造（単位社会構造）を秩序化するもっとも規定的な要素となっている。(11) こうして、社会的権力によって秩序化・構造化を強いられた単位社会構造の広がりや枠組みこそ、「地域」概念の実体的な内容となるであろう。ここでも塚田による江戸の吉原を素材とした社会構造分析が注目される。これはおそらく、都市社会の分節的把握を自覚的にめざした最初の試みではないかと考えられる。氏はここで、吉原という即自的な部分社会における多様な社会集団（利害集団）の「重層と複合」の状況と、それらが全体として遊女屋仲間によって編成・秩序化されている様相を明らかにしているのである。

こうした点をふまえると、社会＝空間構造の分節的把握という場合、そこには次の三つの異なる局面、あるいは諸段階が同時に含意されることになろう。一つは、当該の全体社会を構成する一つ一つの社会集団を、それぞれ個別的にその特質を具体的に解析してゆくという点である（分節的把握の基礎段階）。また二つ目には、これをふまえて、諸社会集団間の「重層と複合」関係の特質やその構造を明らかにすることである（分節的把握の展開）。そして三つ目として、こうした関係構造を、一定の秩序の下に定位せしめるヘゲモニー主体＝社会的権力の性格を、支配権力との関係や、社会的権力と対抗的な民衆レベルの権威との矛盾・相克を見ながら解明し、当該の社会構造の全体像を叙述するという総合化の局面である（分節的把握の総合化、分節構造の叙述）。このように見ると、本書に収録した論考の多くは、分節的把握の第二段階にすでに到達しており、こうした基礎研究をふまえた「総合化」の課題が眼前にあるというべきであろう。また、このような社会の分節的把握とは、近世都市史にとどまらず、現代社会をも含めて広く社会構造研究の方法論ともなりうる論点を内包するようにも思われるのであるが、その点は別の機会に考察することにしたい。

(1) 野口徹『中世京都の町屋』（東京大学出版会、一九八八年）、同『日本近世の都市と建築』（法政大学出版局、一九九二年）、吉田伸之「書評　野口徹『日本近世の都市と建築』」（『歴史学研究』六五六号、一九九四年）。
(2) 松本四郎「幕末・維新期における都市の構造」（『三井文庫論叢』四号、一九七〇年）。

（3）玉井哲雄『江戸町人地に関する研究』（近世風俗研究会、一九七七年）。
（4）玉井哲雄「都市史における都市空間研究」（高橋康夫・吉田伸之編『日本都市史入門1　空間』東京大学出版会、一九八九年）。
（5）本補論1は、二〇〇〇年三月に大阪市立大学で開催されたシンポジウムの記録をベースに刊行された塚田孝・吉田伸之編『近世大坂の都市空間と社会構造』（山川出版社、二〇〇一年）所収の「編集に参加して」を再録している。以下、「本書」とあるのは同書を示す。
（6）玉井哲雄「近世前期江戸町復原地図の作成過程及びその問題点について」（『国立歴史民俗博物館研究報告』二三集、一九八九年三月）。
（7）注（5）書。
（8）吉田伸之「近世における身分意識と職分観念」（『日本の社会史』七巻、岩波書店、一九八七年〔吉田　一九九八〕に収録）。
（9）吉田伸之「都市の近世」（『日本の近世9　都市の時代』中央公論社、一九九三年）。本書第4章。
（10）塚田孝「社会集団をめぐって」（『歴史学研究』五四五号、一九八五年、同著『近世日本身分制の研究』（兵庫部落問題研究所、一九八七年）収録）。
（11）吉田伸之「施行と其日稼の者」『天保期の人民闘争と社会変革』上（校倉書房、一九八〇年〔吉田　一九九一〕に収録）。
（12）注（5）書。

# 第Ⅱ部　名主と役

# 第5章　近世前期江戸の名主と「行政・自治」

## はじめに

近世前期における巨大都市・江戸の名主を素材として、「行政・自治」の歴史的特質を検討しようとするのが本章のテーマである。江戸を代表とする城下町と呼ばれる都市類型は、その社会＝空間が身分的に分節され、異質な身分集団を核とする異種的な社会が複層し、〝全体〟を構成するという特質をもった。城郭を中心とする武家地や足軽町、大寺社や寺町からなる寺社地、町方＝町人地、周縁部の皮多町村、などがこうした諸部分に相当する[1]。したがって、城下町における「行政・自治」を包括的にとらえるためには、これら異種的な諸身分社会の社会＝空間それぞれにおける固有で相互に差異的な性格を有している「行政・自治」を検討しなければならず、そこに城下町全域をおおう「行政・自治」一般が即自的に存在するようなことはなかったのである[2]。本章では、こうした点を念頭において、当該期の被支配諸身分が定在するところの、町方＝町人地に検討対象を限定することにしたい。

江戸町方＝町人地における「行政・自治」のポイントは、行政の主体である幕府＝町奉行所と、地縁的な自治団体である町《ちょう》との接点の構造的特質であろう。この接点に存在するのは、一つは町年寄《まちどしより》であり、もう一つは名主である。江戸の町年寄は、天正期以来の由緒をもつ奈良屋・樽屋・喜多村の三家からなり、十七世紀前半には、町奉行の下にあって、江戸町方支配のうえで重要な役割をはたしていたことが確認できる。[3] この三町年寄の性格についていまは検討する用意がないので、ここではもう一つの接点である名主について見ていくことにしたい。

ところで十八世紀後半以降、飽和状態に達したとされる江戸町方は、都市空間のほぼ六分の一という限られた範囲に、約一七〇〇の町と五〇万人の人口を抱えたとされる。このように厖大な規模に達した町方社会の行政の中枢は、南北の町奉行所が担ったのであるが、例えば天保改革のころ、その役務にあたった両町奉行所の人員は、それぞれ与力二五人、同心一二〇人ずつにすぎなかった。こうした〝脆弱〟な幕府支配機構を補完し、「町奉行所による江戸市政の末端組織」[4]を三人の町年寄とともに支えたのが二七〇人前後の支配名主[5]に外ならない。この支配名主は、享保七年(一七二二)六月以降、名主番組として地域ごとに集団化し、一七番組・二六四人の構成をもって江戸町方の「行政・自治」の接点となっていくことになる。本章では、こうした支配名主が成立していく十七世紀中ごろから十八世紀半ばの過程を見ていくことで、巨大都市江戸における「行政・自治」の特質の一端を考えることにしたい。[6]

## 一　江戸町方の拡大

まずはじめに寛永期以降における江戸町方の空間的拡大について、その概略を、(1)から(4)の四つの時期に区切ってみておきたい。

### (1)「古町三百町」

江戸町方の全体像がはじめて知られるのは、寛永九年(一六三二)に作られた「武州豊島郡江戸庄図」[7]によってである。図1は、同図をもとに玉井哲雄氏によって作図されたもの[8]であるが、これによれば、当時の江戸町方は日本橋を境に南北に展開する正方形街区の範囲にとどまっていたことが窺える。その多くには町名が記されるが、この外、築地・霊巌島・八丁堀・日比谷などの堀沿いに「町や（屋）」が幾筋か伸びているのが注目される。いまこの図から「町や」を除く町名を丁目を含めて数えると、日本橋北は一〇三町（吉原の五町を含む）、日本橋南には九五町存在することになる。これに図中の「町や」や図の範囲外の町々を数えると、江戸成立期以来とされる「古町三百町」にほぼ近い町数に達する。

明暦三年（一六五七）正月の大火直後、万治二年（一六五九）の振売《ふりうり》札改めに関する史料は[9]、右のうち日本橋北の町数を傍証する内容を含むと考えられる。この時、町奉行所は、払底する江戸の武家奉公人を確保するために、市中において多様な営業に従事する零細な振売商人の現状を把握し、これに札を交付して人数を限定し、成人男子の労働力が振売に流出せず、武家奉公人むけのものとしてプールされることをめざしたのである[10]。表1は、「北之方振売札改覚」と題された書上げをまとめたものである。ここで問題となるのは「北之方」の意味である。これについては、寛文二年（一六六二）六月の町触[11]に「日本橋川通りより北之町中……、日本橋川通りより南之町中」とあること、また少し時期は下るが宝永二年（一七〇五）五月の町年寄申渡し[12]に「町中名主中月次御礼之儀……日本橋より北之方は毎月朔日、同南之方は毎月十五日御月番ばかりえ罷り出でらるべく候」とあることなどから、日本橋北の町々に相当すると考えられる。表1には計五九〇〇人の内訳がみられるが、このうち髪結師匠・弟子の数が一一〇前後である点に注目したい。髪結の師匠＝親方は、町抱えとしてほぼ一町＝一人と推定され[13]、これから、当時の「北之方」の町数を一一〇前後とみなすことができ、図1にみた日本橋北の町数とほぼ一致するのである。

以上から、明暦大火直後までの時期、江戸町方は「北之

**表1**　万治2年(1659)の「北之方」振売改

| | |
|---|---|
| 50歳以上 | 3,054人 |
| 15歳以下 | 1,264 |
| 片輪者 | 130 |
| 絹紬売 | 112 |
| 木綿布売 | 541 |
| 麻売 | 143 |
| 紙帳売 | 111 |
| 蚊屋売 | 2 |
| 古着売 | 220（98） |
| 煎茶売 | 107（21） |
| 髪結師匠 | 110（43） |
| 髪結弟子 | 106（2） |

注）（　）内は50歳以上

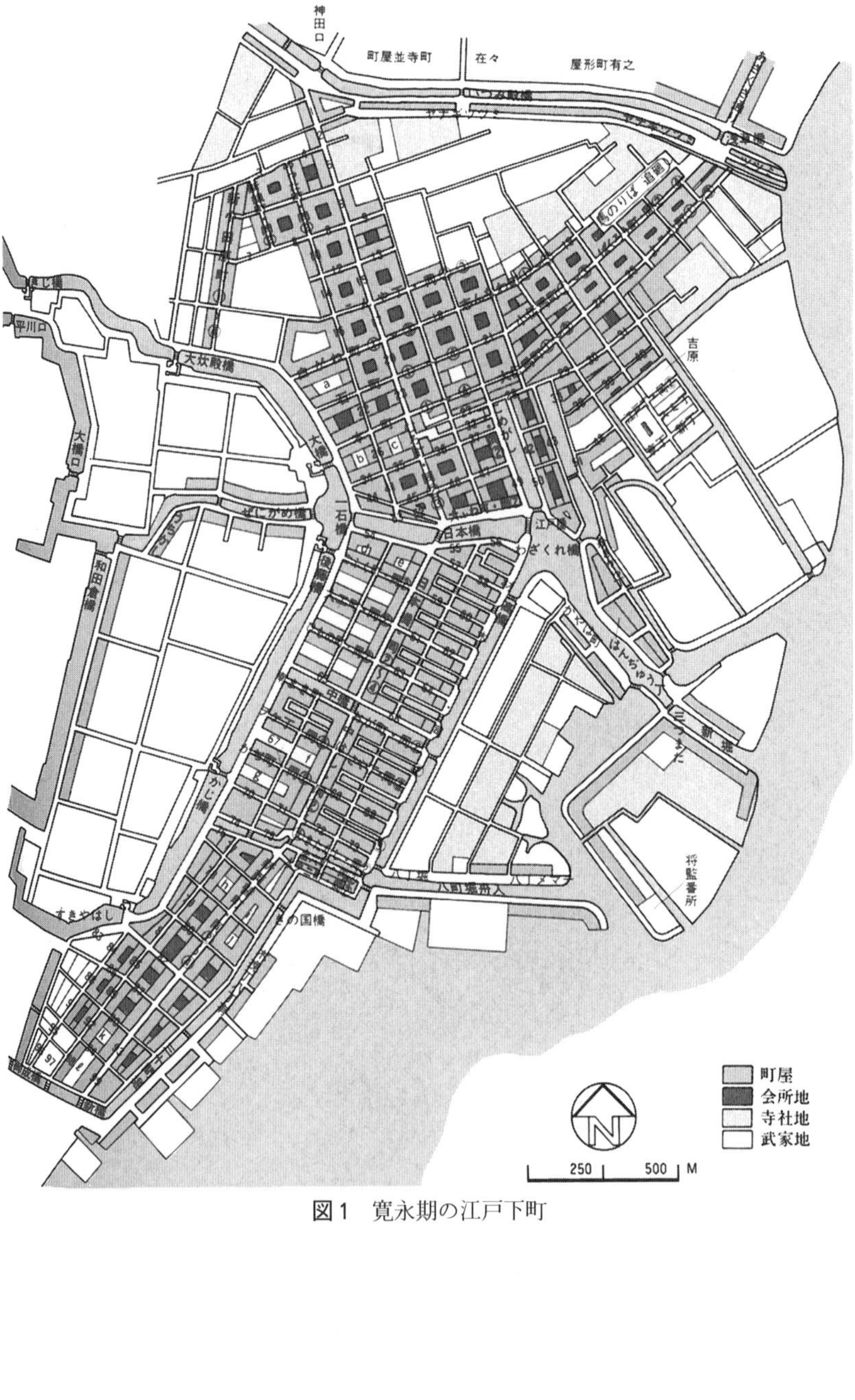
神田口
町屋並寺町
在々
屋形町有之
吉原
将監番所
大橋口
平川口
大炊殿橋
日本橋
江戸橋
一石橋
わざくれ橋
和田倉橋
かじ橋
すきやはし
きの国橋
八町堀舟入
町屋
会所地
寺社地
武家地
N
250
500
M

図1　寛永期の江戸下町

方」・「南之方」の二つのブロックが複合するものとして展開し、これらは古町として町方の中枢を占めていくことになる。そして「北之方」・「南之方」は、広域的な町々の結合、すなわち惣町として特質づけうるのではないか。

**(2) 寛文二年(一六六二)十一月—**

明暦大火後の都市改造はきわめて大規模なものであった。その主要な柱は第一に、大名屋敷を中心とする武家地の郭外への移転と拡大、第二に、郭内に多数存在した寺院・寺町の郊外移転であったが、一方で本所・深川地区の造成をはじめ、市街域の大幅な拡張が同時にはかられていく。その中で、寛文二年(一六六二)十一月に、上野・下谷方面、浅草方面、芝方面の旧代官所支配域にあった町々が一斉に町奉行支配に編入され、江戸町方に組み込まれるに至る。(14)その町数は三七〇町前後に達し、町方域は一挙に倍以上に拡大したことになる。

この段階で注目されるのは寛文六年(一六六六)二月の町触(15)である。この時、町年寄役所は、ごみの処理方法について町々の意見を打診している。これはごみの捨場である永代島へ、町がそれぞれ自力でごみを運送するのか、あるいは請負の業者などに依頼するのかというものであった。これに対する町々の応答の結果は、「町中手前より捨て申す」、つまり自力で処理すると答えたのが九四町、「頼み捨て」、すなわち業者などに依頼すると答えたのが二一〇町であった。この町数の合計は、ほぼ「古町三百町」に等しい。これは、旧来の町方中枢の約三〇〇町が、一六六二年以降に新たに町方支配に入った町域とは別の格(古町)を有す惣町として、依然として機能していたことを示すのではないだろうか。

**(3) 正徳三年(一七一三)閏五月—**

十八世紀に入り、江戸町方はまた一段とその範囲を広げていく。正徳三年(一七一三)閏五月、「深川・本所・浅草・

小石川・牛込・市谷・四谷・赤坂・麻布辺、御代官御支配の内、町と名の付き候所の分」[16]二五九町が町奉行支配に組み込まれることになった。これによって町数の総計は九三三町に達し、江戸城の四周を取り囲むように分布することになる。[17]

### (4) 延享二年(一七四五)閏十二月以降

このとき、「寺社方え付き候町屋の分」が残らず町奉行支配に移管された。[18]これにより新たに寺社門前地四四〇ヵ所、境内町屋二二七ヵ所が江戸町方に加わり、総町数は一六七八町に及んだ。こうして以後幕末に至るまで、江戸町方の町数はほぼ横ばいとなるのである。

## 二　町の名主

近世初めの江戸の名主の実態を示す史料はごく限られているので、明暦大火直後の町方中心部における様相をまずみておきたい。万治元年(一六五八)八月、日本橋南地域にある南伝馬町三町をはじめとする二三町は、大火後の消火体制について七条にわたる定書を作成し、連判をそえて南北の町奉行所に提出した。[19]表2は、連判者の一覧である。ここに出てくる町々は図2にみられるように中橋と京橋とにはさまれたブロックにあたり、いずれも江戸成立期以来の古町である。当時はまだ多数の舟入が東西方向に入りこんでいた様子を図2からうかがえよう。表2から注目されるのは次の二点である。

① ここにある町は丁目を数えると二三町であるが、この内名主がいる町は一四町で約六割にあたる。ここではほぼ一町に一人の名主が対応し、これら一四人の名主はすべて有姓である。

**表2　万治元年（1658），日本橋南地域の町々と名主・月行事**

| 人足数（人） | | 名主 | 月行事 |
|---|---|---|---|
| 南伝馬町（1） | 30 | 吉沢主計 | 辰兵衛，三右衛門 |
| 〃　（2） | | 高野新右衛門 | |
| 〃　（3） | | 小宮善右衛門 | |
| 南槇町会所共 | 9 | 柴市兵衛 | 喜兵衛，喜左衛門，五郎左衛門 |
| 桶町（1）（2） | 17 | 細井籐十郎 | 孫左衛門，七右衛門 |
| 鍛冶町（1）（2） | 15 | —— | 二郎兵衛，七郎兵衛 |
| 畳町 | 7 | 中村弥太夫<br>早川助右衛門 | 仁左衛門 |
| 五郎兵衛町 | 9 | 中野五郎兵衛 | 四郎兵衛 |
| 北紺屋町 | 6 | 土屋五郎右衛門 | 善兵衛，源左衛門 |
| 大鋸町 | 6 | 倉見吉右衛門 | 半左衛門，玄徳 |
| 塗師町 | 7 | 田口次左衛門 | 九郎兵衛，孫十郎 |
| 鞘町 | 6 | 福田清左衛門 | 庄兵衛，二郎兵衛 |
| 材木町（5）（6） | 6 | —— | 孫兵衛，六右衛門 |
| 鈴木町 | 6 | —— | 久太郎 |
| 稲葉（因幡）町 | 6 | —— | 安右衛門 |
| 材木町（7）（8） | 6 | —— | 三吉，清兵衛 |
| 具足町 | 6 | —— | 惣十郎，作左衛門 |
| 柳町 | 7 | 児玉忠兵衛 | 勘兵衛，勘左衛門 |
| 炭町 | 7 | 白井十兵衛 | 惣十郎，九左衛門 |

注）町名の（ ）は丁目．

② 名主不在の町は延べ九町あるが、これをふくめてほぼすべての町に月行事が一―三名ずつ存在している。

こうした状況を検討するために、明暦二年（一六五六）十二月の次の町触[20]を見ておこう。

〔史料1〕

（前略）

一、名主無之町々ニは、内々名主を申立申上へし、
名主役迷惑ニ存無之町ニは、年寄候者共家役
ニ一年宛名主役可仕事
右近年名主無之町々ニにせ売券多、遺言状
ニも紛敷義有之様ニ相聞候、自今以後は、
沽券又ハ遺言状ニも可致加判、幷於其町々
公事訴訟人有之候ハヽ、先家主五人組承届、
内々ニ而可相済儀は、名主相談之上落着す
へし、未済之儀有之候ハヽ、家主訴訟人を
召連罷出へし、若申分有之、店之者抔押江
おくにおゐてハ、家主可為曲事者也

上では、「名主がいない町々においては、それぞれの町で名主をとりたて、報告せよ。名主役になるのを迷惑に思って忌避し、名主がいない町については、町内の年寄のものたちが家役として一年交代で名主役を

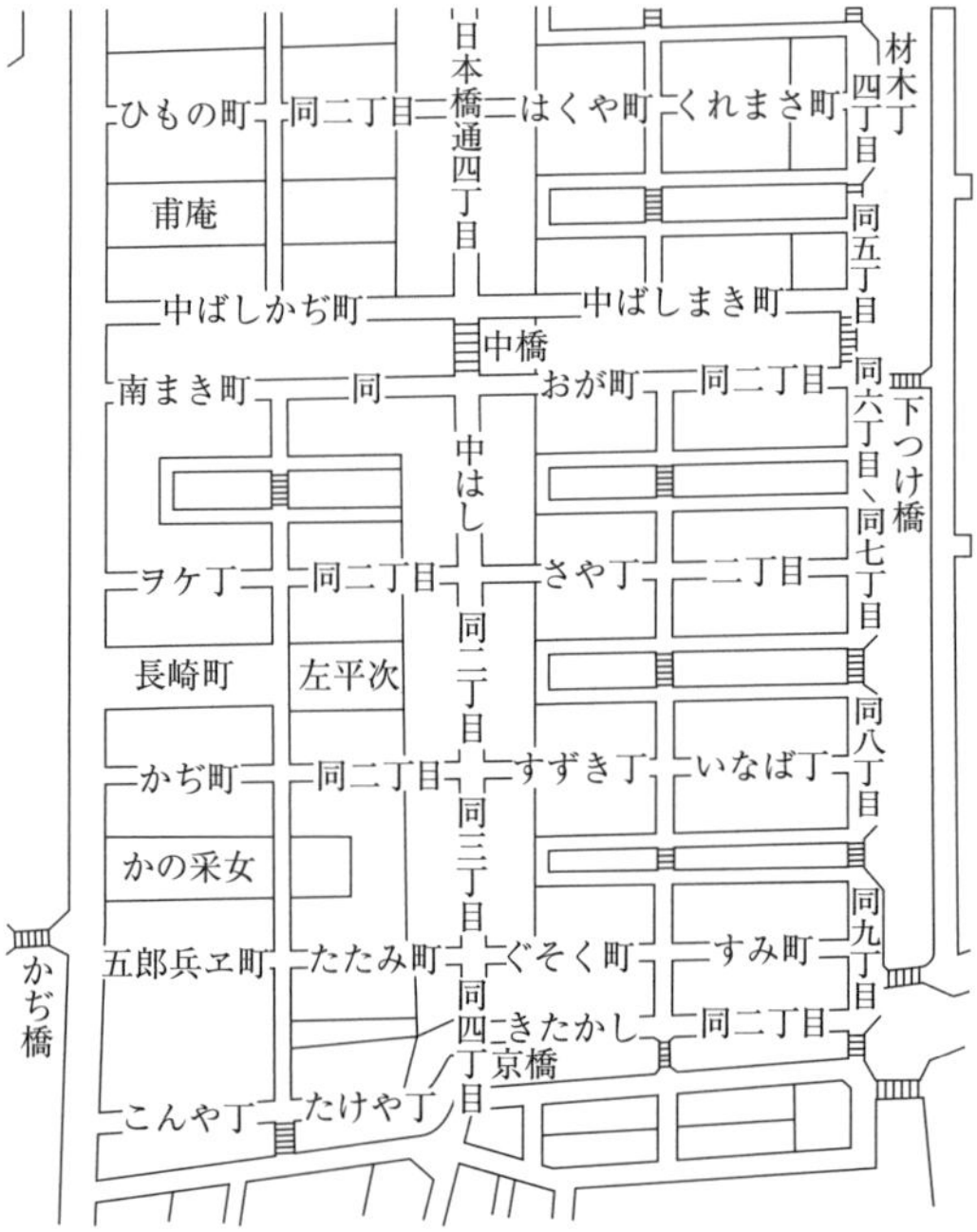


図2　17世紀後半，日本橋南の町々

つとめること」と命じている。ここからは、第一に、名主という地位が「役」としてとらえられ、第二に、各町に名主（役）をおくことを原則としていることが明らかである。また第三に、町の側では名主役を忌避することがあり、これが名主不在の原因として認識されていることが注目されよう。また史料1の後半部分にはこの町触を公布した背景が記されている。一つは町屋敷の問題である。「名主のいない町々で、町屋敷の売買時に売手から買手にわたされる沽券状に偽書が多く、また町屋敷を相続させる旨を記す遺言状にも本物かどうかまぎらわしいものがあるらしい」という状況認識が町奉行所にはあった。町人の家産の中核をなす町屋敷の所有・相続・売買を担保するために、ここでは沽券状や遺言状に、名主が公的な担保者として加判するシステムとすることを命じているのである。

もう一つの背景は、公事訴訟の整備という問題である。町触では、争論の当事者（双方か）の家主が、まず相手側の家主を確認し、内済可能なものはなるべく名主の「相談」によって解決させ、それでも決着に至らない場合にのみ家主が訴人と共に町奉行所に出頭するようにと述べている。訴訟に出ようとする「店之者《たなのもの》」を家主が妨害してはならないとする末尾の文言も注目されるが、ここでは、主として「店之者」、すなわち非家持のおそらくは表店の店借商人らを中心に、取引きや金融をめぐる争論が次第に増加しつつあり、こうした動向に対して、紛争当事者に密着したレベルの名主・家主の調停者としての役割を強化しようとしていると考えられよう。

〔史料1〕の内容をふまえてみると、図2・表2に示された様相からは、当該期「古町」における町と名主は次のような特質をもっていたということができる。

① 町は、名主と月行事という二重の代表者をもった。

② 名主は過半の町に存在し、ほぼ一町に一人の名主が対応した。これを「町の名主」とよんでみたい。明暦大火後も、町奉行所は町の名主を町方支配の末端（名主役）に位置づけ、原則的にすべての町に名主を置かせようとした。

③ 一方、どの町にも月行事がいた。月行事は京都の事例[21]から類推すると、本来は家持の町人が交代で勤めたと思われるが、江戸の場合、図2の町々においても相当程度家持の不在化がすすみ、代理人である家守が月行事を代行していたとみられる。

さて、ここで問題となるのは「町の名主」と月行事の差異である。この点で参照されるべきは城下町・江戸の形成を、国役負担と町とのかかわりでみようとした三浦俊明氏の先駆的な業績[22]である。氏は名主や御用達町人の由緒書を素材として、徳川氏と「国役請負者」、および町屋敷との関連を検討し次のように述べている。

① （古町の多くを占める国役町は）徳川氏への御用を請負う国役請負者が、負担の代償として町単位の拝領地を町屋敷として得て成立した。

② これらの国役請負者はほぼ古町の名主でもあり、後に草創名主とよばれ上位の家格のものとされた。

③ 「古町」名主には、慶長以前の「村方」名主の系譜をもつものと、慶長期以降に「御用達」となった商人頭や職人頭の二種類がある。

④ 国役請負者＝名主は、拝領した町地を実際の国役負担者に細分し、これらの国役負担者は家持として成長する。

右の点を国役町の一つである檜物町を例に若干検討してみよう[23]。檜物町は図2・表2で見た町域のすぐ北西にあり、西側を堀に面して二丁から構成される総間口二〇〇間（京間）の町である。この町は「御木具」を国役として務める国役町であるが、次のような由緒をもつ。

〔史料2[24]〕

当町御国役御木具納方の儀は、恐れながら浜松御在城の御時より、当町又右衛門先祖星野又右衛門儀は檜物御大工棟梁にて、御入国の砌、下職共御供仕候処、御当地住居仰付けられ、町銘の儀檜物町と成し下しおかれ、御木具御用相勤罷り在り……

家康が浜松にいたときに檜物大工棟梁であった星野又右衛門は、配下の「下職」らと共に江戸へ下り、「御木具御用」をつとめる代償として町を拝領し、これが檜物町となり、自らは町の名主を勤めたことになるのである。また次の史料をみてみよう。

〔史料3[25]〕

檜物町弐町中御国役之事

一、権現様・台徳院様両御代迄は、間口壱間に檜物屋細工人五人立合い、弐町中より細工人千人御木具部屋え出し相勤め申し候、その後町中檜物屋共家を売り、立のき申し候に付、檜物屋共ござなく候、それに就き御賄方え御訴詔申し、御膳前の御注文、並びに御用木御扶持方共此方え請取り、檜物町にて仕り差上げ申し候、右の手間代金五拾両より六拾両迄出し、年々入札を以って檜物屋共誂え、御役相勤め申し候所に、此度御賄方より仰出され候は、当年御国役の儀は檜物屋大工吉兵衛・藤十郎両人方にて御細工仕立て申す様に仰付けられ候間、例年檜物町分御国役仕上げ申し候程、細工人共吉兵衛・藤十郎方迄出し申す様に仰付けられ候に付、手間代金にて差上げ申し度段申し上げ候えば、その儀は御差図罷りならず候、吉兵衛・藤十郎方え相対仕り候様に仰され候に付、名主又右衛門手間代金にて出し申し度段、吉兵衛・藤十郎方え内談仕り、大方相極め候に付、御賄方えも此段有増御耳え入れ置き申し候、名主又右衛門儀当方参宮仕り、御当地に罷りあらず候、追付け罷り帰り候はば、御国役の儀相極め申すべきと存じたてまつり候、以上

辰八月　　檜物町弐町中

この史料は、元禄元年(一六八八)八月に檜物町一・二丁目の町中が、同町の国役の由来を尋ねられて返答した時の上申書である。宛所を欠いているが町奉行所宛と思われる。

〔史料3〕の内容は、ほぼ次のようである。

① 檜物町が務めてきた国役としての木具御用は、〔史料2〕にみた「下職」らである家持の「檜物屋共」が、将軍家康・秀忠の代(慶長・元和年間)まで、所持する町屋敷の間口を基準に職人を差し出す(一間当五人)ことが本来の形式であった。これを町内において統轄したのが、町の名主でもある星野又右衛門である。

② ところがその後、町内の檜物職人＝家持はみな町屋敷を売却して町から去り、町内には檜物屋が不在となってしまった。そこで、檜物町(の名主と、檜物屋ではない素人である「新しい町人」たち)は幕府の賄方役所に訴えて、職人を派遣することをやめて、役所からの注文をうけ、材料の木と職人の給分(扶持)を檜物町がうけとって、檜物町の方で檜物屋＝職人に入札で仕事をゆだね、その細工賃(手間代)年五〇－六〇両を檜物町の「新しい町人」が負担する方式にきりかわった。

③ ところがこの時、賄方役所の方から、当年より「檜物屋大工」の吉兵衛ら二名に細工御用を請負わせるので、檜物町が例年負担してきた国役の細工人をこの両人に差し出すよう命ぜられた。これに対して檜物町側は、手間代金を支払いたいと希望したが、この点は、町と吉兵衛らとの直接交渉によれとされている。そして名主星野又右衛門と新たな請負人両名との相談で、手間代を支払うことでほぼ合意した状況が述べられている。

①—③には、古町の一角を占めた檜物町という国役町が、十七世紀にどのような過程を経てその構成を変え、また役負担の方式を変容させていったかが端的に示されている。

それは第一に、町内の「下職」＝家持職人層の解体と不在化であり、第二に、これにともない国役負担の主体と方法が、素人による代金納負担へという形で変化を遂げていく点である。そしてこのような変化の下で、職人の棟梁であり町の名主でもあった存在は、檜物町のように名主としての性格を主としていくか、あるいは職人とともに町を去るか、とどまっても職人の頭として純化をとげるかのいずれかのコースを辿ったものと推定される。

上の点を念頭において改めて表2をみると、その多くが国役町である職人町とみられるが、桶町・畳町・北紺屋町・大鋸町・(南)塗師町・(南)鞘町のように、町の名主＝職人頭が未だ健在な例と、鍛治町・具足町のように、すでにこの段階でそれまでの町の名主＝職人頭が消滅し、名主不在の国役町と化した例と、二つの場合が見いだしうるように思われる。そして両者ともに町中の代表として月行事を有した。

## 三　支配名主の成立

十七世紀後半以降、江戸町方には第二節で見た町の名主とは異なり、一人で数ヵ町を支配する名主——これを「支配名主」とよぶ——が現出してくる。これには、①町の名主が支配名主に変貌する場合と、②新たに町方に組み込まれた地域の場合の二つの類型がみられる。

まず前者の例として、図2の地域で中心的な位置にあった南伝馬町二丁目について見ておきたい。[26] 南伝馬町一—三丁目は、五街道の起点となる江戸の宿駅であって、大伝馬町一—二丁目と共に道中御用を国役として務める町であった。この御用は、道中伝馬役の者が役請負人として担い、その代償として町を拝領地として与えられたという由緒をもつ。南伝馬町の場合、吉川主計、高野新右衛門、小宮善右衛門の三家が道中伝馬役を勤め、それぞれ拝領した一―三丁目に居住して名主役を兼任したのである。こうして以下にみる南伝馬町二丁目については、道中伝馬役の高野新右衛門が同町の名主の地位にあった。つまり高野家は南伝馬町二丁目の町の名主であったことになる。高野氏には寛永十五年(一六三八)、他の道中伝馬役二人とともに新たに開発された赤坂伝馬町・同田町の計一〇町が拝領地として与えられ、当初は三人の「直支配」の下におかれたが、明暦年間に「下名主」二名が設定され、これが後に赤坂伝馬町・田町の支配名主となっていく。

ところが十七世紀末に至り、高野氏は以下の各町をその支配下に組み込んでいくことになる。まず元禄二年(一六八九)十二月に、東側に隣接する南塗師町・南鞘町を同時に支配領域へ編入している。この両町は職人の国役町であり[27]、表2にみられたように少なくとも万治元年(一六五八)まではそれぞれ町の名主を抱えていた。おそらくこの町の名主両名は、先にみた檜物町の名主と同様、塗師職・鞘師などの職人の棟梁でもあったのではなかろうか。そして町内の下職=家持職人の分散化などをきっかけに、職人棟梁=町の名主も町から退転し、その後名主不在の月行事持という体制にあったと推定される。

つづけて元禄四年(一六九一)十月には、南油町代地と川瀬石町代地の二町が同じように高野氏支配下に入っている。この両町は、日本橋通三丁目東側の南油町・川瀬石町の半分が御用地として収公されたときに、その代替地として南伝馬町二丁目東側の入堀を埋立てたところに作られた代地町である。この両町は翌月、松川町一・二丁目と新たな町名を付けられたが、高野氏支配下に入るにともない、両町の町中から次のような一二条からなる覚書が高野氏宛に提出された。

〔史料4〕[28]

覚

①一、今度拙者共町内の名主役、貴殿え仰付られ候、然上は御公儀様より諸事仰出され候儀、貴殿より仰渡され候は、少しも違背申すまじく候、銘々家主の儀は勿論、借家店かり召仕等迄諸事念を入れ、御法度の儀相守り申すべく候事

②一、町内火の用心の儀、裏々迄随分念を入れ申すべく候、もし出火これある節は、早速その場え欠付け、情を出し消し申すべき事

③一、宗門の儀、借家店かり下々召仕等迄念を入れ寺請状取り申すべき事

④一、博奕諸勝負の儀、家主の儀は申すに及ばず、借家店かり召仕迄一切致させ申すまじき事

⑤一、遊女の類、借家店かり吟味致し、差置き申すまじき事

⑥一、月行持相当り候節、貴殿え届け申すべき事

⑦一、毎月人別証文差上げ候通り、むさとしたる者一夜も差置き申すまじく候、店替え仕り候者これあり候は、早々貴殿へ申し入れ、人別帳付け置き申すべき事

⑧一、浪人差置き候か、今迄罷り在り候仁店替え仕り候はば、早々貴殿え申し入れ、町年寄衆え御届け申すべき事

⑨一、町内鉄炮所持仕候者は、御触の砌、町年寄衆へ書上げ候通り紛れござなく候、自今以後鉄炮所持仕り候者これあり候は、貴殿へ申し入れ、町年寄衆え御届け申すべき事

⑩一、町内何事によらず貴殿へ御知らせ申し、御指図請けべく候、町内壱人として我がままなる儀仕りまじき事

⑪一、町内銘々店公事訴詔これある節は、先づ貴殿え申し断わり御差図請け、御訴詔に罷り出づべく候、勿論その節は家主の儀は申すに及ばず、五人組残らず罷り出づべく候、もし拠なく用所候は、御断わり申し入れべき事

⑫一、町内家守替わり候節、地主より五人組え相談致し、五人組吟味の上別儀なく候はば、五人組同道にて名主へ参るべき事

右の条々違背これあるまじく候、そのため町中連判、仍て件の如し

元禄四年未十一月

松川町壱丁目、弐丁目

町中連判帳

右の〔史料4〕から、松川町一・二丁目の町中が、このあと新たな名主となった高野氏にどのような支配をうけるか、またその下での町中の役割とは何かが簡潔に記されている。以下、その内容をまとめてみよう。

第一は、一条にある町触の徹底とその順守を、町中の構成員としての家主のみでなく、「借家・店かり・召仕」という町の全住民にまでゆきわたらせるということである。町の家主たちは、幕府からの町触を支配名主から伝達され、これを自身の家の構成員（家族や召仕）と、自身が管理する町屋敷の地借・店借——これらを店衆《たなしゅう》とよんでいる——に伝えてその内容を順守させる責任をもたされ、こうして幕府による町方支配の最末端を担う機能を有すのである。

第二は、宗門・博奕諸勝負・遊女について取り締るという町中の役割が三―五条に記されている点である。これは、早くから市中法度の「三ヶ条」として定式化されているもので[29]、これらのチェックを町中として実施する旨を名主宛に誓約しているわけである。

第三は、全住民の掌握と管理について町中が直接責任をもつという点である（七・八・九条）。毎月の「人別証文」提出、人別帳による転出入者のチェック、浪人や鉄砲所持の取締りと、不審者（むざとしたる者）の排除、などがその具体的な内容である。

第四は、町内における訴訟に際して名主の「指図」を受ける、という点である。十一条では、店衆の公事・訴訟に

おいて、事前に名主に届出で、その指示によって町奉行所に出頭することを誓約している。この点は〔史料1〕でみた名主の調停機能に関する言及の延長上にあるが、後述のように、これが支配名主における所得の機会を与えることになった点に注目しておきたい。

このほか、火の用心（三条）や月行事・家守交代時の届出で（六・十二条）などに関する条項がみられるが、特に十条において、町内におけるすべての問題を名主に報告し、その指示をうけるとし、いわば総論的に名主支配を受容することを誓約している点が興味深い。

こうした経緯をへて、南伝馬町二丁目一町の町の名主であった高野新右衛門は、元禄四年までに近隣四町の支配名主を相次いで兼ねることになった。そして、支配下町々の業務の多くは各町の月行事を中心とする町中に委ねられ、〔史料4〕でみたような内容については、支配名主がその実務を集約し、あるいは直接実行するというシステムが形成されたのである。

表3・図3は、表2・図2でみた地域が、万治元年（一六五八）以降享保十四年（一七二九）までの約七〇年間にどのように変化したかを示すものである。まず第一に、町数が二三町から三三町に増加している。これらはほぼ元禄三年（一六九〇）に実施された入堀の埋立てによって一斉に造成された町々である。そして先にみた松川町一・二丁目のように、これら新規の町々に「町の名主」が置かれることは全くなかった。

第二に、町数の増加にもかかわらず、名主数が一三名から一一名へと減少している。この間続けて名主役にあった者（家）は高野新右衛門を含め計四人にすぎず、七人は新たに名主役についた者たちである。これから、万治元年には町の名主を主要な形態としていたが、これらはほぼ一掃され、享保十四年段階までに居所以外の町々を複数管轄下に置くところの支配名主が一般化するに至った状況をみてとることができる。

つぎに、十七世紀後半に新たに江戸町方に編入されていく地域について若干検討してみたい。

**表3　町の名主から支配名主へ**

| | 万治元年(1658)の町の名主* | 享保14年(1729)の支配名主** |
|---|---|---|
| 大鋸町 | 倉見吉右衛門 | 小林茂兵衛 |
| 南伝馬町（1） | 吉沢主計 | 吉沢主計 |
| 南槙町 | 柴市兵衛 | 〃 |
| 同会所 | 〃 | 〃 |
| 正木町 | (元禄3年(1690)～) | 〃 |
| 南伝馬町（2） | 高野新右衛門 | 高野新右衛門 |
| 南鞘町 | 福田清左衛門 | 〃 |
| 南塗師町 | 田口次左衛門 | 〃 |
| 松川町（1）・(2) | (元禄3年(1690)～) | 〃 |
| 南伝馬町（3） | 小宮善右衛門 | 小宮善右衛門 |
| 桶町（1）・(2) | 細井籐十郎 | 飯田籐五郎 |
| 同会所 | | 〃 |
| 南大工町（1）・(2) | (元禄3年(1690)～) | 〃 |
| 五郎兵衛町 | 中野五郎兵衛 | 中野五郎兵衛 |
| 南鍛冶町（1）・(2) | ―― | 〃 |
| (狩野）探信屋敷 | | 〃 |
| 畳町 | 中村弥太夫，早川助右衛門 | 岡本吉兵衛 |
| 京橋蔵地 | | 〃 |
| 本材木町（5）・(6)・(7) | ―― | 西村次右衛門 |
| 鈴木町 | ―― | 和田源七 |
| 因幡町 | ―― | 〃 |
| 常盤町（1）・(2) | (元禄3年(1690)～) | 〃 |
| 具足町 | ―― | 竹田次郎左衛門 |
| 炭町 | 白井十兵衛 | 〃 |
| 柳町 | 児玉忠兵衛 | 能勢喜右衛門 |
| 本材木町（8） | ―― | 〃 |

注）町名の（　）は丁目．*表2による．**享保14年「町鑑」による．

一つは芝金杉と本芝地域の場合である。この両地域は中世以来の「浦」＝漁村で芝金杉浦・本芝浦とよばれていたが、江戸の開府により、東海道沿いの集落として急速に町場化を遂げる。当初は代官支配の下にあり、近世初からの由緒をもつ内田勘左衛門（芝金杉浦）と内田八郎左衛門（本芝浦）がそれぞれ名主役を勤めた。寛文二年（一六六二）に町方支配に組み込まれ、以後、土地や年貢は代官支配の下に残され、人や社会については町奉行所支配となり、「両御支配」をうける町となった[30]。表4は、享保十四年（一七二九）における両町の構成を示すものであるが、芝金杉は一一、本芝は七に細分されており、これらの一つひとつが自立した個別町として存立していることになる。そして旧来の両内田氏が各町域全体の名主役を勤めている。これらの細分化

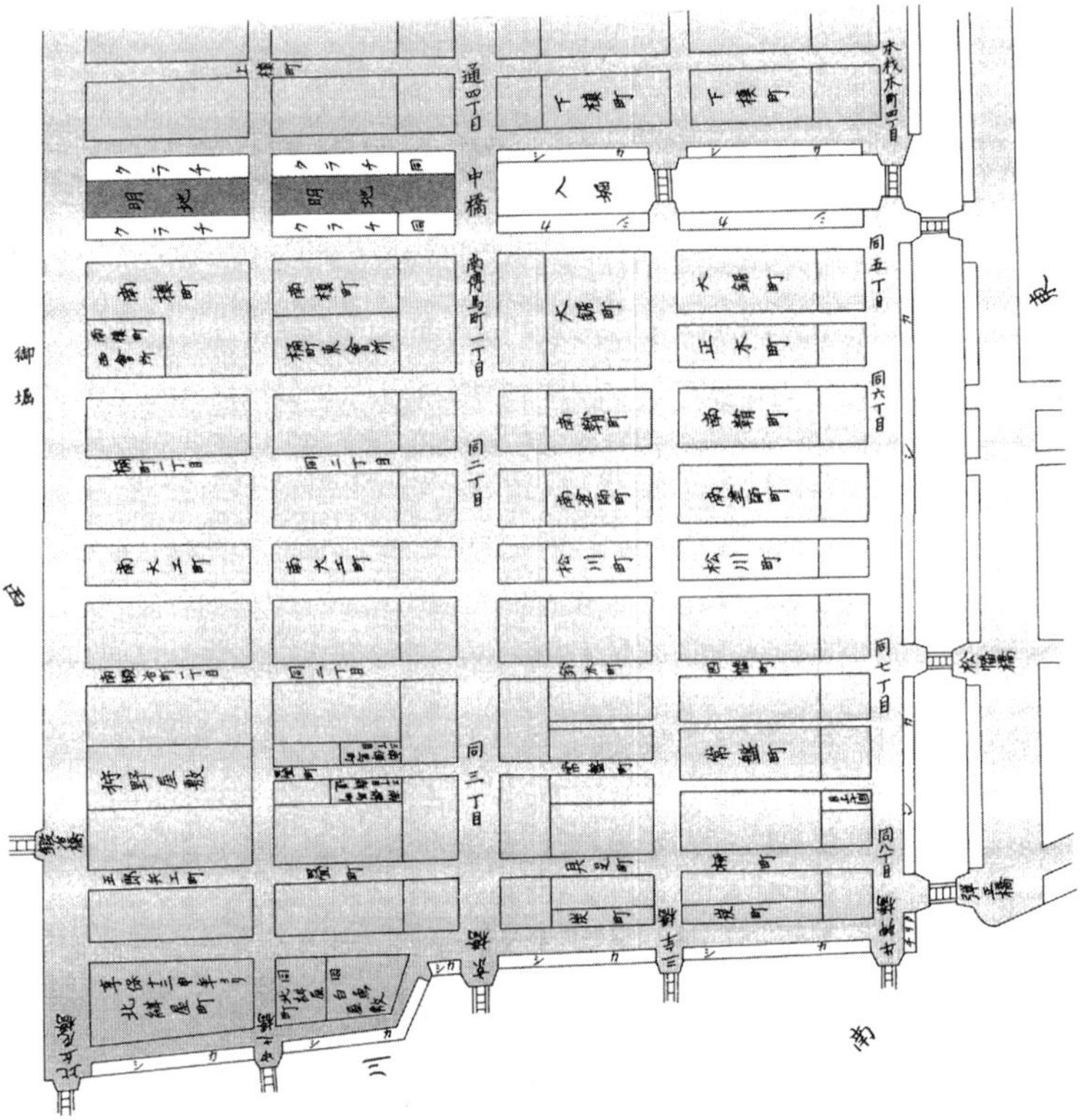


図3　享保14年(1729)，日本橋南の町々

注）『江戸城下変遷絵図集』(7巻，原書房，1986年）より．

された個別町が寛文二年以前から存在したか否かは未詳であるが、「両御支配」となって以降は、これが町奉行所支配の基礎単位となる。一方、芝金杉浦、本芝浦という近世初頭以来の共同体の枠組は、寛文二年以降も、芝金杉町・本芝町として残存し、これは年貢負担や、浦役の勤仕という、代官支配の枠組として機能していく。こうして両内田氏は、「両御支配」の下で二重の名主役を兼務するかたちとなった。これを、芝金杉町・本芝町という大枠でみれば両者は町の名主ともいえようが、この枠は代官所の地《ち》方《かた》支配としてのみ機能しており、町方支配の下に細分化された多数の町々を担当する支配名主としての側面が主たるものとみなし得るのではないか。つまり芝金杉、本芝両地区の名主は、町方編入時において即自的に支配名主としての実態をともなって出発したのである。

もう一つは深川猟師町の場合である。深川猟師町は深川地区の南東の隅にあたり、町の由緒によれば、寛永六年(一六二九)に八人の開発人が「地所築立」を出願し、幕府への「御菜魚」上納を負担することを条件に許可されたことを成立の起源としている[31]。そして「惣名」を深川猟師町と唱え、代官支配の下におかれた。深川猟師町の開発は八人の出願者が地区を分担して行い、それぞれ「自分名前」を「小訳町名」、「小名町銘」として付した八町が当初からみられたようである[32]。そして猟師町という「惣名」の名主は八人が同時に勤めた。これは、開発請負人が役＝御菜魚上納の請負人となり、名主役をかねた例である。そして正徳三年(一七一三)に町奉行所支配に入るが、芝金杉・本芝と同様に、年貢・諸役についての代官支配は残り、「両御支配」となった。小名八町はすでに元禄八年(一六九五)の検地に際して町名を変えていたが、町方編入と同時に個別町として自立することになる。そして遅ればせながら、ほぼ一町に一人の名主という町の名主の本源的形態を現出させてゆく(実際は七人)。名主数はこのあと享保十四年(一七二九)段階には六人、寛政二年(一七九〇)までに四人へと漸減することになる。つまり深川猟師町は開発の経緯の特殊性から、十八世紀にいたり町方支配に組み込まれるまでほぼ町の名主が大勢であったが、その後は、時期がやや遅れるが、市中の他の町々と同様支配名主が主要なものへと変貌していったのである。

**表4　1729年，芝金杉・本芝の町々と支配名主**

| 町　名 | 支配名主 |
|---|---|
| 芝金杉通 (1) (2) (3) (4) | 内田勘左衛門 |
| 〃　裏 (1) (2) (3) (4) (5) | |
| 〃　浜町 | |
| 〃　片町 | |
| 本　芝 (1) (2) (3) (4) | 内田八郎左衛門 |
| 〃　材木町 | |
| 〃　下タ町 | |
| 〃　入横町 | |

## 四　名主番組

さて、江戸市中の拡大とともに支配名主が一般化していく中で、注目すべき二つの動向についてみておきたい。第一は、名主の地位の利権化という問題である。元禄十二年(一六九九)に日本橋通一丁目で作られた「町之定」(33)は、町内の町屋敷売買、家督相続、家守交代などに際しての名主などへの礼金や町内への振舞について、次のように規定している。

〔史料5〕

家屋鋪売買之定

①一、分一金百両に付、金二両宛
②一、名主殿え礼、小間に付銀一枚宛、尤樽肴扇子三本入添
③一、御内室様え祝義、五間口にて金一両宛
④一、御子息方え御一人え祝義、五間口にて金二百疋つつ
⑤一、手代衆御一人に五間口にて金百疋宛、并御内衆中へ庭銭二貫文
⑥一、町中振舞金十両、但し大間・小間に限らず同断
⑦一、五人組中へ、五間口にて金二百疋宛并扇子二本入添
⑧一、町中礼、五間にて金二朱宛并扇子二本入添、但し二軒役えは二人分
⑨一、町代に祝義、五間口にて金百疋宛
⑩一、番頭二人に祝義、金二朱宛、大間・小間に限らず

家督振舞之定

⑪一、親より家督譲り候時は、振舞金十両、町中え出し申すべく候、但し名主殿幷組中えは改め付届けあるべく候、大小に限らず同前

⑫一、親類の内え家督譲候時は、家屋敷売買同前

右二ヶ所へは町中より酒一樽、干肴添え遣わす

以上

⑬一、家守居役、親より相勤め申し候衆は、名主殿幷組中え付届けなされ相済まし申すべく候

⑭一、地主替わり候て、家守居役、そのまま御勤め候衆、右同断

⑮一、新規家代なされ候衆は、五間口にて祝義、名主殿え金二百疋、手代御一人え金二朱宛

⑯一、五人組中え祝義、五間口にて金百疋宛、何れも扇子二本入添、町中えは扇子持参なされ御廻わりなさるべく候

⑰一、町代に祝義、五間口にて銀五匁

⑱一、家屋鋪書入れ金子借用なされ候節は、後日に名主殿幷組中へ付届けなされ、御礼なされべく候、たとえ商の義にても、家屋鋪につき名主殿・組中の判形御頼には右同断

右の外、書付けにござなく候儀にても御改めなされ、宜しき儀は御相談の上御極めなされべく候、以上

卯(元禄十二)閏九月吉日

まず①—⑩は、町屋敷売買における規定である。①の分一、⑥の振舞、⑧の礼はいずれも町中＝町内の家持へ支払われるべきものであり、また⑦の隣接する五人組中への振舞もこれと一括して町中への負担とみることができよう。次に②—⑤で名主とその家族や手代らに多額の礼金・祝儀・庭銭が支払われるのが注目される。また⑨の町代は当時

**表5　町屋敷の礼金・祝儀（試算）**

| | 金両. 分朱 | 銀 | 銭 | |
|---|---|---|---|---|
| ① | 10. | | | |
| ② | | 215匁 | | ＋α |
| ③ | 1. | | | |
| ④ | .2 | | | |
| ⑤ | .1 | | 2貫文 | |
| ⑥ | 10. | | | |
| ⑦ | .2 | | | ＋α |
| ⑧ | .02 | | | ＋α |
| ⑨ | .1 | | | |
| ⑩ | .02 | | | |
| 計 | 22.3 | | | |

注）①―⑩は〔史料5〕の条文を示す.

存在した町用を勤める吏員であり、⑩はその手代への祝儀であろう。いま仮に、間口五間・沽券金五〇〇両で町屋敷を購入した場合を表5で試算すると、金二二両三分、銀二一五匁、銭二貫文となり、これに「樽・扇子」代が加算され、全体として多額の出費を強いられることになる。また名主家へは総額で五両二分前後と、全体の四分の一ほどが支払われることになるのである。

⑪・⑫は家督相続の場合である。ここで名主への礼金は明記されていないが、町中への振舞金は売買時と同じであり、⑫の規定をみても②―⑤に準ずるのではないかと思われる。

⑬―⑰は、家守の任免にともなう「付届け」についての規定である。⑬は家守の地位の相続にあたっての、また⑭は地主が交代したときに旧家守が引き続き勤める場合の規定であり、⑮―⑰は新規に家守が着任したときの祝儀についての取り決めである。このうち⑬から⑮で、いずれも名主や手代への祝儀が記されており、家守の交代や順役――地主交代によっても家守が変わらないもの――、相続に際して、一定額の収入が名主にもたらされることになる。

⑱は、町屋敷を質に入れ借金する場合（家質）や、その他「商の義（儀）」について町屋敷が関わる場合の、名主・組中（五人組）への付届け・礼の規定である。これらについては、取引に必要な証文面に担保者としての名主や五人組の加判が必要であり、そうした担保行為の代償として一定の「御礼」が名主・五人組に支払われるのである。

以上を、名主の立場からまとめると、自己が支配する町域において、売買や相続・譲渡で地主が入れかわること、家守の順役や新任、町屋敷を担保とする取引き等が発生する度に、相当額の収入がもたらされることになる。[34]

名主は一定額の役科を給分として町から取得したが、右の収入はそれに匹敵するものではなかったか。このような得分は、実は先に〔史料1〕でみた明暦二年(一六五六)の町触で、沽券証文への名主の加判が義務づけられたことを画期として成立したことが想定できよう。こうして名主役という地位は、役料のほかにも多額の収入をもたらす利権と化していった。そしてこの点に、複数の町域を管下にとりこみ支配名主に飛躍しようとする名主らの指向性の根拠の一つが存在したのである。

第二の動向は、「惣名主」という名主の集団化の問題である。元禄十四年(一七〇一)ごろから享保末年にかけて「惣町中名主共」による訴願や直接行動がみられるが、表6はこれをまとめたものである。これらのうち、例えば元禄十四年九月二十九日の場合は次のようである。

〔史料6〕[35]

一、惣町中名主共、今朝越前守(保田宗郷)様え罷出で申上げ候は、米高直に付迷惑仕候、幷びに御屋敷方へ売懸け候金銀御取上げござなく難儀仕り候、兎角米下直に罷成り候様願い奉り候、それに就き町中にて何事に寄らず酒一切給べ申さず候様に御触れ願い奉り候えば、尤も成る訴訟に思し召され候間、伊豆守(松前嘉広)様えも申し上げべき旨御意遊され候に付、則わち罷出で申上げ候

右は、支配名主となった南伝馬町二丁目高野新右衛門が残した記録の一部である。この日、江戸の「惣町中名主共」は北町奉行所に集まり、奉行に対して米価高騰と大名・旗本への売掛け金滞りについて善処を求め、米価を下げるために禁酒令を出して米不足を緩和することを要求し、奉行もこれに同意している。この時期の町触をみると、十月三日に諸国の酒造を五分の一に制限する全国触が出され[36]、十月二十日に「米払底」のため「祝儀」のとき以外は飲酒を禁ずる町触を確認できる。[37]つまり江戸町方の切実な要求を「惣町中名主共」が代弁するかたちで町奉行に直接訴願し、これを受けて町奉行所では町触の布告を実施したのである。名主たちは、表6の正徳五年(一七一五)二月十一日の項にあるように、料亭などを用いて「例年」のように「惣名主寄合」を開催し、町方行政に関するさまざまな事

**表6**　18世紀はじめにおける「惣町中名主」の動向

| | |
|---|---|
| 元禄14年（1701）9月29日 | ・惣町中名主共，米高直・武家への売懸金につき町奉行へ訴願． |
| 元禄15年（1702）5月9日 | ・町中名主共，畳人足請負につき訴訟． |
| 10月17日 | ・惣町中名主共，造酒屋取調べにつき訴訟． |
| 宝永4年（1707）10月23日 | ・惣町中名主・町人共，病馬・病犬につき訴訟． |
| 宝永5年（1708）閏1月27日 | ・惣名主中，水役人交替の件で寄合相談． |
| 正徳3年（1713）6月 | ・惣町中名主・町人共，米諸色高直につき訴願． |
| 12月4日 | ・町々名主惣寄合で，出入につき相談． |
| 正徳4年（1714）4月28日 | ・惣町中名主共，米高直・出入などにつき訴願． |
| 8月26日 | ・惣町中町人共・名主共，米諸色高直につき訴願． |
| 11月22日～12月3日 | ・惣町中名主・町人共，諸色高直につき訴願． |
| 正徳5年（1715）2月11日 | ・「例年のごとく」惣名主寄合．浅草藤屋にて． |
| 6月9日 | ・銭相場高直につき，町中惣名主の意見書． |
| 7月26日 | ・惣町中名主共，米高直・町中勧化につき町年寄に願書． |
| 11月5日 | ・惣名主196人，奉公人・人宿につき，町年寄に訴願． |
| 享保2年（1717）9月21日 | ・両国橋堺屋で惣名主寄合．火の元につき定書をつくり連判． |
| 享保4年（1719）2月26日 | ・惣町中名主共，新金銀通用につき伺書． |
| | ・惣町中名主共，火防につき存寄を町年寄に提出． |
| 6月20日 | ・惣町中名主共，質屋そのほかにつき意見書． |
| 享保5年（1720）2月19日 | ・惣町中名主共，瓦葺につき意見書． |
| 2月23日 | ・惣名主寄合，火防につき申合せ． |
| 4月11日 | ・町中名主共，火防につき意見書． |
| 享保6年（1721）1月14日 | ・惣町中名主共，質屋古着屋につき意見書． |
| 1月25日 | ・惣名主共，出火のときの人数につき意見書． |
| 6月 | ・惣町中町人共・名主共，米高直につき訴願． |
| 享保8年（1723）8月27日 | ・百組町々月行事・名主，火の見につき寄合． |
| 享保15年（1730）1月19日 | ・い組町々町人共・名主共，土蔵造りにつき訴訟． |
| 享保16年（1731）12月24日 | ・町中惣名主共，年頭礼につき訴願． |
| 享保17年（1732）4月9日 | ・火消組合ろ・せ・も・百・千組の月行事・名主，浅草御蔵欠付につき書付． |
| 12月21日 | ・ろ・せ・す・百・千組名主共，町々困窮につき訴願． |
| 享保18年（1733）1月17日 | ・ろ・い組の9町，せ・百・す・千組町々名主共，町々困窮につき訴願． |
| 1月19日 | ・百・千・す組町々「借屋店かり裏々の者共」・町人共，米価高直につき訴願．名主ども「差留」ようとする． |
| 1月23日 | ・惣町中名主共，米高直につき訴願． |
| 1月26日 | ・百組町々「借屋店借裏々之者共」，米高直につき訴願． |
| 2月3日 | ・百組町々名主共，打ちこわし一件につき書付． |
| 2月3日 | ・惣町中名主共，米高直につき訴願． |
| 元文1年（1736）8月晦日 | ・地代店賃につき，惣町中名主申合せ． |

注）依拠した史料は，元禄14～宝永5年が『日記言上之控』，それ以降は『江戸町触集成』．

柄の審議にあたっているが、一方で米価高騰などの非常時にも随時会合をひらき、問題に応じて町奉行所に直接かけあい、市中の諸要求を権力にとりつぐ媒介者となっていたのである。

正徳三年(一七一三)から翌年にかけては、「米・諸色高直」による町方の困窮を打開する方策をとるよう、町奉行所に対し「惣町中名主共町人共」の名で度々訴願している。この内、正徳四年十一月二十二日の訴訟は次のようである。

〔史料7〕(38)

恐れながら書付を以って御訴訟申上げ候

一、惣町中名主・町人共申上候、近年諸色高直に罷成り困窮仕り候所、別して当秋中より米・諸色高直に御座候に付き、諸問屋御吟味遊ばされ下しおかれ候所、船間故高直にござ候様申上げ候、左候はば入船仕り候はば諸色も下直に罷成るべき様存じ奉り、家持借屋店かりの者共、米下直に罷成り候まで取続き申したく、朝夕粥・雑穀給べ来り申し候所、今において米・諸色次第に高直には罷成り候え共、下直に罷成らず、裏々の者共店仕廻い申す者多く、それ故近き頃は非人も多く罷出で申し候、只今まで雑穀等給べ申し候に付き、漸く取続け仕り候得共、此上如何様に仕り、取続け申すべき致し方もござなき次第に困窮仕り候、御慈悲を以って如何様共御救い願い奉り候、以上

正徳四年午十一月廿二日

惣町中
名　主
町人共

ここでは、米価をはじめ諸物価の高騰が続き、町方居住者が粥・雑穀で日々を凌ぐというほどの窮迫状況にあり、とくに「裏々の者共」すなわち裏店居住の下層民衆のなかには、店賃を支払えず転宅するものが多くみえ、市中には

非人も増大していると訴えている。この訴状で名主とともに「町人共」が差出者として併記されているが、その実体は先にみた町々の月行事を代表とする町中の総体であって、「行政・自治」の接点にある名主・月行事が「惣町」レベルで訴訟に名を連ねていることが注目される。そして、かれら「名主・町人共」をして惣町的訴願にかりたてたのは、町の裏店に充満する下層民衆の窮迫状況それ自体であったのである。

表6にみられる名主らの「惣町」的な結合は、「町の名主」を主たる担い手とするものではなかった。というのは先述のように正徳三年(一七一三)以降、江戸市中の町数は九三三町に拡大したが、表6にあるように正徳五年十一月に町年寄役所にあてた訴願の連判に参加した「惣名主」は一九六名であり、名主一人当りの町数は約四・八町なのである。これは表3で前述した町の名主の減少と支配名主化という事態が、一方での周辺域における支配名主の即自的な展開とあいまって、古町レベルでも一般的に進行したことが傍証できることを意味している。すなわち、十八世紀初めにみられる「惣町中名主共」の結合とは、支配名主らの共同行動・共同組織をその内容としたのである。

享保七年(一七二二)四月、町奉行大岡越前守は町年寄奈良屋市右衛門に対して、「名主の人数が多いために町入用が多くかかるなどの弊害がある。このため、名主の任期を「一代切」として、新たに名主を立てさせなければ名主数が減るがどうか」と諮問した(39)。これに対し奈良屋は、「名主は外に商売もなく、一代切としては多年の功労者には働く甲斐もなくなる。今後は、名主役の相続を当該の町の町人一同が了承し出願すればこれを認め、新規の名主を禁ずれば、名主数は自ずと減少するのでは」と返答した上で、惣名主らに対し「相談」を命じた。これに応じて惣名主らは、六月までに一二ヶ条からなる「申合せ」を作成し、その内容を一七の番組に区分された二六三人の名主が連判した上で町年寄に提出している。奈良屋を介してこの申合せを見た大岡は、申合せを厳重に守ることを条件に「一代切」とする案をとりやめたのである。そして奈良屋は名主たちに対し、「今後は名主らの組合をたてて、町人たちに過分な出費を強いないようにせよ」と命じている。これによって、近世後期の町方行政の根幹をなす名主番組制が創出された。この一七番組二六三人からなる名主組合は、先にみた十八世紀初めに顕在化する支配名主の惣町的結合＝共同組織の形成が、町奉行所によって公的に認定されたことを意味している。

ところで、右の「申合せ」は興味深い内容を有している。この内二—七条を引用してみよう。

〔史料8〕(40)

(二条) 一、役金の儀、多く出し候所は減少差出させべく候事

(三条) 一、売券の節町礼の儀、前廉に御書出しの外、一切請間敷儀は銘々存じ候所、御定の外を取り候段、御法背き候儀にこれあり候、自今急度相慎しみ、自分の儀は勿論、五人組・惣町中の者迄、御法の通りに致させべく候事

(四条) 一、家守附代りの節、音物請け申すまじき儀は兼々の儀に候間、弥以って此趣に致すべく候事

(五条) 一、類焼の砌、町人も同前難儀の所、自分の家を造らせ候もこれある由、不埒の儀に候、自今相慎しみ申すべく候、尤無心がましき儀、曽て申すまじく候事

(六条) 一、公事に付、御腰懸に相詰め候内、公事人の造作に曽てなし申すまじく候、一分の儀は手前入用を以って致すべく候事

(七条) 一、書入金の節、礼金を取り候様なる儀はこれあるまじき儀に候間、少しの物にても礼請けまじき事

二条の「役金」＝名主役料のほか、町屋敷の売買・譲渡に際しての「町礼」、家守交替の時の「音物」、火災で名主の屋敷が類焼にあった場合の「無心」、訴訟における「造作」、家質取引きにおける「礼」、これらは先にみたように支配名主の利権の内実をなすものである。右ではこうした利権を組合として自己規制し、町や町人たちへ過度に吸着することを慎しもうと申し合わせている。しかしこのことが逆に、名主番組という共同組織の公認とは、役料・町礼・音物など、支配下町域の「行政・自治」に介在することで得分化した収入源を有す支配名主による「利害集団」(41)

の確立を意味することを明らかにしているのである。

## おわりに

以上、町の名主から支配名主へ、支配名主の惣町的結合から名主番組＝「利害集団」へ、という動向をいくつかの具体例を通して見てきた。問題は、町の名主が母体とし、あるいは支配名主が支配＝得分の枠としたところの当の町の構成を見ると、すでに十八世紀初めにその多くは、家持町人が不在、あるいはごく少数となっていたとみられる点である。その具体相については紙幅の関係でふれられないが、右に対応して、町の自治を担う町中やその代表としての月行事の実質は、町屋敷管理人である家守となっている。そして家守らは、町内の「行政」を担い、地主の利害を代弁する一方で、自身が固有の得分の領域を形成することになる。かくて、月行事を中心とする町中は、「家守の町中」として、これもまたその地位にともなう得分を基礎とした「利害集団」として立ちあらわれるのである。支配名主、月行事、家守という、江戸市中の「行政・自治」の直接的な担い手たちが、いずれも「利害集団」としての同質的性格をもつに至ったという点に、日本近世の巨大都市における「行政・自治」の歴史的特質を見いだしうるのではなかろうか。

（1）吉田伸之「都市と農村、社会と権力――前近代日本の都市性と城下町」（溝口雄三他編『アジアから考える1　交錯するアジア』東京大学出版会、一九九三年。〔吉田 二〇〇三〕に収録）を参照されたい。
（2）都市社会の分節構造の検討を一切行わず、「行政・自治」一般のみをひたすら「論」ずる例として、小路田泰直『日本近代都市史研究序説』（柏書房、一九九一年）序章があげられる。
（3）江戸の町年寄に関するほぼ唯一の研究に吉原健一郎「町年寄」（西山松之助編『江戸町人の研究』四巻、吉川弘文館、一九七五年）がある。
(4)　南和男『江戸の社会構造』（塙書房、一九六九年）四四頁。
(5)　吉田伸之「名主」（『日本都市史入門3　人』東京大学出版会、一九九〇年）。
(6)　江戸の名主に関する研究としては、古くは幸田成友「江戸の名主について」（『幸田成友著作集』一巻、中央公論社、一九七二年）以来いくつかある。近来のものとしては、加藤貴による一連の研究（例えば「寛政改革と名主」『国立歴史民俗博物館研究報告』一四集、一九八五年、など）があげられるが、塚田孝「吉原――遊女をめぐる人びと」（『日本都市史入門3　人』東京大学出版会、一九九〇年。同著『身分制社会と市民社会』柏書房、一九九二年に収録）における新吉原の名主についての研究や、大野（渡辺）祥子「江戸における名主の性格とその意義――名主組合を中心にして」（『論集きんせい』一四、一九九二年）が注目すべき論点を呈示しており、本章も、塚田・大野両氏の研究から多くを学んでいる。
(7)　東京都立中央図書館蔵。なお玉井哲雄『江戸――失われた都市空間を読む』（平凡社、一九八六年）を参照。
(8)　玉井哲雄「寛永期江戸下町図」（『国立歴史民俗博物館研究報告』二三集、一九八九年）。
(9)　『江戸町触集成』（塙書房、一九九四年―）二四号文書。
(10)　高木昭作「所謂「身分法令」と「一季居」禁令」（『日本国家史の研究』岩波書店、一九九〇年）を参照。
(11)　『江戸町触集成』三五〇。
(12)　同右、四〇四四。
(13)　吉田伸之「近世における身分意識と職分観念」（『日本の社会史』七巻、岩波書店、一九八七年。〔吉田　一九九八〕に収録）。
(14)　『江戸町触集成』三六九。
(15)　同右、五一九。
(16)　同右、四七二一。
(17)　『海舟全集』四巻三二九頁。
(18)　『江戸町触集成』六七五六。
(19)　『東京市史編　市街篇』一九巻二七四―二七七頁。
(20)　『江戸町触集成』一四八。

(21)〔吉田 一九九八〕第一章を参照。
(22) 三浦俊明「江戸城下町の成立過程」(『日本歴史』一七二、一九六二年)。
(23) 吉田伸之「江戸・檜物町」(『日本都市史入門2 町』東京大学出版会、一九九〇年)を参照。
(24) 旧幕府引継書「市中取締続類集」町人諸願之部(国立国会図書館蔵)。
(25) 同右。
(26)〔吉田 一九九一〕三編を参照。
(27) この内、南塗師町はその後国役町としての性格を喪失し、公役町とされる。〔吉田 一九九一〕を参照。
(28) 高野家文書「諸事証文目録帳」(東京都公文書館蔵)。なおこれとほぼ同文の元禄二年十二月、南塗師町・南鞘町の町中連判状が、片倉比佐子「元禄の町」(『都市紀要』二八、東京都、一九八一年)六三—六四頁に掲載されている。
(29)『江戸町触集成』二三九。
(30) 大日本地誌大系『御府内備考』四巻(復刻版、雄山閣、一九七〇年)二五一頁。なお〔吉田 二〇〇三〕五章を参照されたい。
(31) 同右、五巻七二頁。
(32) 江東区資料『寛永録』一巻(東京都江東区教育委員会、一九八六年)三頁。
(33) 注(28)「元禄の町」六五—六七頁。なお通一丁目については、岩淵令治「近世中・後期江戸の「家守の町中」の実像」(五味文彦他編『都市と商人・芸能民』山川出版社、一九九三年)を参照されたい。
(34) 注(28)「元禄の町」六五頁を参照。
(35)『南伝馬町名主高野家・日記言上之控』(東京都、一九九四年)四二頁。
(36)『江戸町触集成』三七六九。
(37) 同右、三七七六。
(38) 同右、四九四三。
(39) 同右、五七九九。
(40) 同右、五七九九。
(41)「利害集団」については、塚田孝『近世身分制と周縁社会』(東京大学出版会、一九九七年)所掲の諸論考を参照。

# 第6章　近世前期、江戸町人地・内・地域の分節構造

## はじめに

本章の目的は、かつて筆者が近世中後期の江戸を念頭において述べた「都市・内・社会」の構造が、近世前期においてはどのような相貌を呈しているのかを垣間見た上で、同時に中後期への変容を具体的かつ動態的に見るための手がかりを得ることにある〈吉田　一九九五〉。

筆者は、これまで主に江戸の都市社会史を中心にいくつかの作業を試みてきたが、扱ってきた時期にはかなりの偏りがある。つまり、ほぼ十八世紀以降、就中十八世紀末から十九世紀前半にほぼ限られてきたといってよい。江戸を素材とする都市社会史の通時的把握を試みようとすると、特に近世初期から十八世紀初頭にかけての動向が一つの焦点にならざるを得ないことを改めて自覚させられる。そこでつい最近、当面の作業戦略の一つを十七世紀・江戸社会の全体像解明に設定しつつあるが、まだ着手したばかりである。今回は、江戸日本橋南地区の一名主関係史料・高野家文書（東京都公文書館所蔵）を素材として、近世前期、特に十七世紀後半から十八世紀初めにおける江戸町人地・内・地域の分節構造と、これを構成する社会的結合の諸要素をなるべく具体的に検討することにし、十七世紀・江戸都市社会史への見通しを多少なりとも得られればと考える〈吉田　二〇〇三〉。

なお、主に引用・言及する史料である高野家文書（東京都公文書館所蔵）については、史料番号を「高野一」等と略記する。

## 一　南伝馬町と周辺町々

ここで取り上げるのは、江戸町方中心部・日本橋南に所属する南伝馬町二丁目とその周辺地区である。これらの地域についてはだいぶ以前に少し扱ったことがある〈吉田 一九七九a、b〉。そこで得た知見を前提に、十七世紀中ごろから十八世紀初めにかけての当該地域の変容を、主に絵図史料によって空間構造を中心に概観し、その特質を見ることからはじめよう。

まずその位置であるが、一五二頁所掲の図1を参照されたい。これは玉井哲雄氏の編集による「寛永期江戸下町図」である。[1] また本章図1は元禄四年（一六九一）以降における支配名主・高野新右衛門が管轄する町々の分布を示すものである。この地域は、日本橋南地区の南半分に相当し、中央を中橋広小路から京橋へと通町筋（東海道へと連なる）が南北に走る。この一帯は方形街区の町割を構成しているが、正方形街区の連続とは異なる。

ここで取り扱う地域の中心をなすのは、南伝馬町二丁目である。南伝馬町は慶長十一年（一六〇六）に町割りされたと伝えられるが、これは道中伝馬役を勤める吉沢主計（一丁目）・高野新右衛門（二丁目）・小宮善右衛門（三丁目）の三名に道中伝馬役御用の代償として拝領地として与えられたものとされる。[2] この三名は拝領した各町域に役負担者としての家持を招致し、彼らに伝馬役を国役として勤めさせ、自身は各町を単位とする「役の総攬者」としての地位を勤めた。こうした国役を負担する町を、江戸では国役町と呼んだ。道中伝馬役の三名は伝馬役の御用を請負うと同時に、一方でそれぞれが拝領した各町の名主を兼務したのである。こうして居所である町において、役の総攬と町の行

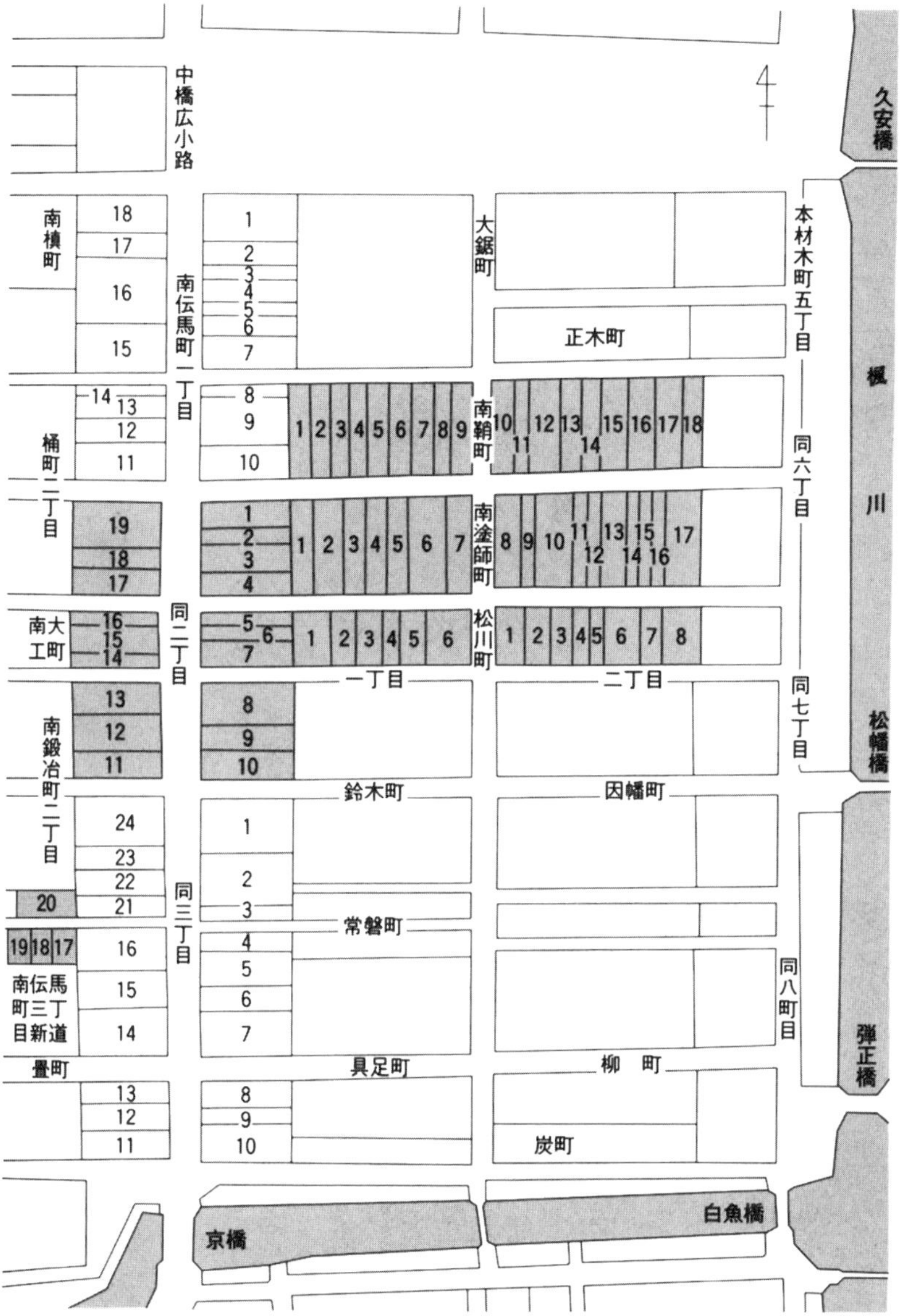


**図1**　元禄4年以降，南伝馬町2丁目周辺の町々

注）アミかけ部分は名主高野氏支配下の町々
　　南伝馬町2丁目の内5−7，14−16の町屋敷は正徳2年まで通3丁目代地.

**表1**　近世前期，南伝馬町2丁目周辺の動向

| 年—月 | |
|---|---|
| 寛永15 | ・赤坂伝馬町の拝領. |
| 明暦 2—10 | ・2丁目中程両側40間，御用地となる. |
| 3—12 | ・「長崎町つきぬけ」に伴う引料交付. |
| 寛文 3 | ・南伝馬町3丁目，一部御用地．3丁目新道（代地）の成立. |
| 元禄 2—12 | ・南鞘町・南塗師町，高野氏支配下となる. |
| 3 | ・通3丁目のうち40間，御用地となる．2丁目に代地＝通3丁目代地の成立. |
| | ・入堀埋立て→松川町の成立 |
| 4—10 | ・通3丁目代地・松川町，高野氏支配下となる. |
| 宝永 5—11 | ・中橋広小路蔵地土蔵をとりくずし，「溜池」をうめる. |
| 正徳 2—09 | ・通3丁目代地，南伝馬町2丁目に編入される. |

政を同時に担う段階の名主を「町の名主」と呼んでおく(3)〈吉田 一九九一、二〇〇四〉。

表1を参照しながら、当該地区の空間的特徴とその変容過程を、十七世紀の江戸図などによって復元的に考察してみたい。

第5章図1、および本章図2（第5章図1の部分拡大図）によって寛永期の日本橋南地区の空間構造の特徴をみるとほぼ次のようである。

①　この時期、同区域は中橋の南北で二つのブロックに区分される。この二つの区域、すなわち「日本橋～中橋ブロック」と「中橋～京橋ブロック」は、相互にそれぞれ独立的である。

②　この二つのブロックの中央を南北に縦貫するのが通町筋である。この通町筋に沿って、「日本橋～中橋ブロック」では日本橋通一～四丁目が、また「中橋～京橋ブロック」では南伝馬町一～四丁目が見え、それぞれのブロックにおいて中核的な位置を占める。この内南伝馬町は、大伝馬町・小伝馬町とともに江戸宿の一翼を構成することになる。

③　通町筋に直行する東西の横町には、いわゆる職人町が目立つ。表2を参照すると、この界隈は十七世紀における江戸の職人町が最も集中する地区であるといえる。

④　二つのブロックとも、楓川に面して通町筋の東側手前すぐ裏まで幾筋もの堀が入り込んでいる点が注目される。この時期、江戸の港湾・河岸機能を担う築

図2　寛永期の日本橋南地区（第5章図1（152頁）の部分拡大）

**表 2**　江戸の職人＝国役町（寛政 4 年「国役書上」による）

| 国役町 | 国役の内容 | 御用職人・棟梁 | 役所 |
|---|---|---|---|
| 神田紺屋町（3），南紺屋町，西紺屋町（4），北紺屋町（3） | 御用物染上 | 土屋五郎左衛門<br>土屋内蔵助 | →御細工所<br>→御畳蔵 |
| 元大工町，南大工町，神田横大工町，竪大工町 | 大工 1,717 人（@2 匁 5 分）<br>（牢屋敷御仕置のとき，大工 228.25 人分→町方） | | →御作事小細工方 |
| 神田鍛冶町（2）<br>南鍛冶町（2）<br>桜田鍛冶町 | 国役金<br>〃<br>〃 | →高井五郎兵衛 | |
| 神田白壁町 | 壁方 336 人（@2 匁） | →安間源太夫 | |
| 大鋸町 | 木挽 235 人（@2 匁 25） | →棟梁（5 人） | →御作事御細工方 |
| 畳町 | 畳刺 437 人（@2 匁 935） | →中村弥太夫・早川助右衛門 | |
| 神田鍋町，同横町 | 国役銀 | →椎名伊予 | |
| 桶町（2） | 桶大工 970 人（@2 匁） | →細井藤十郎 | |
| 檜物町 | 国役金 | →細井藤十郎 | |
| 鉄炮町 | 〃 | →松屋佐次兵衛・松屋徳右衛門・大塚新五郎・胝惣八郎 | |
| 南鞘町 | 塗師職 115 人（@3 匁） | →奈良土佐 | |

注）（　）は，丁目も含めた町数．＊＝公役銀も担う．（@）は，1 人当り納入賃金額．

地や深川地区は未開発であり、これらの入堀は江戸湊の機能を果たしていたのではなかろうか。

⑤　またこれらの地域には、ごふく、青物、油、まき、畳、炭などの町名が見られるが、④の点も合わせて考えると、江戸城の諸儀礼から日常生活にわたる物資の供給（賄機能）をこれら地域は担ったのではないかと推定されよう。

⑥　また特に南伝馬町二丁目を見ると、これは典型的な両側町であり、町の中央部分はまだ分断されておらず、また東側は入堀に接する点が注目できる。

以上見たような当該地区の空間構造は、十七世紀後半に大きく変容を遂げることになる。それは「日本橋～中橋ブロック」と「中橋～京橋ブロック」を隔てる中橋の入堀部分を含めて、入堀の大半は埋め立てられてしまい、その跡地が広小路と化し、その後も再開発が進んでいくことである。こうした動向は、八丁堀・鉄砲洲・築地・深川地区の造成がこの間に一挙に進展し、江戸湊の機能が拡延することと密接に関連するのではなかろうか。また当該地区が担った江戸城への賄機能も、同時に移転・分散化を強いられたものと推定する。

以下こうした変容の概容を、長崎町の広小路を例に少し見ておこう。高野家文書「日記帳之内抜書」（高野一三）に、「明暦弐年申十月、南伝馬町中程両側にて四拾間御用地に被仰付、元吉原にて御代地被下置候、但呉服町より出火に付、広小路に成申候」とある。これは延宝七年における当該地区を描く図3で見ると、「長崎丁の広こうぢ」のことを指すものとみられる。この時の呉服町からの火事は明暦大火直前に発生したものであり、大火以前に火除地が設定されたことになる。元吉原とは、この時に新吉原に移転した遊女町の跡地である。この広小路は、明暦三年（一六五七）十二月七日の「諸事証文目録帳」（高野一四）に「長崎町突抜当候引料、五人組加判にて松屋八兵衛請取手形」とある長崎町突抜のことであり、この時に代地への移転費用が当事者に交付されたことを示す。

また天和四年（一六八四）の事例であるが、『御仕置裁許帳』（近世法制史料叢書1、創文社、一九五九年）一九九号史料には、殺人を犯した五右衛門という非人が「南鍛治町と桶町と両町之間、広小路ニ居候」とあり、この広小路が長崎町の広小路に相当することになろう。つまり天和年間、同所には非人が居住しており、また広小路に隣接する桶町の辻番八助は、広小路の警備には一切関与しないとある。

また同八九七号史料には、貞享四年（一六八七）当時「鈴木町と南塗師町之間之広小路」に非人が存在し、朝夕鈴木町界隈を立ち回り「給物貰、渡世送」っていたとあり、これは「長崎町の広小路」の通町筋より東側の部分であることが想定される。

図3を見ると、長崎町の広小路のみでなく、中橋の広小路、大工町の広小路など、日本橋南地区には北東端の江戸橋広小路（四日市）のほかに三ヵ所の広小路が設定されていることがわかる。これらの広小路は、このあと元禄初年以降、入堀の埋め立てと並行して次々と再開発、あるいは拡大され、この一帯の町域に大きな変化をもたらすことになる。図4は、「御府内沿革図書」などから、南伝馬町周辺における再開発以前の様相を復原的に示すものである。

これと図1によると、①元禄三年（一六九〇）に入堀が埋め立てられ、正木町・松川町・常磐町が造成される、②同年

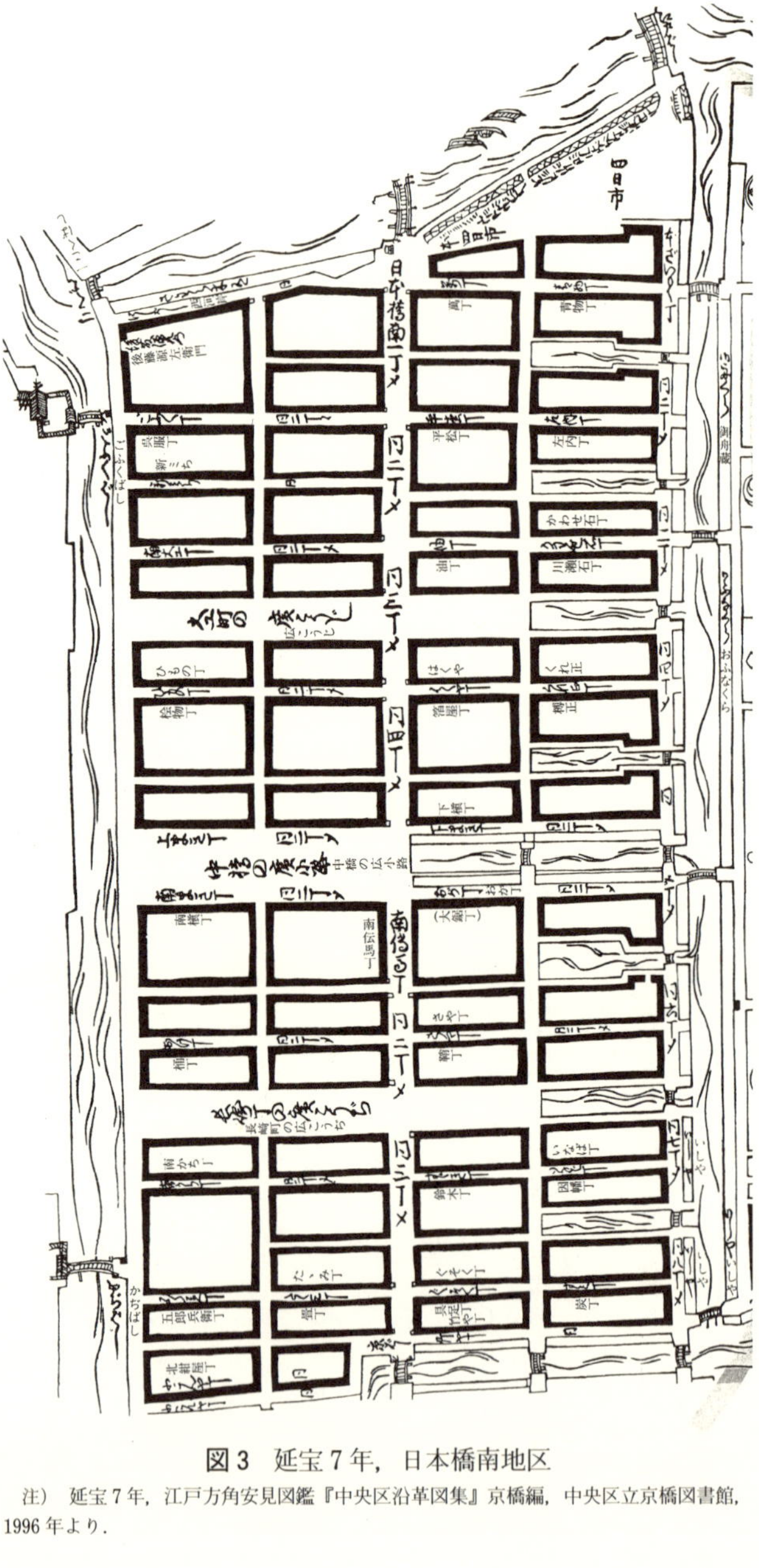

図3　延宝7年，日本橋南地区

注）延宝7年，江戸方角安見図鑑『中央区沿革図集』京橋編，中央区立京橋図書館，1996年より．

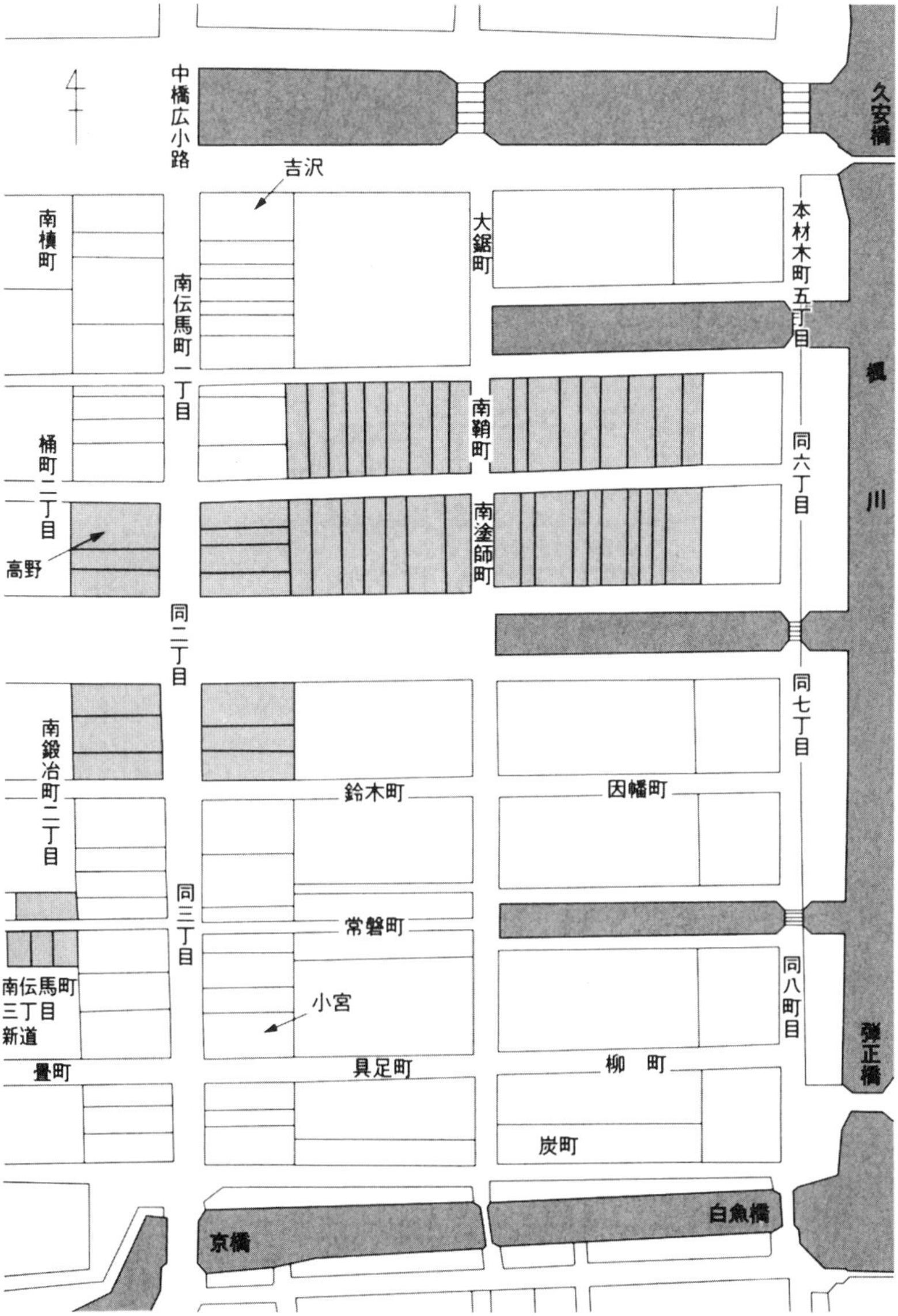


図4　延宝期の南伝馬町2丁目とその周辺　想定復元図

注）　吉沢・高野・小宮とあるのは，南伝馬町1―3丁目の名主の居所を示す．

「長崎町の広小路」が南大工町と通三丁目代地町となる、という大きな変化がみられる。この内、松川町は後述のように代地町であるが、正木町・常磐町も同様の経緯で成立したものと推定される。

また通三丁目代地は、元禄三年に通三丁目中央部分の両側二〇間分が「大工町の広小路」用地拡張のため収公された結果、その代地が南伝馬町二丁目中央部の長崎町の広小路跡に設定されたものである。この町は町人足役を勤める公役町であったが、正徳二年九月に南伝馬町二丁目に併合され、伝馬役を勤める国役町の一部に編入されることになる(4)(「家譜付録下書」一、高野三)。

こうした再開発の動きはほぼ正徳期までに終息し、享保期以降幕末期まで空間構造は固定化し変化は見られず、安定的に推移することになる。

南伝馬町二丁目の名主であった高野家は、こうして新たに造成された代地町を含めて、元禄二―四年(一六八九―九一)に、以下のように近隣の町々をその支配下に次々と組み込んでいくことになる〈吉田　一九七九a、b〉。

南鞘町・南塗師町　この両町は古くからの職人＝国役町であった。この内後者の南塗師町は、その後町人足役を務める公役町へと変質している。この両町は元禄二年十二月に「名主無之」(「家譜付録下書」一)を理由に名主高野宗恩(四代直重)支配となっている。

松川町一―二丁目　前述のように、「入堀埋立新規町家」(「家譜付録下書」一)として成立したものである。これは、南油町・川瀬石町の南側が通町三丁目の中央部分と同時に、「大工町の広小路」拡張のために御用地として収公され、その代地町として当該箇所に設定された。この二町は、成立直後の元禄四年十月に通三丁目代地と同時に、高野宗恩支配下に入っている。

これら各町は伝馬役とは関係のない多様な国役や町人足役を担う個別町であり、高野家の支配下に編入された理由は、町域が南伝馬町二丁目と隣接していること以上には見いだせないのである〈吉田　一九七九a、b〉。

## 二　名主＝道中伝馬役・高野氏

次に、当該地域の社会構造において高野氏がどのような位置を占めていたかを、その家系、経営状況、道中伝馬役御用などから瞥見し、ついで地域との関係のあり方について検討しておこう。

### (1) 由緒と家系

高野氏系図（「家譜下書」高野一・二）を検討した片倉比佐子の研究によりながら、高野家の由緒と家系、姻戚関係・同族団関係の特徴を見ておきたい(5)。

第一に注目されるのは、姻戚関係の「武家的性格」である。三代直友の妻の母は三千石の旗本曽根氏の出身で、姉は目付や長崎奉行を勤めた黒川正直に嫁したという。四代直重（宗恩）の妻は旗本平野氏の出である。高野家は後北条氏の旧臣という由緒を持つこともあり、その姻戚関係は「武家的性格が強い」とされている(6)。

第二は、隣接する地域の名主層との間に姻戚関係を有することである。例えば、近隣の通四丁目で近世初期から十七世紀末まで名主を勤めた高野理右衛門家とはごく近い同族である。また三代直友（宗二）の娘進敬《しけ》は南伝馬町一丁目の名主吉沢主計に嫁している。直重娘小梅が嫁した先は通一丁目名主樽屋三右衛門であり、同家は宝永七年（一七一〇）に江戸市中の地割役に任じられている。

### (2) 経　営

次に高野家の経営について見ておきたい。史料の限界もあり、その全体像は不詳であるが、断片的な史料や推定を交えてほぼ以下のように(a)～(d)の四つの局面を想定することができる。

(a)　道中伝馬役に伴う収入

道中伝馬役を務めることで何らかの対価を得られるかという問題である。この点では、①扶持米＝継飛脚給米、②拝領地給付、③江戸近在からの助馬動員、④公儀からの助成金・貸与金、⑤拝借地（町屋敷四ヵ所）からの地代など、多様な助成がある。(7) これらの助成の配分がどのように、またどの程度が高野氏など道中伝馬役の収入となりうるかは未検討である。

(b)　名主役

名主は支配域の家持・地主から納入される町入用から名主役料を徴収するが、むしろ名主役にともなう役得は、役料に比してかなりの額に達するものと推定される。こうした役得としては、町屋敷の売買・相続、家守交代などに伴う祝儀・礼金、家質などにおける礼金など、諸種の付け届けが上げられる〈吉田 二〇〇四〉。この点では、当初の南伝馬町二丁目のみを支配する「町の名主」段階から、近隣の数町を支配下に抱える支配名主へという変容の中で、名主役料のみではなく、相当額の役得収入が高野氏にもたらされたはずである〈吉田 二〇〇四〉。

(c)　居所・抱屋敷における町屋敷経営

表3は高野家の姻戚を含めて、町屋敷所有関係のデータをまとめたものである。これによると、特に十八世紀初めから享保期にかけて、つまり四代直友（宗恩）から五代直治（泰温）の時期に、町屋敷の売買や質入れが活発に見られる点が注目される。この内売買について見ると、延宝年間に二ヵ所、元禄十年に二ヵ所、宝永期に一ヵ所、享保期に一ヵ所を買得している。また、享保十一年以降に数ヵ所の町屋敷を売却し、安永年間には南伝馬町二丁目居屋敷（図1のNo.19）の一部を売るなど、衰退傾向に陥っていることを窺わせる。

表4は、「諸事証文目録帳」（高野一四）から、十七世紀後半における高野家の店衆に関する記載をまとめたもので

表3　高野家および姻戚の町屋敷と家質

| | 間・尺寸 | 年―月 | |
|---|---|---|---|
| 金六町中通西角 | K $6\frac{1}{2}$ | 延宝 6 | → 黒川氏（高野名前） ⤳ 宝永 7―02　家質 300 両 |
| 桶町(1)北側 | K10 | 延宝 7―10 | 石尾久兵衛より買得 |
| 柳町南側 | I 5×12 | 元禄 10―閏 02 | 磯田伊右衛門 → 宗恩（370 両） ⇒ ゆう |
| 鎌倉町 | I 3×17 | 〃 ―〃 | 〃 → 〃（450 両） ⇒ 新山仁左衛門 |
| 南伝馬町(3)新道 | K 5×7.2 | 宝永 6―09 | 良三 → 〃（185 両） ⇒玄養 → ？ 正徳 5―08 |
| 柳町南側西角 | I 8 | 正徳 3―02 | 宗恩 → 京六角下ル油之小路 桔梗屋教伝（700 両） |
| 桶町(1)北側西角 | 2.05 | 〃 ―03 | 左官長四郎 ⤳ 家質・250 両・宗恩より貸付 |
| 〃 (2)南側 | 6 | 〃 ―〃 | 〃 ⤳ 〃 450 両 〃 |
| 幸町 | | 〃 ―04 | 吉兵衛 ⤳ 〃 250 両 |
| 南塗師町中通西側 | 2 | 〃 ―05 | くめ ⤳ 〃 100 両 新山仁左衛門より貸付 |
| ぬし町＊ | 8 | 〃 5―07 | 黒川地面証文 → 享保 6―03 |
| 松川町(2)中通角 | K 7 | 享保 1―12 | 三浦庄二郎 ⤳ 書入・230 両・高野より貸付 |
| 南鍛治町(1)北側東角 | K 4 | 〃 2―06 | 泰温 ⤳ 家質・100 両・河内屋六兵衛より借用 |
| 松川町(2)中通角 | 〃 | 〃 7―03 | 三浦庄二郎 → 高野・435 両 |
| 南塗師町 | 5 | 〃 9―03 | 泰温名の黒川氏屋敷 ⤳ 書入・150 両・本八丁堀 石屋庄太夫より借用 |
| 南伝馬町(3)東側 | K 3 | 〃 9―11 | ゆう ⇒ 服部玄広 |
| 南塗師町 | K 8 | 〃 11―10 | 泰温 → 通(2) 森徳次郎（260 両） ＊と同一か |
| 元数寄屋町(2) | | 〃 12―09 | 家督弘め |
| 幸町東角より 3 軒目 | K 6.48 | 〃 12―12 | 三郎兵衛名題 泰温地屋敷 → 木造主馬（130 両） |
| 南伝馬町(1) | $9\frac{1}{2}$ | 〃 15―06 | 新山仁左衛門 南の方 $4\frac{1}{2}$ → 家主山田屋庄太郎 |
| 赤坂裏伝馬町(1)西側東角より 2 軒目 | K 2 | 〃 20―04 | 高野新右衛門内定七 → おしん |
| 南伝馬町(2)北角 | K 6 | 安永 3―11 | 高野 → 木村屋久兵衛（900 両）（居屋敷 10 間のうち） |
| 〃 | | 〃 6―09 | 〃（新七名） → 伊勢町 徳田きん（400 両） |

注）高野家文書 12「日記書抜」による．（ ）は丁目．K：京間，I：田舎間．→売却 ⤳家質 ⇒譲渡 を示す．

**表4**　高野家の「店衆」

| 年－月 | |
|---|---|
| 寛文8－09 | 井筒屋六兵衛 |
| 延宝3－05 | 庄五郎伯父恵善坊 |
| 〃 | 桶屋久左衛門 |
| 6－08 | 桶屋六兵衛 |
| 天和2－04 | 桶屋茂兵衛 |
| 3－07 | 桶屋杢左衛門・清兵衛・長兵衛・権左衛門・茂兵衛（善光寺へ） |
| －閏08 | 紙屋権左衛門・扇や平兵衛・籠や五兵衛 |
| －12 | 漆屋源兵衛出居善九郎 |
| 4－02 | こうや又兵衛 |
| 貞享1－03 | （桶屋）清兵衛・六兵衛・茂兵衛・杢左衛門・藤兵衛・久兵衛・五郎兵衛 |
| 3－09 | 漆屋源兵衛（店立） |
| 4－04 | 紙屋権左衛門 |
| －07 | 泉や庄□郎（善光寺へ） |
| 5－04 | 飯塚道悦（店賃残銀） |

ある。これらはいずれも南伝馬町二丁目の店衆であるとみられる。また「日記書抜」（高野一二）享保十四年（一七二九）十一月、西岸院（五代、泰温）の没後初七日の記事に「家主中不残、弐丁目、松川町、鍛冶町、すきや町店衆不残被参候」とある。これから、南伝馬町二丁目をはじめ、松川町や南鍛冶町、数寄屋町にも抱屋敷があり、それぞれの店衆が悔やみに参集したことがわかる。以上から、高野家が十七世紀末まで所持する抱屋敷はほぼ南伝馬町二丁目のみであったが、十八世紀前半に数ヵ所の町屋敷を集積し、これらを町屋敷経営の下に置いたことが明らかである。

(d)　家質貸

また表3には、家質の事例が多く見られる点も注目される。正徳三年（一七一三）の三件や享保元年（一七一六）など、いずれも近隣の家持への家質貸しである。高野家が恒常的に家質貸しを営んでいたかどうかは不詳であるが、町屋敷経営と表裏のものとして、多額の金融を行っていたことはあきらかであろう。

こうして高野氏は、町屋敷所持規模がピークに達した時でも、中後期に簇生することになる小規模な大店程度の経営規模であったのではなかろうか。高野氏は右で見たような一定規模の町屋敷集積や家質貸の資金をどのようにして得たのかも重要であるが、少なくとも当該期の史料からは、高野氏が仕入問屋や両替屋などの営業に従事したかどうかは確認できない。やはり道中伝馬役や名主役による富の蓄積が、こうした町屋敷などの集積をある程度可能にしたということであろうか。ところで、貞享四年（一六八七）の人別帳抜粋（「家譜付録下書」一）によると、当時の高野家には当主・新右衛門（四代、宗恩）を筆頭とする四人の家族のほかに召仕が二一人おり（男九人、女一二人。この他翌年から「召仕之分」一七名とある）、非常に多数の奉公人を抱えていた事がわかる。道中伝馬役の御用や支配名主の役務、また町屋敷経営や家質貸などの経営にとって、果たしてこれほど多数の奉公人が必要だったのか疑問なしとしない。

以上見たような由緒を持ち、経営規模をもつ高野氏は、南伝馬町二丁目他三ヵ所などの地域との間にどのような関係構造を有したのだろうか。

第一は、居所である南伝馬町二丁目との関係である。これは道中伝馬役＝「町の名主」という地域統合主体としての性格である。道中伝馬役は、一義的には伝馬御用を円滑に実現するという宿駅の問屋役と同質の機能をもち、町内の家持＝伝馬役負担者から人馬を動員するための差配が基本的な役割となる。しかし同町では早くから伝馬役負担は代金納化され、高野氏の役務の内容は、納入された伝馬役金や多種の助成金などを用いて、馬持や人足請負人＝日用頭を介してスムーズに伝馬御用を機能させることにあった。この点から、伝馬役という役の総攬機能を媒介として、地域を統合する主体としての位置にあったと見ることができよう。しかしこうした役の総攬者としての地域統合は、南伝馬町二丁目を一部超える拡がりを示すとみられるが、基本的には居所である南伝馬町二丁目町域内にほぼ限定されると考える。

第二は、元禄初年以降、支配名主としてその支配下に包摂した近隣数ヵ町との関係である。これらの町は前述のように伝馬役とは無縁であり、町の家持役は職人役や町人足役であった。高野氏はこれらの諸役と直接関わることはなく、これら町域の家持らの役負担や、居住する非家持の職人らの役負担を、支配名主としての立場から間接的・行政的に支えるという立場でしかなかった。

江戸において町人地社会の支配・統合は、役を媒介とした公権による秩序編成を本来の原理とした。そうした条件の下で、十七世紀中ごろまでの高野氏は道中伝馬役御用を勤めることで公権と直接連接し、役の総攬を媒介とする地域統合の主体、すなわち地域ヘゲモニー主体として自己を聳立せしめたというべきであろう。しかしこのような地域ヘゲモニー主体による統合の深度、あるいは統合の磁力が及ぶ範囲は、意外と浅くかつ狭く、ほぼ個別町域に限定された。こうして当該地区についてみれば、職人町の場合を含めて、役の総攬者＝「町の名主」を磁極とし、町域を単位とする磁場が、モザイク状で複合的に展開したとみることができるのではないか。しかし、伝馬役はもとより、様々な職人国役や町人足役も、十七世紀の半ばにはかなり広範に請負人に代替され、あるいは他所居住の非家持職人層に委ねられていく。一方、十七世紀後半以降にはこうした役とは直接かかわらない諸営業の領域が広汎かつ多様に生まれ、急速に拡大していく。こうしたあらたな領域――「民間社会」の領域――を、役の論理のみによって統合することはもはや不可能であった。そこでは、「民間社会」の中から生まれた新たな地域統合主体が成立していくことになろう。

## 三　地域の諸要素と分節構造

本節では、十七世紀末から十八世紀はじめにおいて、支配名主高野家支配下の南伝馬町二丁目ほか三ヵ町の様相を、特に住民構造を中心に検討してみたい。

### (a)　町の構造

表5は宝永七年(一七一〇)における南伝馬町二丁目の町の構成と地主・家守とを示すものである。ここではこの後、

**表5　宝永7年(1710)，南伝馬町2丁目の構造**

| | 地主 | 家守 | 坪 | 沽券高（両） | 小間高（両） |
|---|---|---|---|---|---|
| 東① | 駿河町　八郎兵衛 | 平兵衛 | 110 | 1,100 | 200 |
| ② | 元大工町（1）　孫左衛門 | 半右衛門 | 60 | 390 | 130 |
| ③ | 町人　（中条）吉蔵 | | 130 | 845 | 130 |
| ④ | 本庄（所）茅町　茂兵衛 | 小左衛門 | 100 | 950 | 190 |
| ＊⑤ | 南槇町　藤元 | 権兵衛 | 65.7 | 624余 | 190 |
| ＊⑥ | 西河岸町　（伊藤）五兵衛 | 与兵衛 | 54.4 | $380\frac{3}{4}$余 | 140 |
| ＊⑦ | 本両替町　半兵衛 | 藤八 | 119.9 | 1,199 | 200 |
| ⑧ | 京　両替町　次郎右衛門 | 太右衛門 | 200 | 1,900 | 190 |
| ⑨ | 浅草並木町　三左衛門 | 作兵衛 | 100 | 650 | 130 |
| ⑩ | ［　］町　八右衛門 | 喜兵衛 | 100 | 1,000 | 200 |
| 西⑪ | 三田（1）　香仙 | 半兵衛 | 100 | 1,000 | 200 |
| ⑫ | 深川黒江町　友右衛門 | 忠左衛門 | 150 | 975 | 130 |
| ⑬ | 駿河町　（泉屋）三右衛門 | 藤兵衛 | 150 | 1,425 | 190 |
| ＊⑭ | 因幡町　［　］助 | 源左衛門 | 60 | 600 | 200 |
| ＊⑮ | 京都西洞院六角下ル　重右衛門 | 久右衛門 | 120 | 900 | 150 |
| ＊⑯ | 惣兵衛（居付） | 武兵衛 | 60 | 570 | 190 |
| ⑰ | 相州鎌倉（石川）小左衛門 | 伊兵衛 | 120 | 1,140 | 190 |
| ⑱ | （高野）新七（居付） | 三郎兵衛 | 80 | 520 | 130 |
| ⑲ | （〃）新右衛門 | | 200 | 2,000 | 200 |

注）①—⑲は，図1の南伝馬町2丁目の「地番」1～19に対応する．町名（　）は丁目．
＊→当時は通3丁目代地．

享保六年（一七二一）に南伝馬町二丁目に併合されるに至る通三丁目代地を含めて表示してある。この表から注目される点は、以下のようである。

(i)　宝永七年において、居付地主は町屋敷一九ヵ所の内、高野氏（表5⑱・⑲の町屋敷）を除くと③・⑯の二名にすぎない。残りの町屋敷は不在地主であり、地主の居所はそれぞれ京都二人、鎌倉一人、近隣の町七人、江戸の他町四人、不明一人となっている。これからは、同町における町屋敷の物権化と、それと表裏のものとしての地主の不在化という様相が明らかである。

「諸事証文目録帳」（高野一四）からは、断片的ではあるが以下のような記述を拾うことができる。

○元禄四年（一六九一）十二月二十九日「駿河町越後屋八郎兵衛、呉服之御用相勤被申候為御前借酉年暮也銀七貫目拝借ニ付、南伝馬町弐丁目東輪北角表京間五間半口八郎兵衛所持之家屋敷代金□（虫損）百七拾両之質物ニ差上候……」

○同五年（一六九二）十月十六日「駿河町泉や三

右衛門、為御替之御請負仕候ニ付、為質物南伝馬町弐丁目西側南角表京間七間半口三右衛門所持之家屋敷、代金千五百五拾両之直段ニ仕差上ケ」
○（同日）「本両替町海保半兵衛、大坂為御替御請負仕候、依之通三丁目代地東かわ南角表京間五間六尺四寸七分家屋鋪、半兵衛倅孫四郎名付ニ而相求所持仕候を、代金千両之質物ニ被差上候……」

これらから、元禄四－五年に御用を務める担保として幕府に地面を質入れするために、当該町域においてもこれらの有力町人によって町屋敷が買得されたことがあきらかである。

(ii) 名主の高野家や③の居付地主を除くと、全ての町屋敷には地主とは別に家守が置かれている。ここでは、遅くとも十七世紀後半までに、こうして不在となった居付地主を補完するような存在として「家守の町中」を確認することができ、これが町運営の実質的な主体となっているものと推定される。

**表6**　天和3年，南伝馬町2丁目の武家地主

| 地主 | | 家主 | 間口 |
|---|---|---|---|
| 旗本 | 酒井兵吉 | 養元 | 京間10間 |
| 〃 | 杉浦与右衛門奥方　きち | 吉兵衛 | 5 |
| 〃 | 能勢三十郎　〃　さや | 良祐 | 5 |

(iii) 表6は天和三年（一六八三）における南伝馬町二丁目の、武家による町屋敷所持を示すものである。これは当時の一三地面中三ヵ所に及んでいる。しかし、表5にみられるように、宝永期までにこうした武家による町屋敷所持は消滅している。

(b) 住民構造

表7は、「日記言上之控」（高野五。次の翻刻史料がある。『南伝馬町名主高野家・日記言上之控』東京都、一九九四年）に見られる高野氏支配下町々の住人に関する記述から、職分についてのデータをまとめたものである。この史料には、元禄十三年（一七〇〇）から正徳二年（一七一二）の一三年間にわたる九二八件の記事を含む。これらの記事は名主支配域の住民が町奉行所に訴願して、その内容を町奉行所で「言上帳」に記した内容（日々訴）を、支配名主である高野氏の

**表7**　南伝馬町2丁目ほか5町における住人の職分（元禄13年－正徳2年）

| | 南伝馬町2丁目 | 通3丁目代地 | 南鞘町 | 南塗師町 | 松川町1丁目 | 松川町2丁目 |
|---|---|---|---|---|---|---|
| ［諸職人］ | | | | | | |
| 大工 | 2 | 1 | 35 | 54 | 7 | 3 |
| 屋根屋 | | | 2 | 8 | 1 | 6 |
| 左官 | | | 1 | 3 | | |
| 木挽 | | | 13 | | | 4 |
| 畳屋 | 1 | | | | | |
| 鍛冶 | | | 1 | | | |
| 銅細工 | | | 1 | | | |
| 釘屋 | | | 1 | | | |
| 硎屋 | 2 | | | | | |
| 紺屋 | | 1 | | | | 1 |
| 切付屋 | 1 | | | | | |
| 扇屋 | 1 | | | | | |
| 指物屋 | 2 | 2 | | 1 | | |
| 桶屋 | 2 | | 1 | | | |
| 具足屋 | 1 | | | | | |
| 仏師 | 2 | | | | | |
| 絵師 | | | | 1 | | |
| 障子屋 | | 1 | | | | |
| 蠟燭屋 | | | | | | |
| 筆屋 | 1 | | | | | |
| ［問屋と市場］ | | | | | | |
| 蜜柑問屋 | 1 | | | | | |
| 瓜問屋 | 1 | | | | | |
| 水菓子屋 | 4 | 3 | | | | |
| 青物屋 | | | 1 | | 1 | |
| 八百屋 | | | | 1 | | |
| 肴売 | 2 | | 1 | | | |
| ［諸商人］ | | | | | | |
| 崑蒻屋 | | | | 1 | | |
| 樒の花売 | | | 1 | | | |
| きれ売 | 1 | | | 1 | | |
| 木綿売 | 1 | | | 1 | 1 | |
| 餅屋 | 1 | | | | | |
| 小間物売 | 3 | | 1 | | | |
| 鬢付屋 | | 1 | | | | |
| 菓子屋 | 2 | 1 | | | | |
| 茶売 | 1 | | | | | |
| 飴売 | 1 | 1 | 1 | | | 1 |
| 豆腐屋 | 1 | 1 | | 1 | 1 | |
| 煙草屋 | 2 | | 1 | | | |
| 油売 | | | 6 | 2 | | |

**表7**（つづき）

| | 南伝馬町2丁目 | 通3丁目代地 | 南鞘町 | 南塗師町 | 松川町1丁目 | 松川町2丁目 |
|---|---|---|---|---|---|---|
| 酒屋 | | | | 2 | 1 | |
| 質屋 | | | 1 | 1 | | |
| 両替屋 | 1 | | | | 1 | |
| 酢醤油 | | | | 1 | | |
| 付木屋 | | | | | | 1 |
| 葛籠屋 | 1 | | | | | |
| 瀬戸物売 | 1 | | | | | |
| 材木屋 | | | | | | |
| 雪駄売 | | | 2 | | | |
| 仕廻物屋 | | | 3 | | 1 | |
| 古木屋 | | | 1 | 1 | | |
| 古金屋 | | | | 1 | | |
| 膏薬屋 | | 1 | | | | |
| 味噌売 | | | | 1 | | |
| 商人 | | | | 1 | | 1 |
| 棒手振 | | | | 1 | | |
| [「日用」層] | | | | | | |
| 鳶 | | | 5 | 7 | 2 | |
| 人宿 | | | 1 | | 3 | |
| 日用 | | 2 | 2 | 1 | | 2 |
| 籠屋 | 2 | | | | | |
| 駕籠舁 | 1 | 4 | | | | |
| 車力・車引 | 1 | | | | 1 | |
| [その他] | | | | | | |
| 髪結 | 3 | 1 | 4 | 1 | 1 | |
| 湯屋 | 1 | | 3 | 1 | | 1 |
| 馬宿 | 1 | | | | | |
| 馬持 | | | | | | 1 |
| 祈禱者 | | | | 1 | | |
| 座頭 | 1 | | | | | |
| 医師 | | | | | 2 | |
| 町代 | | | | | | 1 |
| 辻番人 | | | | | 1 | |
| 御役者 | 1 | | | | | |

注）高野家文書「日記言上之控」による．

役所で控えたものである。表7はこの「日記言上之控」における訴願＝言上など九二八件の記事から、その訴願主体＝当人について、職分の記載があるものをデータとしてとったものである。ちなみに、訴願主体であるAあるいはBに関する記載は、ほぼ次のようなパターンのどれかに相当する。

α（家持・屋主）店A
店B　召仕、弟子、手間取、寄子、出居衆、譜代―b
母、倅、娘、弟、婿、甥―c（家族・姻戚）

右でAやBの中には、屋号・職種名を記さない場合も多い。これらA・Bの大半は、召仕・弟子・雇・出居衆などを抱える小経営であり、表店層（問屋・商人・職人親方）に属す者が中心であるとみてよかろう。つまりここには、当該期における表店〈商人・職人〉の世界の構成員が主に表現されているということである。

表7から、その職分内容を見ると大きく四つに区分できる。

(i)　諸職人

＊大工（事例：宝永五年十二月二十日条。以下、宝永五―一二二〇と略記。同六―〇七〇六）全体の中でも圧倒的に多いのは大工である。特に、南塗師町に五四人、南鞘町には三五人と、この両町に集中している。これから、南塗師町と南鞘町は事実上大工を中心とする「職人町」ということができ、ある意味では旧職人＝国役町の残映をみることができるともいえよう。一方、南伝馬町二丁目には二人しかみえず対蹠的な分布を示す。

＊屋根屋・木挽（宝永六―〇六一一）・左官などの職人層は大工ほどの人数ではないが、ほぼ同様の分布傾向をみせる。この内、木挽は南鞘町にのみ分布する。

＊指物屋・仏師・具足屋などは、主に南伝馬町二丁目に多く分布する。

＊桶屋（宝永六―〇一一四）表4は、高野家の南伝馬町二丁目の店衆として現れる者であるが、特に桶屋が目立

つ。高野家の所持屋敷（図1のNo.19）は桶町と接しており、ここには六―七軒の桶屋が集住していることになろう。

(ii)　問屋と市場

問屋については、蜜柑（宝永六―〇九一八）・水菓子屋（仲買か。宝永四―〇八〇三）・瓜問屋（元禄十五―〇六〇九、宝永六―〇五二四、同七―〇六〇三、正徳元―〇五一八）などの例が見え、その多くは南伝馬町二丁目に集中している。これには青物市場の存在が大きく関わるものと考える。こうした青物市場が営まれる場としては、当該地域に分布するいくつかの広小路があげられる。すなわち、長崎町の広小路や中橋広小路などである。広小路が再開発で消滅した後は、これらの市場は四日市や京橋大根河岸の青物市場へと吸収されたのではなかろうか。肴屋（宝永七―〇四二七）について見ると、南伝馬町二丁目喜兵衛店（表5⑩）の横店、すなわち南伝馬町二丁目・三丁目を区切る東西の横丁に分布しているのではないか。ここには魚店、すなわち小売りの魚市場が営まれたかもしれない。

(iii)　諸商人

小間物屋（宝永三―〇七二二）・菓子・茶・木綿・瀬戸物などの商人は南伝馬町二丁目に集まる。また油売は南鞘町に集中するが、その他は少数ずつが散在するばかりで、顕著な特徴は見られない。

(iv)　「日用」層

これに関連するのは、人宿（宝永七以降）、駕籠舁（宝永五―一一一二）などである。これら交通関係の人足に関わるものが南伝馬町にやや目立つ。

その他、髪結・鳶・湯屋・豆腐屋など多様な職分が分布するが、これらからは当該地域に固有といえるような顕著な特徴を見いだすことはできない。

以上から、当該地域における表店層を中心とする居住者の職分をめぐる特徴的な点を小括すると、次の三点であろう。

① 江戸宿の一部としての南伝馬町二丁目と、南鞘町・南塗師町・松川町とでは、居住者の職分内容に大きな差異がある。

② この内、南鞘町・南塗師町は、一種の「職人町」、すなわち同一職種の職人たちが集住する街区といえるのではないか。職人の内、とくに桶屋の分布については隣接する桶町と深く関連すると推定される。右からは、当該地域における「職人＝国役町の伝統」がそれなりに根強く生きていることをうかがうことができる。ここでは、国役町と職人との本来の対応関係はすでに相当程度解体しながらも、日本橋南地区という範囲全体では、依然として職人層が分厚く展開することが想定できる。この点は同地区が江戸城に近接し、城内向けの職人需要が絶えないことと関連するのではなかろうか。

③ 一方、商人について注目されるのは（小）市場社会の存在である。ここには水菓子、瓜・茄子、蜜柑などをめぐる青物市場が存在しており、また魚店の小売市場の存在も想定される。

**補説　行倒れ・無宿と賤民組織**

「日記言上之控」には、日本橋南地区の非人・無宿に関する史料が散見される。表8はそれらの記事をまとめたものである。その詳細な検討は後考に俟つとして、ここでは表の記事から気付いた点をいくつか摘記しておきたい。

① 無宿や非人と化すプロセスを示す事例が豊富である。出身地は全国に及ぶ。

② 非人仲間に所属する者は札持である。

③ 中橋、四日市などの広小路に「近所の非人」が存在する。

④ 行き倒れた者の死体処理の場所には「回向院下屋敷」（小塚原の回向院拝領地）が充てられている。

**表8**　「日記言上之控」に見られる無宿・非人

| 年　月日 | |
|---|---|
| 元禄 13－0508 | 無宿久兵衛．京都生まれ．宿・日用取勘右衛門，請人となり久兵衛を奉公に出す．下請人庄兵衛没．戻らず．勘右衛門引き取らず，無宿化．揚屋入り． |
| 元禄 14－0208 | 無宿三之介．勘当され，乞食になる（非人仲間入り）．非人頭から札を取り上げられ無宿化． |
| 元禄 14－0326 | 孫左衛門，不届者で勘当をうけ無宿となる． |
| 元禄 15－1016 | 無宿の幼少年4人．この内，仁三（13歳）は中橋の非人次郎兵衛に下される． |
| 元禄 15－1021 | 乞食行倒れ．「近所の非人」に見せ，「近頃の非人」と判明．回向院下屋敷に埋葬． |
| 元禄 16－0502 | 男非人行倒れ．「町内に居る非人次郎兵衛」によるチェック．野非人とされる．回向院下屋敷へ． |
| 元禄 16－0510 | 五兵衛，無宿化．三河国赤坂中町出身．江戸で奉公．辻番人．追われて生国へ．江戸に戻り無宿化．非人に仰せ付けられ（品川非人頭）松右衛門へ渡される． |
| 元禄 16－1009 | 太兵衛，無宿化．京都今出川生まれ．非人松右衛門方へ渡される． |
| 元禄 16－1125 | 非人六兵衛行倒れ．若狭出身．「ねたりかましき」行為を咎められ，松右衛門へ渡される． |
| 宝永 1－0707 | 出居衆夫婦．妻は宿預け．夫はその後牢舎．煩い，非人に預け． |
| 宝永 1－1021 | 市郎兵衛，清兵衛の世話で奉公．欠落．非人松右衛門方へ． |
| 宝永 1－1222 | 町人の妻，癩病となり「非人になりたい」と訴訟．非人松右衛門へ渡す． |
| 宝永 3－1016 | 鳶に預けられた無宿（家族4人），鳶の退転により非人頭松右衛門へ． |
| 宝永 5－0215 | 非人行倒れ．病気．四日市非人頭長左衛門を呼び見せるが，非人仲間ではないことが判明．その後死亡．回向院下屋敷へ埋葬． |
| 宝永 5－1001 | 無宿源兵衛・五兵衛捕まる．源兵衛は江戸出身の出居衆．宿主が身代を潰し無宿化．五兵衛は米沢出身の出居衆で奉公を繰り返す中，宿が潰れ宿無しとなる． |

⑤ 出居衆が寄宿先の宿を退転することを契機として無宿化する事例が多い。

⑥ 当該地域の非人頭は、この時期一貫して品川の非人頭・松右衛門である。

⑥については、非人頭の支配域についての論点が生ずる。というのは、この一帯は少なくとも天保期までには一円的に浅草の善七（千代松）支配となっているからである[8]。こうした変化はいつどのような過程でおこったのであろうか。あるいは少なくとも十八世紀初頭まで、江戸町方の惣町の枠組でもある「北の方」（日本橋北部）は浅草の善七支配、「南の方」（日本橋南部）は品川の松右衛門支配という区分が存在したのであろうか。ここからは、城下町江戸の成立以前から都市域として定在していた浅草や品川の持つ意味が気になる。また、非人頭の支配域を画す南北の堺は、十八世紀初めまでは日本橋であったのが、後に新橋へと変更されるのであろうか。

# 四　江戸町人地・内・地域社会

まとめに替えて、十七世紀から十八世紀半ばにかけての江戸町人地・内・地域社会の構造的な特質、およびその変容について、高野家支配地域を事例として念頭に置きながら概略的・仮説的に述べておきたい。

第一に、ここで扱った地域において、相互に位相を異にし、また容易には交叉しない諸社会集団＝〈世界〉の併存と交流が見られるという点が重要である。これは「異種の社会集団間の交流・関係」[9]すなわち「複合」関係であり、地域社会の分節構造の形質を見る上での基本的な特徴である。ここでの事例からは、諸社会集団の要素として、支配名主とその組合、道中伝馬役―下町、高野氏の家と同族団、町の不在地主（他国や江戸市中の他所に居住する。商人＝高利貸資本を内包）、町中（居付の家持、家守の二つの位相を有す）、表店の世界（諸種の問屋仲間、表店商人、職人親方、日用頭＝人宿などからなる）、裏店層（出商、出職、「日用」層）、被疎外層（非人仲間、他者としての無宿）などを摘出することができる。

第二は、諸社会集団の〈世界〉を統合する地域ヘゲモニー主体の存在と、その歴史的変容についてである。本章で扱った時期についていえば、大きく次の二期に区分することができる。

(i)　十七世紀中ごろまで

地域ヘゲモニー主体は、役の総攬者であり同時に居所でもある町域の名主（町の名主）である。南伝馬町二丁目域では高野氏が道中伝馬役を核として、また南鞘町や南塗師町においては職人頭＝町の名主による国役を媒介とする統合が見られた。統合の範囲＝磁場はほぼ町域に限定される。そこでは、役の総攬者＝町の名主は経済的にも相対的に有力であるが、商業・金融などとは無縁である（社会的権力a）。

(ii)　十七世紀後半―十八世紀初頭

i期における役による社会統合の基盤は、町域の家持=役負担者の不在化と、役の代金納化、さらには請負システムの拡がりの中で失われていく。こうした中で、高野氏は道中伝馬役を勤めながらも、近隣の町域を支配下に編入しながら「町の名主」という性格を喪失し、支配名主へと変貌する。一方で家としての経営という点では、町屋敷経営・家質貸付などによって、宗恩・泰温二代にわたる隆盛期を迎え、疑似大店的な側面を併せ持つ。しかし経営面における諸位相が「商品世界」に巻き込まれたためか、その後は急速に没落への道をたどることになる。こうして高野氏による地域ヘゲモニー主体としての統合力は、相対的に弱体化していく。かくて、これらの地域においては、「民間社会」を基盤とする新たな社会統合のヘゲモニー=社会的権力bが複数展開することになる。これは次の二つの面から進行していく。

① 三井、泉屋など、強大な商人=高利貸資本の、他者=不在地主としての地域への浸潤。

② 当該地域を本拠とする、南塗師町・大坂屋六兵衛〈吉田　一九七九a〉のような新たな大店層の登場。

これらは総じて、複数の商人=高利貸資本、すなわち社会的権力bの並立による、地域ヘゲモニーの複合段階として特質づけることができよう。

一方、こうした地域ヘゲモニーの動向と対応する、民衆レベルにおける社会構造の変容、あるいは対抗的ヘゲモニーの動向も重要である。この点についての手がかりは、ここでの事例からは容易に見いだすことができなかった。しかし、例えば寛文五年(一六六五)の日用座の形成から宝永七年(一七一〇)の人宿組合の組織化にいたる時期を、こうした民衆世界の動向との関連の中に位置づけることも可能ではないか。すなわち、多様な役の代替化=請負化が進む中で、役の「商品化」と、民間社会への役の包摂・吸収が進展し、「日用」層を軸とする民衆世界に依存する請負システムが成立していく。日用座や人宿組合の結成とは、こうした請負システムを担う日用頭層の共同組織化を意味し、それを基盤として日用頭層は「役請負の総攬者」として民衆世界における権威となり、社会的権力bとも癒着しつつ、それとは対抗的な磁場を形成するのではないか〈吉田 一九八四〉。

（1）玉井哲雄「寛永期江戸下町図」（『国立歴史民俗博物館研究報告』二三集、一九八九年）。
（2）三浦俊明「江戸城下町の成立過程——国役負担関係を通してみた町の成立について」（『日本歴史』一七二号、一九六二年）、松崎欣一「江戸両伝馬町の成立過程及び機能について」（『慶應義塾志木高校研究紀要』一、一九七〇年）。
（3）図2・図3によると、南伝馬町の界隈は「中橋二丁目」とあり、近世初期においては南伝馬町と異なる呼称を有していた可能性がある。
（4）大工町の広小路について、図3の延宝七年図では「油丁・川瀬石丁」がまだ両側町であるが、「御府内沿革図書」の当該地域「延宝年中之形」を見るとすでに両町の南側半分が広小路用地として収公されており、矛盾がある。ここでは収公と広小路拡張の時期を元禄三年とみて、後者の絵図は年代に誤りがあるのではないかとみておく。
（5）片倉比佐子「元禄の町」（『都市紀要』二八、東京都、一九八一年）。
（6）同右。
（7）同右。
（8）塚田孝『近世身分制の研究』（兵庫部落問題研究所、一九八七年）。
（9）塚田孝「社会集団をめぐって」（『歴史学研究』五八七、一九八五年、塚田注（8）書に収録）。

＊本章で引用した以下の拙稿については、文中の当該部分に〈吉田 一九七九a〉などと略記した。

吉田伸之「南伝馬町二丁目他三町の町制機構と住民」『論集きんせい』二号、一九七九年a。〔吉田 一九九一〕に収録。

——「役と町」『歴史学研究』四七一号、一九七九年b。〔吉田 一九九一〕に収録。

——「日本近世都市下層社会の存立構造」『歴史学研究』増刊五四八号、一九八四年。〔吉田 一九九八〕に収録。

——「江戸・檜物町」『日本都市史入門2　町』東京大学出版会、一九九〇年。

——「名主」『日本都市史入門3　人』東京大学出版会、一九九一年。

――「巨大城下町―江戸」『岩波講座日本歴史』一五巻、一九九五年。〔吉田 二〇〇〇〕に収録。

――「地域把握の方法」歴史学研究会編『国家像・社会像の変貌――現代歴史学の成果と課題一九八〇―二〇〇〇Ⅱ』、二〇〇三年、青木書店。

――「おさめる：行政・自治――近世前期、江戸の名主を例として」（大谷行夫他編『都市のフィロソフィー』（『都市のアナトミー』1）、二〇〇四年、こうち書房）、本書第5章。

# 第7章　江戸町触と「承知」システム

## はじめに

私はいわゆる法制史研究のプロパーではなく、「法と社会」という論点について、特につめて考えたことがあるわけではない。これまでは主に江戸を中心に近世の都市社会史の研究に取り組んできたが、ふりかえってみると、町触を史料の素材としてきたという意味では、結果的には「法と社会」という問題にごく近接したテーマを扱い続けてきたといえるかもしれない。例えば日用座・「日用」層・鳶・乞胸・遊女屋などに関する研究については、これら対象とする諸身分集団が、それ自体固有の文書をほとんど残していない点に特徴があり、いきおい、都市支配者側の作成にかかる町触を中心とする法史料を多く用いざるをえなかったことになる。一方、これらの事例研究では、本来、町触の伝達をめぐる法制度の歴史的な解明が当然重要な前提となるべきだが、私の場合、こうした点で十分な注意を払ってきたとはとうていいえない。

そこで本章においては、江戸町触の「承知」システムや町触伝達の「深度」といった問題について若干のノートを記し、コメントとさせていただくことにしたい。

# 一　町触請状の位相

『江戸町触集成』(1)に収載される十七世紀中頃の町触類を繰ろうとすると、その冒頭にある正保五年(一六四八)の町触から、請状の事例に出会うことになる。そこで史料番号〔1〕の書留文言と作成者・宛所の記述部分を掲げると次のようである。

〔1〕
右之面々御請負申候間、借屋店借之者迄入念急度為申聞、少も違背仕間敷候、若相背候ハ、何様ニも可被仰付候、為後日仍如件
正保五年子閏正月朔日　町中惣連判
御奉行所

右は町中連判状であり、宛所は町奉行所となっている。以下の町触に頻出する「右は○月○日御触、町中連判」という記載は、〔1〕と同様に、町触の内容を承知し、これを町中の構成主体である家主はもとより、それぞれの家主から、支配下の借屋、店借、さらには召仕などへ触の内容を伝え、これを遵守させる旨を併せて町中＝家主が「請負」うことになる。町触の請状として最も基本的な形式であり、これを町触の「町中連判請状」と呼んでおく。

次に多くみられるのが、月行事による町触請状の形式である。これに関する史料を拾ってみる。

〔2〕
右之趣相心得申候間、少も違背申間敷候、為後日如件
正保五年子二月廿一日　月行事判形

御奉行所

〔133〕

右は正月十六日御触、町年寄ニ而月行事手形出之

〔166〕

右之趣被仰付慥ニ承届申候間、町中之者ニ為申聞、急度相守可申候、若シ違背仕候ハヽ、御吟味之上何様ニも可被仰付候、為後日御帳ニ月行事判形仕置申候、仍如件

明暦三年酉ノ卯月廿四日

右で〔2〕・〔133〕は同じ形式であり、町奉行所あての請状（町触の「月行事判形請状」と呼んでおく）が作成されたものである。しかし〔166〕は、「月行事御帳ニ判形」〔169・171・174〕などとあるのと同様に、「月行事御帳」に請負の判形をするものである。ここで難解なのは、〔166〕自体は月行事による請状であって、これも町奉行所宛であるとすれば、請状の提出と「月行事御帳」への判形とが同時になされたことになる。この点については今後の検討課題としたい。

こうした請状の差異が触の内容とどのように相関するのかは未検討であるが、少くとも町中連判請状と月行事判形請状の二類型が存在したことは確認できよう。

ところで町触の請状にはもう一つの位相が存在した。それは店中連判状と呼ばれるものである。南伝馬町二丁目の支配名主高野新右衛門家が残した史料群の中に、「連判帳入目録」・「諸事証文目録帳」と題された二冊の横半帳がある。(2) これらの帳面は、高野家が保管する文書の目録であり、小簞笥、懸硯の引出しや渋張箱などに収納される、支配下の町々や住民に関する様々な――おそらくは現用の――書類のリストなのである。ここで注目されるのは「連判帳」に関する目録である。これは明暦四年（一六五八）から元禄六年（一六九三）までの連判帳のいくつかが町触本文とともに記載されたものであり、南伝馬町二丁目、赤坂伝馬町、通三丁目代地、南塗師町、南鞘町、松川町一―二丁目の

町中連判帳が、支配名主高野家によって保管されていることがわかる。町奉行所宛の町中連判帳が二冊作成され、その内の一冊が控として保管された可能性もあるが、おそらく町奉行所宛の連判帳の正本が、町奉行所での確認を経たあとで支配名主の下に置かれたのではなかろうか。

この中で注目されるのは「諸事証文目録帳」の末尾の部分である。そこには「手前店之分」という見出しが付され、「ち　店衆連判　渋張箱」とあって、「ち」の分類番号を付された渋紙を張った文書箱に収納される、寛文六年(一六六六)から元禄五年(一六九二)までの「店衆連判手形帳」の目録(一部は町触本文も)を掲載する。本書第6章でふれたように、高野家は当時、居所でもある南伝馬町二丁目において別に抱屋敷を所持し、これを町屋敷経営に供していた。「手前店之分」とあるのは、高野家自身が家主として支配する町屋敷に居住する地借・店借らの店衆(店中)のことである。つまり、町中連判とは別に、店衆が作成する町触の連判請状という位相が存在したのである(後述の「店中連判」)。その宛所は右では未詳であるが、後掲(二一五頁)の史料〔6743〕を参照すると、これは家主宛であったと推定しておきたい。こうした店中連判は、町中の各家主によって町屋敷ごとに集約され、支配名主が確認し、その後は家主レベルに保管されたのではないか。こうして高野家の場合、自身が家主である抱屋敷についてのみ、その店衆の連判帳が高野家によって保管されることになったものであろう。こうした店中連判がいつから見られるのか、またどのような場合に町中連判と共に作られるのか等の重要な問題が残るが、これらの点も今後の検討課題としておきたい。

## 二　町触札

次の史料は、享保五年(一七二〇)五月四日に町年寄喜多村が市中の名主に対して下達した申渡である〔5655〕。

申渡

似目明之儀ニ付、町中江触書之趣、諸人末々迄承知仕候様、木札又ハ紙に成共相認、町中木戸或ハ往還ニ、札
十日之内、只今ゟ早々出し置可申候事
一右之外、向後も急度相触候事ハ右之通可仕候事
一当時類焼之場、木戸無之所ハ仮番屋ニ張置可申候、番屋も未無之所は、名主宅之表庇ニ成共、往来之者能見候
所江張可申候事
一名主支配弐町ゟ以上之分ハ、其支配之内、往来多キ町斗江壱ヶ所張可申候、併数町隔り候支配有之、其辺ニ他
町之札も無之所ハ、一ヶ所ニ不限、見合、札張可申候、尤支配壱町之名主は其町ニ張可申事
一触書認候札板ハ厚板ニ而、十日過けつり、以後迄用候共、薄板ニ而毎度仕直候様ニも、勝手次第可仕事

子五月四日

右で「似目明《にせ》之儀」についての触書とあるのは、同日に公布された町触〔5654〕である。ここではこの町触の「承知」を「諸人末々まで」徹底させるために、次のことを指示している。

① 触書を木札か紙に書いて、町の木戸か往還に一〇日間掲示すること。
② 類焼場で木戸がないところは仮設の番屋へ、また元々番屋のない町では名主の家の表庇など目立つところへ張出せ。
③ 支配の町域が二町以上にわたる場合は、人通りの多い町へ一カ所張り出すこと。ただし支配下の町々が数町もはなれ、界隈に他町が張り出している札のない場合には一カ所に限らない。支配する町が一町の場合には、その町に張ること。
④ 木札に厚板を用いる時、一〇日間すぎて文面を削り後に再利用してもよい。また薄板に毎回記し直すのでもよい。
⑤ 今後も重要かつ緊急の触（「急度相触候事」）については、今回と同じようにすること。

| 定　触 |
| --- |
| 御　成 |
| 風吹候節火之元 |
| 公家衆御到着 |
| 御　能 |
| 左　義　長 |
| 水　あ　ひ　せ |
| 御　祭　礼 |
| 精　霊　棚 |
| 諸　事　入　札 |
| 産　婦 |

この申渡が、町触札張出しの初出であるとすれば、先に見た町中連判、店衆（中）連判とは異なる方式によって、町に居住し、またそこを「往来」する人々に、掲示という形式で重要な法令の周知をはかろうとしたことになる。一方、翌年八月に、町年寄樽屋は年番名主に対して「御触事連判之儀、只今迄ハ壱町切ニ認納来候、向後ハ名主支配切壱冊ニ仕、相納候様」〔5758〕と命じている。この内容は今一つわかりにくいが、町中連判や月行事判形を町ごとに作成してきたものを、名主支配単位で一冊にすませようとしており（この場合、連判は支配下町々の月行事によることになろうか）、町触札張出しに伴う合理化が試みられているように思われる。

こうした町触札について、以後の史料から摘記してみよう。

・享保七年（一七二二）十一月　「御触板札」は「名主居宅前」か「木戸、あるいは往還」「自身番屋前」にさし出すように申渡しがある〔5826〕。
・延享元年（一七四四）五月　御触事が伝達されたら、「町々江写取、町内往還之木戸、あるいは自身番屋前ニ張置」くよう指示される。もっともすべての触ではなく、「重立候御触事」のみを対象とするようにされている〔6679〕。
・宝暦九年（一七五九）四月　「借金銀返金」に関する町触について、「町々木戸・自身番屋江張置可申」との指示がある〔7305〕。
・明和二年（一七六五）十二月　町年寄からの質問に対する年番名主の回答で、「町々木戸、あるいは自身番屋ニ御触書張置」の対象としないものとして、表の一〇カ条の定触や、「紛失物・入札」に関する触は「張置」かない、としている〔7875〕。
・天明六年（一七八六）八月　「諸色直段高直」の状況の下で「直段引下」を命ずる町触について、「店連判」とともに、町触文言を「木戸、又は自身番屋江張出」すよう、町年寄から指示される〔9156〕。

・天保十四年（一八四三）閏九月　市中取締掛によって、「自身番屋張出」すべき触が少いときは三〇日余りそのままとし、また触が複数に及び「折重」なってしまうときは、適宜日数をみはからって古いものは回収するよう指示されている〔追90〕。

以上、『江戸町触集成』に収録された史料から町触札に関する記載をひろってみた。これらによれば、重要な（「重立」「急度」）町触については、板や紙を用いて札とし、町の木戸際や自身番屋などに掲出することが近世後期までほぼ一貫してみられたことが明らかであろう。

## 三　町触の深度

次に、江戸町触の伝達における〝深度〟といった問題について少し考えてみたい。享保十七年（一七三二）五月十八日、北町奉行稲生正武は内寄合に市中の支配名主を呼んで、四項目にわたる指示をしている。その内の三つは、「町々河岸幷家前ニ商売之薪積置候儀」、「火付捕御訴」、「跡式之儀」であるが、残る一項は次のようなものであった〔6238〕。

一諸事御触事、裏々軽キ者共迄入念可申聞候所、左も無之候哉、御番所ニ而御尋之刻、御触不存者多く候、向後不依何事、御触事家主ゟ店々之者江為申聞、承届候段、店々之者より家主共方江連判取、右連判名主共方江相納置候様ニも可致候、兎角諸事御触事、下々迄行届候様可仕旨被仰渡候

町奉行所における審理などにおいて、幕府が公布する法令（御触事）を知らない者が多いので、内容如何によらず「御触事」が「下々」すなわち「裏々軽キ者」まで伝わるようにせよ、というのが指示の趣旨である。そして、各町においては、家主から「店々之者」へ触の内容を読みきかせ、「店々之者」からの連判請状、すなわち店衆（中）連

判を提出させ、これを支配名主の所へでも納めるようにせよ、としている。

これに対して年番名主らは協議の上で、閏五月五日に町年寄奈良屋に対して次のような内容の伺書を提出している。五月十八日以後、御触事を一つ一つ家主から店々へと読み聞かせ、連判証文を書かせて、これを私たちのところへ納めさせましたが、一つの町内に地借・店借の者が二三百から五六百人もいるところでは連判もなかなか集らず、さらに紙代・筆墨代もかかるので困っています。今後は店連判はやめて、毎月晦日に町々の家主から私たちのところに〝証文〟を提出させることとし、店々の者へは家主が念を入れて御触を読みきかせることにしてはどうかと考えます。

これをうけて、次のような証文を月二回家主から各支配名主のところに提出させることになった〔6238〕。

証文之事

一当何月　朔日より当日迄／十六日より当日迄

一何之御触

一何之入札御触

〆何拾口

右之御触事、其時々一々、町内地借店かり出居衆召仕等迄、入念為申聞候所、何れも承知仕候、若重而御尋之刻、御触事不承段申者有之候ハヽ、拙者共江何分ニも御掛り可被成候、為後日仍如件

年月十五日／晦日　　家主連判

名主誰殿

つまり個々の家主からではなく、町ごとに家主が連判で、右のような証文を毎月十五日と晦日の二度づつ支配名主宛に納めたわけである。

ところが延享二年(一七四五)に至り、右のようなやり方では依然として「末々」までの触の周知が不徹底であるとして、次のような店中連判を家主あてに月二回提出させることとした〔6743〕。

覚

一当月何日何辺江御成御触

一同　何之御触事

一同　紛失物何口御触

都合何口

右御触書之御文言、其時々拙者共江御申聞承知仕候処、相違無御座候、為後日仍如件

月　日　　店中連判

家主　誰　殿

これは先に見た家主による町中連判と同様に、触の口数のみをまとめて記し家主あてに差し出すもので、「承知連判帳」、「承知印形」と呼ばれている。そして、これらについては名主のところへ提出させるのではなく、時々名主が改めればよいとしている。

こうした試行錯誤を経て、宝暦十年(一七六〇)二月に年番名主たちが申し合わせた次のような内容は、町触を「下々」、「裏々」、「末々」まで伝達せしめるための方法を定式化するものである〔7365〕。

一諸御触事裏々迄行届候様、前々ゟ被仰渡候所、猶亦当月晦日、樽屋ニ而御触事末々迄行届兼候間、家主共ゟ為申渡候様可仕旨、年番江被申渡候間、向後弥以御触事裏々召仕等迄、家主共より入念為申聞、且又御触御文言写取、自身番屋外并路次々江張置、勿論家主江店連判取置可申旨、一同申合候

ここには、二月晦日に町年寄樽屋が年番名主に対して、御触事の周知を改めて命じたことを受けて行なわれた申合せの中身が記されている。これによると、

① 家主から管理下の裏店や召仕まで入念に申聞せる、

② 御触文言を札に写し、自身番屋や路次に張る、

③ 店中連判を家主にとりおく、

の三つである。①の「申聞」とは、家主が店子や召仕たちに触を直接「読み聞かせる」〔7875〕ものである。②は前述の町触札である。③の店中連判は、先に見た承知連判のことであろう。この三つがあいまって、町触を都市民衆の最深部にまで伝え周知させようとする究極的な方式とされたことが窺えよう。

寛政三年（一七九一）四月、北町奉行初鹿野信興は、江戸市中惣町の名主・地主・家主にあてて、町入用の縮減を軸とする市政改革の開始を告げる長大な申渡しを布告した。その中に次のような箇条がある〔9725〕。

一惣而御触書出候節々写取、名主家守之連印帳、一町限り書役之者認、右請書とし而町中連判店連判ニ取揃、町年寄共方江相納候由、右印形取揃方之義、御触事有之段申触候得は定例之事ニ相心得、其御趣意不相弁候而も、印形差出候得は事済候様ニ心得候者も有之趣、左様は有之間敷事ニ候間、以来連判帳取候義、幷一町限帳面仕立、町年寄共江納候義ヲ相止、写取候御触書之趣、店々末々之者共迄能呑込相守候様、町役人共入念可申教候、若等閑之致方相聞ルニおゐては、糾之上急度可申付事

これによると、町触の請状として、町中連判や家主を介してとり集めた店中連判を町年寄役所に納めさせてきたが、町触の内容も見ずに「定例の同じ触である」として印形すればそれでよいとする風潮があるので、これらの連判帳の提出を停止するとしている。そして町で書写した町触の趣旨を、「店々末々」の者まで教え伝えてよく理解させるようにと指示している。ここでは承知連判への言及がないように読めるが、これも含めて町触の連判請状全般が停止さ

れたのだとすれば、これはかなり重大な変化ということになる。町奉行側の意図は、町レベルの無駄な出費を抑制するところにあり、そうした〝合理化〟の対象に大量に作成されてきた連判請状を含めたということであろう。しかしこれは、少くとも十七世紀半ば以来継続してきた町触の下達・請負の形式を取りやめ、また都市民衆への町触周知の方式を、読み聞かせと町触札の掲示の二つに限定させることを意味するわけである。

以上、本章では江戸町触を素材として、町触という法の伝達と、これが都市住民諸層へと周知される「承知」システムの一端を見た。町触は、町奉行所や町年寄という権力の位相における都市社会認識、あるいは把握の深度といったものを示すものである。そこでは当然ながら、法と社会の実態との乖離、あるいは距離が存在するわけだが、特に法史料を主たる手がかりとせざるをえない都市民衆世界の解明にとって、こうした距離の正確な計測はかなり重要な課題であることが今さらながら自覚されるのである。

（1）『江戸町触集成』全二〇巻（塙書房、一九九四―二〇〇六年）。なお、引用史料や町触の〔番号〕は、同集成の史料番号による。

（2）東京都公文書館所蔵。

（付記）本章は、二〇〇六年四月に大阪市立大学でひらかれた、近世大坂研究会主催のシンポジウムにおけるコメントの一部を文章化したものである。当日のコメントでは、「都市の〈法と社会〉をめぐる二・三の論点――都市民衆世界研究の視座から」と題して、江戸を事例に、「店中連判」、「手習師匠」の二つについて言及した。本章は右の前半について若干の史料を補ってノートしなおしたものである。後半も「法と社会」をめぐる重要な論点に拘わると考えるが、これについては別の機会に改めてふれることにしたい。

# 第8章　江戸の桶樽職人と役

## はじめに

近世後期・江戸の桶樽職人を素材として、役システムを中心に巨大都市域における職人集団の様相の一端を検討しようというのが本章の目的である。江戸の職人集団については乾宏巳による一連の論考がある。(1) 乾の研究は、「職人を手工業技術者として経済史的側面からみるよりも、むしろ都市民、とくに下層町人を代表する存在としてとらえようとするものだが、「史料的制約」にもよって「幕府による職人統制」の動向を通して「上から見た職人の動き」を検討するという方法をとっている。(2) そこでおもにとりあげられるのは、大工・木挽・左官・畳刺など、近世初期から見られるものが中心で、桶樽職人もその代表例の一つとして扱われている。乾氏によって示された桶樽職人などをめぐる幕府支配の基本的事項の多くはおおむね妥当であり、史料を含めここでもこれを前提としている。ただし乾の場合、職人集団をアプリオリに単一のものとしてとらえ、近世後期においてようやく親方層と「一般職人層」との「分裂傾向」を見通すといった視点にとどまっている。

本章では新たな史料や事実を呈示することはほとんどできないが、職人集団の「多元的・重層的なあり方」(3) に注目するという近来の職人史研究における視点を共有する立場から、江戸の桶樽職人に関する一連の史料を読み直し、役システムの動向を中心にノートを記しながら若干なりとも新たな論点を見いだせればと思う。

なお、桶職と樽職は、本来区別して扱うべきであろうが、史料中には桶職としてのみ表記されたり、両者が混用されたりしており、本章ではこれらを厳密には区分せず、史料表記に従って記述することを念のためにお断りしておきたい。

## 一　「桶樽職役銭取立書留」について

国立国会図書館所蔵・旧幕府引継書の中に「嘉永四亥年再興　桶樽職役銭取立書留」という表題の付された一冊の竪帳が含まれている（以下「書留」と略す）。本節ではこの「書留」の概要を再検討し、当該期の桶樽職人をめぐる状況の一斑をうかがってみたい。

まず「書留」の成立事情についてであるが、『諸問屋再興調』二一所収の以下の史料（『大日本近世史料　諸問屋再興調』一三巻九二―九三頁（東京大学出版会、一九七五年）。以下『再興調』と略称）が参照されるべきである。

〔史料1〕

諸問屋仲間組合文化以前之通再興之儀、被　仰出候ニ付、御府内桶職人共組合、幷役銭等之起立取調候処、右職分之もの共古来ゟ御賄頭支配桶大工頭細井藤十郎外壱人之差配を受、御賄所桶方御用相勤、天和度ゟ桶職弐拾七組ニ相定、右職人共ゟ為代役銭壱ヶ月壱人ニ付、表店住居之もの銭百文、裏店同四拾八文、壱人前之弟子共は同弐拾四文宛桶大工頭江取立、右役銭を以職人共御春屋江雇入相成、桶方御用相勤、且桶町弐ヶ町之儀は往古ゟ国役銭納来、是又桶大工頭江取集候仕来ニ候処、寛政六寅年小田切土佐守町奉行之節、御賄頭掛合之上、前書役銭納方仕法相改、町々名主共江懸申付、右役銭両様共私共御役所ニ而隔年ニ取扱為相納、年々両度ニ御賄頭支配向之者呼出相渡、桶類一式御買上相成来候処、去ル寅年問屋組合無代上納もの等停止被　仰出、桶職人共仲間組合不相成候付、役銭差免候間、桶方御用御差支可相成次第御賄頭申上候処、桶町国役之儀は前々之通居置、納方は古格ニ立戻り、同町之もの共ゟ桶大工頭共方江直納致し、其余職人どもは直相対ニ而御春屋雇入、御扶持被下候方ニ可取計旨御下知有之、其段先役共江被仰渡之趣、町々江茂申渡候、然ル処此度再興ニ付而は、現在之人数を以古格之通組合為相建、前書桶町国役幷職分之もの共役銭取立方之儀は、寛政度改候仕法之通取計候様可仕奉存候、尤見込之趣を以、此程御賄頭江茂打合仕候処、存寄無之、併最早暮御用桶類下拵ニ取懸候間、此節役銭納方ニ振替り候而は御差支難計趣申聞候ニ付、来子正月ゟ役銭納方ニ改候様申渡候、依之此段申上置候、以上

亥十一月　　遠山左衛門尉
井戸対馬守

これは嘉永四年（一八五一）十一月に両町奉行から老中阿部正弘に宛てて提出された上申書である。天保十三年（一八四二）の諸問屋仲間解散以降、「問屋組合無代上納」が停止されたことにともない、桶職人の仲間組合も禁止され、その「役銭」も免ぜられてきたが、この時、諸問屋仲間組合が「文化以前」のかたちに再興され、桶職人の役銭も「古格」である「寛政度改候仕法之通」のシステムで復活することになったのである。この「古格」とは四節で詳述する寛政六年（一七九四）の役銭納方の仕法替のことで、その時以来、役銭の徴収を「私共御役所ニ而隔年ニ取扱為相納、年々両度ニ御賄頭支配向之者呼出相渡」とするように、仲間再興にともない南北両町奉行所役人が一年ごとに交替で事務を担い、集められた役銭を年二回にわけて、これを幕府の賄方役所に引きわたす方式を意味するのである。「書留」の表紙には「嘉永四亥年再興　桶樽職役銭取立書留　世話番取扱　南年番」と記されており、史料1をふまえていえば、これは南町奉行所の桶樽職役銭掛役人による役務記録であると確定できよう。

つぎに「書留」のおもな内容について概観しておこう。まず冒頭の部分は、諸問屋仲間再興時における町奉行所や

町年寄の評議の記録が写し取られている。これは史料1が含まれる『諸問屋再興調』二一-第三三件「桶樽職人共組合再興桶町国役銭一件」(『再興調』一三巻八一―一〇四頁)と同文である。この一件では、江戸町方の桶樽職人組合の再興により、前述のように職人の国役銭上納システムを寛政六年(一七九四)以降天保十二年(一八四一)まで続いた仕法に復帰することが決められている。その結果、株仲間の解散期に桶大工頭が役銭を徴収するのは国役町である桶町のみとなり、一般職人の役銭は停止されてきたが、これを改め、町奉行所―町年寄―掛名主の系列で、桶町と桶樽職人から国役銭を徴収するというシステムが再び起動することとなったのである。

右の冒頭部分に続くのが、役務記録の本文に相当する。この記録は年次を追って慶応四年(一八六八)にいたるまで記されているが、その内容はほぼ以下のように区分することができる。

A　桶樽職人の移動届

これは「桶樽職人之内改名転宅御届申上候書付」と題される町年寄館市右衛門の書付写であり、つぎに例示する史料2の嘉永五年(一八五二)五月のものを初出とし、文久元年(一八六一)まで計三二点に達する(以下、特に注記のない史料引用は「書留」からのものである)。

〔史料2〕

桶樽職人共之内当子四月転宅改名之者左ニ申上候

北本所組

本所徳右衛門町壱丁目金兵衛店与市改　桶職人　米吉

右当子四月改名幷家主金兵衛相代り、跡弥兵衛与申者相勤候旨

同組

亀戸境町七兵衛店定次郎方同居七兵衛、此度深川六間堀町代地庄八店江引移、七兵衛改

同組
深川元町代地喜右衛門店市五郎、此度本所永隆寺門前平兵衛店江引移、市五郎改
同　与之吉
同　彦太郎
右両人当子四月転宅幷改名
右之通御座候、依之此段申上候、以上
(嘉永五)子五月
館　市右衛門

見られるように、右では桶職人の転居や改名、あるいは家守の変更などの届けを、月ごとに組を単位に集約したものを、館が町奉行所宛に書付けによって報告したものである。取立方ではこうした届出をうけて、後掲の史料3後半に見える「桶職人名前帳」、「樽職人名前帳」等にその異動を書き加えるのであろう。

B　両年番与力間の書状写

「書留」には次の史料3のような書状が数多く写しとられている。

〔史料3〕

仁杉八右衛門様　谷村源左衛門
萩野政七様　都筑十左衛門

以手紙得御意候、然者当年其御方御世話番ニ付、桶樽職人名前帳其外別紙目録書之通御引渡申候、此段可得御意如此御座候、以上
(嘉永六年)二月十二日
目録

一桶職人名前帳　弐冊
一樽職人同　壱冊
一南北桶樽職人役銭高書上帳　弐冊
一同役銭上納帳袋入　弐冊
一桶大工国役上納帳　壱冊
一桶樽役銭渡帳新古　弐冊
右之通御引渡申候
丑二月

これは先述したように、南北両町奉行所における桶樽職役銭取立方年番役人の間で役務引継に際して作成された書状の写しである。全部で二一通にのぼるが、いずれも史料3とほぼ同文でさしたる内容はない。

史料3の前半は書状写であるが、この差出人は北町奉行所の与力両名であり、宛所は南町奉行所の同役である。嘉永四年(一八五一)の諸仲間の「再興」以来、桶樽職の役銭収取に携わる担当者が両町奉行所内に二―三名おかれ、隔年で交互に業務を引き継いだのである。また史料後半の「目録」にみえるのは、役務を遂行するために不可欠な諸帳簿ということができ、江戸市中の桶樽職人の全容が町奉行所に直接掌握されていることを物語るのである。

### C　桶樽役銭取立高

これは、賄方役所の桶方掛役人からの役銭受取等の史料である。「書留」には安政二年(一八五五)一年分のみが収載されているにすぎない。その数値を表1に掲げておく。ここで「北方納」「南方納」とあるのは、支配名主の番組を南一二組、北一一組に二分し町触等の回達に便宜をはかったとされる「北方」「南方」のことであろう(『安永三年小間附　北方南方町鑑』解題を参照[4])。

北方・南方とも毎月ほぼ定額に近く、桶町国役金を含めて年間で総額金二〇六両、銭七貫八二九文に達する。この内、取立てに関わる掛名主八人への下げ金九両一分（一年分。以下同）、筆墨料一両余、桶樽職行事一〇八人への手当銭一二九貫六〇〇文が差し引かれることになる（D①を参照）。また桶町国役金は全体の約六分一を占めるにすぎない点も注目される。

D　その他の一件史料

「書留」のほぼ三分の二は、右に見た冒頭部分や、それにつづくA―Cで占められているが、残りの部分は、役銭の徴収や、桶大工の上申等に関する一件史料である。これらはほぼ次の四件からなる。

**表1**　安政2年(1855)の桶樽役銭と桶町国役金

| 月分 | 南方納 | 北方納 | 桶町国役金 | |
|---|---|---|---|---|
| 1 | 38,400文 | 58,500文 | | |
| 2 | 38,500 | 58,500 | | |
| 3 | 38,448 | 58,448 | | |
| 4 | 38,448 | 58,400 | | |
| 5 | 38,548 | 58,400 | | |
| 6 | 38,500 | 58,400 | 16両2朱 | 2匁5分 |
| 7 | 38,648 | 58,400 | | |
| 8 | 38,648 | 58,400 | | |
| 9 | 38,548 | 58,400 | | |
| 10 | 38,548 | 58,400 | | |
| 11 | 38,400 | 58,300 | | |
| 12 | 38,400 | 58,300 | 16両2朱 | 2匁5分 |

注）「桶樽職役銭取立書留」による．

①「掛り名主等への手当につき取調」嘉永五年（一八五二）十一月―嘉永六年十一月。

②「赤坂裏伝馬町桶職松五郎外壱人国役銭不納致し候調」嘉永六年五月―。

③「桶大工頭出願一件」嘉永六年六月―。

④「桶樽役銭取集掛名主之儀に付調」安政二年（一八五五）八月、安政五年六月。

①は、仲間再興にともなって、桶樽職人からの国役代銭を徴収する実務を、かつて寛政六年（一七九四）におかれた桶樽役銭取扱掛の名主八名と、桶樽職人の仲間二七組の行事一〇八名に担わせたが、その対価である手当を支給するに際しての評議等の史料からなる。名主へは金五〇〇疋と筆墨代金一両余を、収取した役銭から年末に支払い、また行事へ一人一月八〇

○文宛が配当されることになっている。

②は、仲間再興によって役銭が復活したにもかかわらず、その支払いを忌避した者についての一件書類である。ここには赤坂裏伝馬町二丁目伊兵衛店松五郎と、千住四丁目家持彦太郎の二例について、本人からの書付を含めその経過を示す史料が見られる。これらについてはすでに乾氏がふれているので(5)ここではとりあげない。

③は桶大工頭の両名が、桶樽職人への「職分鑑札引替増印」を滞りなく実施するために、寛政八年(一七九六)・文政八年(一八二五)の町触の趣旨を再度市中住居の桶樽職人に周知させるよう、町奉行への掛合を賄方役所に求めたときの一連の史料である。

④は、掛名主の交代に際しての評議や申渡と、安政四年(一八五七)十二月に、「御肴・青物取締、三橋取扱掛、養生所付」の三つを除いて、支配名主の勤める「掛役」が廃止され、この中で桶樽掛名主も併せて免除するかどうかをめぐって行われた評議一件が含まれている。後者については、従来通り存続させることで落着している。

以上が「書留」の概要である。こうして嘉永五年(一八五二)のはじめから再開された桶樽職人の役銭徴収システムは、町奉行所の掛役人を事務上の統轄者とし、寛政度の「古法」にのっとって幕府瓦解まで機能していくことになるのである。

## 二　「古来」の桶樽職人役徴発システム

前節で引用した史料1では、江戸市中の桶職をめぐる役徴発システムが「古来」、「天和度」、「寛政度」以降等のいくつかの段階を経たものとされている。また、役を担う主体を見ると、桶町と桶職人との二局面が絡んでいる様子がうかがえる。この点を念頭において、以下二節から四節においてその変容過程の諸段階を辿り、変化の意味するところについて考えてみよう。まず本節では天和期以前についてみておきたい。

十七世紀中頃の桶職人に関する史料は次の明暦三年（一六五七）六月の町触（『江戸町触集成』一七二号）[6]がほぼ唯一のようである。

〔史料4〕

覚

一町中ニ桶屋共有之所ハ、桶町名主藤十郎方ゟ申越候ハヽ、跡々之通公儀御役相勤可申候、今度他所ゟ参り候桶屋共有之候ハヽ、右之通為申聞、少も相背申間敷候、様子不案内ニ候ハヽ、跡々より罷有候桶屋共ニ相談いたし、御役相勤可申候事

酉六月

右は六月十七日御触

右之通慥承届申候間、家持は不及申、借家店借之桶屋ともに為申聞、急度此旨相守可申候、若少も違背仕候は、何様にも可被仰付候、為後日名主月行事手形仕差上申候、仍如件

酉六月十七日

史料4からは第一に、「桶屋」＝桶大工が「公儀御役」すなわち職人国役を務めるべき存在であること、第二に、公儀役は桶町名主藤十郎によって管轄されること、第三に、こうした役徴発システムは町の名主・月行事を中心とする町中＝町共同体によって担保されること等が明らかである。右で桶町名主藤十郎とあるのは、桶大工頭の一人細井藤十郎のことであろう。この点はかつて檜物町を例に述べたように〈吉田 一九九〇〉、近世初期の江戸市中において、職人の頭と町《ちょう》の名主とが即自的に一体のものとしてあった段階が実在したことを傍証するものである。また後の史料で、桶大工頭は細井氏のほかに野々山氏が併記されるのに、なぜ桶町名主＝大工頭が細井氏のみであったかは未詳で

ある。

さて、桶大工頭＝町の名主の居所である桶町と桶樽職人とはどのような関係にあったのか。この点を周知の史料ではあるが享保十九年（一七三四）二月の江戸桶大工二七組の訴状（『江戸町触集成』六三一三号）から見ておきたい[7]。

〔史料5〕

乍恐以書付御訴訟申上候

一御入国以来、御本丸桶細工之儀、桶町弐町江御役之人千人宛被仰付相勤申候、依之桶町弐町之地面被下置、難有奉存相勤申候、然所御本丸御用御細工多罷成、御手支被遊候ニ付、脇々ニ罷有候桶大工共も、壱人弐人宛助役被仰付、其節ハ桶大工共も少分之儀ニ御座候故、相勤罷有候所、段々御役多く罷成、先年壱人弐人相勤申候者共、近年弐三拾人程宛被仰付、何共迷惑至極ニ奉存候故、年々細井藤十郎・野々山孫助方江度々相願候得共、埒明不申候、尤桶町江ハ于今千人之御役計ニ而、脇々助役之者江ハ御救も無御座、御役多被仰付、何共迷惑仕候、然ル所壱両年箍竹殊之外高直ニ罷成、其上家職等も無御座、表店ニ罷在候桶大工裏店江引越、裏店ニ罷有候桶大工之者共過半減少仕、只今方々ニ罷在候者共、猶々御役多御座候ニ付、御役も相勤兼、何共困窮仕候、依之惣桶大工御願申上候、何卒宜敷明地之場所成共被下置候ハヽ、桶大工共も御役相勤安奉存候故、御慈悲ニ右之段御救と被思召、被為聞召分被下置候ハヽ、江戸惣桶大工共之者とも難有可奉存候、以上

享保十九年寅二月　　江戸桶大工

弐拾七組

御奉行所様

内容については後にふれることにして、右では、江戸城本丸（賄方役所）へ一年に延べ一〇〇〇人分の職人役を勤めるとされ、その代償として桶町が与えられたとある。しかし、桶町のみではこれを担いきれなくなり、「脇々」の

桶大工にも助役が命ぜられ、この助役が増加していったことが述べられている。ここでのポイントは、「桶町弐町之地面」は誰に給付されたのかという点である。訴訟主体の桶大工二七組は、訴状では自分たちに給付されたかのように述べているが、全体としては、助役を務める「二七組」の「脇々」職人の立場からの訴えであるといえる。つまり右では、桶町の拝領主は細井藤十郎・野々山孫助といった大工頭とこれに直属する職人集団であって、これと二七組の一般職人とは本来的に位相を異にすることがうかがい知れるのではなかろうか。右の点を念頭において次の史料6を見てみよう。

〔史料6〕

乍恐以書付奉願上候

一私とも儀従三州御供仕関八州桶大工頭被仰付、乍恐　御朱印頂戴御切米被下置、数年御用向御大切相勤、桶大工とも職役無滞為相勤候処、寛政六寅年御桶方御改正ニ付、桶大工とも職役銭納ニ被　仰付、右役銭取集方之儀者町御奉行所ゟ町方名主之内掛り之者被仰付取集候ニ付、桶樽職人とも御役銭右懸り名主方江相納候、然処古来ゟ御定之職方鑑札受戻不致、心得違之者も有之候ニ付、同八辰年御府内桶樽職人とも人別書差出、職方鑑札引替申候様被　仰付被下置候様奉願上候処、願之通被　仰付難有仕合奉存候、其後年数相立候儀ニも御座候得共、其節被　仰渡候趣相弁不申桶樽職人ともも間々有之、且又私とも儀も組々人数増減相改、職方鑑札受戻不致者も有之候哉相伺可申処、多人数之義故手数も相懸り、追々等閑相成候段奉恐入候、依之此度先年被仰付被下置候通人別書為差出、其砌相渡置候職方鑑札江増印仕、鑑札所持不仕桶樽職人江者鑑札相渡候様仕度、此段奉願上候、古来ゟ職方鑑札之儀ニ付入用銭等職人共江相懸ケ候儀無御座候、私共入用を以相渡来候義ニ御座候、何卒前書願之通被仰付被下置候様偏ニ奉願上候、以上

文政八酉年五月

御桶大工頭　野々山孫助　印
同　細井藤十郎　印

御賄御桶方御役所

史料6は、文政八年(一八二五)五月に、桶大工頭両名が賄方役所に提出した願書である。右でまず桶大工頭両家は三河以来の由緒を持つ関八州桶大工頭であることが強調され、桶大工らの職役、すなわち職人国役を滞りなく調達することを本務としてきたことが述べられている点にとりあえず注目しておきたい。こうした近世初期の役徴発システムは、後世に次のように回顧されていく(『東京市史稿　産業篇』三九巻五九〇頁。以下『産業篇』と略称(8))。

〔史料7〕

……桶職樽職人職分御国役、古来は関八州之桶樽屋共、幷御当地桶樽屋共一同出役相勤候処、国々在々より井戸ヶ輪・桶類夥鋪差出、御当地職人共稼ニ差障り相成候ニ付、関八州之御役御当地職人共引請、御用無差支可相勤間、国々より桶類売出候儀、幷出役とも差止之儀相願、願之通相済、御当地職人共銘々罷出相勤候……

右からは、近世初期にも二つの段階があったことがうかがえる。つまり、当初は江戸市中と共に関八州の桶樽職人が役を務め、その代償として、関八州からの桶類等が商品として多く江戸に入りこんだとある。この点は史料6でみた「関八州桶大工頭」という表現にも照応している。これを第一段階とすると、こうした状況に困惑した江戸市中の職人が、関八州全域の役をも代行し、そのかわりにこれらの地域から桶商品が流入することを阻止した以降が、第二段階ということになろう。したがって史料4の町触は後者の段階におけるものとみなしうるわけである。

## 三　「天和度」以降の役銭徴収システム

右のような役システムが大きく変化するのは天和年間のこととされる。

〔史料8〕

……古来は町々桶樽職之者銘々罷出相勤候義ニ有之候所、遠方或は稀ニ罷出不案内ニて、大桶類又は至て小物之類、職道具不揃ニて日々御差支ニ相成、且桶樽職人共等自分宿ニて職業致、代役銭ニて差出候方勝手ニも相成候ニ付、役銭ニ相定有之職人共弐拾七組ニ相定、壱組壱人ツヽ、組頭有之、組頭共は自今出銭御差免、役銭取集させ、此役銭ヲ以日々御入用之桶樽職人共雇候て差出来、年々人別ヲ以割付、残人数役銭は組頭共え預ニ相成、前々は役銭残り高年々相届候……

右は寛政五年(一七九三)一月、町年寄樽与左衛門が年番名主にあてて申し渡した書付の一部である(『産業篇』三九巻七―八頁)。天和以前の桶樽職人の役が、幕府賄方役所で桶樽を製作する直接的な労働奉仕であったのが、職人らの支障になるという理由から、「代役銭」の上納をもってこれにかえることになったとある。そして重要なのは、役の代銭納化にともなって、桶大工仲間二七組が公定され、各組の組頭によって役銭が徴収され――これを「組頭制」と呼びたい――、桶大工頭に納入されることになった点である。

こうして史料1などにみられるように、天和年間以降の桶樽職に関する役システムは、①桶町二町の国役銭、②桶樽大工の代役銭、の二系統からなり、両者とも桶大工頭に集められ、これによって桶大工頭が職人を雇い上げて賄方役所内の「御春屋」へ派遣するのである。そして賄方役所は、史料8にあるように、これらの桶樽職人を使役して道具と材料を給付し、桶樽を製作させることになろう。また史料1をみると、役銭を負担する職人は(a)表店住居のもの、(b)裏店、(c)一人前の弟子、の三つに区分される点も注目される。

さて、この時期の動向として重要なのは、元禄十二年(一六九九)一月の職人肝煎の設定である(『江戸町触集成』三四六一―三四六二号)。これは大工・木挽・塗師・錺・鍛冶・畳・壁・屋根・桶・瓦・石切・張付の諸職について一―一

○人余までの「職之肝煎」をおいて、市中職人たちの「家職之儀」については肝煎の「差図」の下におくとしたものである。史料4などから見ても、これ以前から桶大工頭は桶大工と役動員システムを介して関係をもっていたが、「家職の差図」までは行いえなかったことを示唆するのではないか。別稿〈吉田 一九九三〉で筆者は、横田冬彦氏が京都の大工を事例として、近世初期において門閥大工・寺社大工集団と、これとは独自に簇生しつつあった一般町大工とが組織的には重層しあい、これが十七世紀後半に、前者の組織が解体する中で町大工を軸に両者を包括する組織の一元化が達成される、という仮説[9]に注目したことがある。元禄十二年における江戸の職人肝煎の設定は、桶大工を例とすれば、門閥的な桶大工頭配下の職人組織——桶町に集住する——の解体と、市中に散在する「脇々」の一般桶大工が二七組へと集団化を遂げるという二重の動向をふまえて、後者を唯一の実態的基盤とし、旧来からの桶大工頭を冠にすえるという組織へと単一化を遂げたのではなかろうか。

また別稿〈吉田 一九九〇〉で見通したように、桶町名主でもあった桶大工頭細井藤十郎は、右のような過程の中で町の名主としての地位を手放したものの、役システムの存続を奇貨として、桶大工集団に大工頭＝肝煎として寄生する道を選択することになったのである。このように見ると、次の史料9（『江戸町触集成』五八〇六号）は、はなはだ興味深い内容をもつことになる。

〔史料9〕

覚

一町方ニ有之桶大工共、為御役御桶部屋御用相勤候筈之処、御役不相勤桶大工共も有之由、左様ニハ有之間敷事ニ候、自今は御桶師藤十郎・孫助方ゟ札渡シ置、人別ニ相改、御役為相勤候筈ニ候間、両人方ゟ申触次第、急度御役可相勤候、依之来十七日ゟ廿一日迄之内、右藤十郎・孫助方江参帳面ニ付、札請取可申候、若御役不相勤訳も有之候ハヽ、其旨書付、奈良屋市右衛門方江可差出候、此旨町中不残可被相触候、以上

六月十三日　町年寄三人

これは享保七年（一七二二）六月の町触であるが、役を務めない桶大工をチェックするために、桶大工頭（細井）藤十郎・（野々山）孫助の両名から札を交付し、これと同時に桶大工の人別（帳面）を改めて、役負担者の確定と同定のためのシステムとして整えようと企図しているのである。つまり、桶大工の人別帳を把握することと、札の交付権を有することこそ、桶大工集団への寄生の道を歩みはじめた桶大工頭両名にとっての最後の切り札だったともいえよう。

ここで改めて前掲史料5の内容を検討しておこう。このとき享保十九年（一七三四）二月十九日に、町年寄樽屋藤左衛門が馬込勘解由ら六人の支配名主を呼び出し、史料5を示しながら、桶大工らと同様に「助役」を務める諸職人について調査するように命じたのである。翌二十日に年番名主の寄合が開かれ、そこでの評議を経て樽屋に提出された書付から作成したのが表2である。史料5で桶大工二七組は、増大する助役の代償として助成地の給付を要求している。ここでの要求の論理は、桶大工頭とその配下に対して桶町が拝領地として与えられたのと同一の構造をもっている。本来は、桶町職人の本役に対する「脇々」大工の助役であったものが、前者が実質的に解体し、桶大工の家職とは無縁の桶町家持によって代銭納化されるというかたちで形骸化し、一方で助役の方が実態に見合った桶職人役として事実上の「本役」とみなされていたからこそ、このような助成地の要求にいたったのではなかろうか。またこの訴状では、二七組の桶大工らが毎年のように助役増加についての対策を求めて桶大工頭に出願しつづけたのに、まったくとりあってもらえない旨を述べているが、この点からは、桶大工としての一元化を達成したあとの、桶大工頭＝肝煎と一般桶大工との相剋を読みとれよう。史料9や、天明元年（一七八一）五月の町触（『江戸町触集成』八八〇八号）からは、こうした市中桶大工らの役忌避の動向と、これを町奉行所―町中の公的支配の枠を用いて抑制しようとする桶大工頭＝賄方役所の対応が繰り返されたことがうかがい知れるのである。

こうして、十八世紀後半には、桶樽職をめぐる役システムはつぎのようなかたちで定式化されることになる。

**表 2**　桶屋以外の国役と助役（享保 19 年）

| 諸職 | 町の御国役 | 助役 | |
|---|---|---|---|
| 畳 | 畳町　1 年 437 人 | 畳屋　表店 1 軒に付 1 年 20 人程（惣町で 9,000 人） | 飯米 1 人 1 升 2 合 |
| 檜物 | 檜物町　1 年 60 両 →桶屋藤十郎 | 檜物屋　あて板 1 枚に付 1 年 200 文（人数高不詳） | ―― |
| 研 | ―― | 研屋　1 軒に付 1 年 2 人程 | 飯米なし |
| 経師 | ―― | 経師屋　1 軒に付 1 年 20 人程 | 飯米 1 人 1 升 2 合 |

注）『江戸町触集成』6313 による．なお乾宏巳「江戸の職人」，〈吉田 1979〉所掲表などを参照されたい．

〔史料10〕

一桶町

右者御大工師細井藤十郎方江、壱ヶ年桶大工九百七十人宛御国役差出申候……

一桶屋并樽大工

右者御桶大工細井藤十郎・野々山孫助方ゟ相触次第桶大工差出申候、尤其者ニ寄御国役勤方不同ニ御座候

但、小柳町壱丁目忠右衛門店桶屋次郎兵衛与申者、小普請かた棟梁鈴木善太郎差図請、壱ヶ年桶大工三十六人宛小普請方御役所江差出申候、尤一躰桶屋仲間之外ニ而一人相勤候由申之候

右は、安永六年（一七七七）十二月に南北年番名主が市中における国役の書上げを、町年寄奈良屋市右衛門に宛てて提出したものである（「類集撰要」巻二六、『産業篇』二六巻一五〇頁以下を参照）。前者の桶町は「町々家持役ニ而御国役相勤候分」、また後者は「家持役ニ而無之、職人直ニ御国役相勤候分」の書上げに含まれている。史料5を参照すれば、前者が「桶町弐町」の役一〇〇〇人に、後者は「脇々」桶大工の「助役」にそれぞれ相当する。つまり、安永年間までに助役という名称は見られなくなり、これこそが職人の「御国役」＝本役として認知されるにいたったのではなかろうか。

ところで大工らによって「御国役勤方」は「不同」とあるのはどのような意味か。但書に見られる小普請方棟梁配下の桶屋が一人いるという点はのぞき、勤方の概略を他の国役書上げから見てみよう（「類集撰要」巻二六）。

〔史料11〕

(a)

一桶大工幷樽大工

右者御桶大工細井藤十郎・野々山孫助方江職人ニ而差出候も有之、賃銀ニ而壱ヶ年ニ壱軒ゟ銭三百八拾文位ゟ銭三貫弐百文位迄御国役差出申候

此桶大工幷樽大工職人賃銀差出方不同之訳、前書経師同様之訳ニ而候哉、其訳附札可認事

本文桶大工幷樽大工職人御国役銭不同之義者、職分厚薄ニ而役銭多少有之候、尤巨細之訳相知不申候

同前

(b)

一桶屋

右者為御国役桶大工細井藤十郎方江、壱ヶ年壱人役与して銭弐貫四百文宛差出申候、尤桶屋ニ寄新規店持候歟、又ハ家内人数少く候得者半人数《役》幷四半役ニ相勤候者も有之候、尤少々ツ、不同御座候

同前

(c)

一桶屋幷樽大工

右同断

右者前々ゟ内々組合相立有之、外神田本郷辺ニ罷在候桶屋共ハ多分神田庄兵衛組与申、右桶屋共之内弟子等有之者者壱人役与申、壱ヶ年ニ壱貫四百文為差出、弟子等も無之者者半役七分役与申、壱ヶ年ニ六百七拾弐文、又者壱貫拾弐文位為差出、桶屋共之内ニ而世話役相立、右世話役之者江役銭取集置、桶職人御用之節、細井藤十郎・野々山孫助方ゟ相触次第職人共御春屋江罷出申候、尤神田庄兵衛組与相唱候桶屋共者人数も多く、所々ニ入跨有之、御用之節人数割付等も行届兼候ニ付、前々ゟ役銭取集置候よし、勿論役銭之義者組々ニ而人数之

多少ニより不同有之、樽大工之義も右同様之由ニ御座候

(a)―(c)はいずれも寛政四年(一七九二)七月のもので、それぞれ(a)は南北年番名主、(b)は神田雉子町名主、(c)は一二番組年番名主による書上げの一部である。これらから「御国役勤方不同」の内容を見ると、次の二重の差異を含意することがわかる。

一つは、役の奉仕形態である。これは史料8の表現にもかかわらず、職人自身が出役する場合があり、これと代銭で納入する場合との違いがある。二つめは代役銭の額が不定なことである。代役銭は桶大工頭が代替の職人を雇い上げるための賃銀にあてられるとみられる。これには標準額＝一人役（弟子を一人持つ）があったが、「職分厚薄」といった技術のレベルや、店持か否か――これは史料1を参照すれば表店か裏店かと同義である――、家族の規模、弟子の有無などによって、「半(人)役・七分役」・「四半役」などと、役銭額には大きな格差が存在したのである。

こうして、史料8に続く寛政五年(一七九三)正月の町年寄書付には当時の状況が次のように記されることになる（『産業篇』三九巻一一頁）。

〔史料12〕

……近来無其義諸失脚ニ相成、且役銭取方も古法ヲ失ひ、桶屋樽屋共暮方厚薄、住居盛疎、場所之繁昌又は場末等ニて組々役銭区々不同ニ有之候、右役銭之義は元来人別ヲ以割付候義ニ付、身上之大小ニ拘り候義は無之候間、右古定之通無甲乙取立候様度々申渡有之候得共、取用不申、其上取集方諸入用・年番役料・定使給分・春秋仲ケ間入用、此外年中諸懸物過役銭相懸り、組頭世話役共不正之取立方有之……

代役銭の賦課基準である天和年間の「古定」が守られず負担が区々になっていること、役銭徴収を直接担う組頭らに不公正な取立てがみられること、このような役システムの陥った弊害を一挙に打破しようと試みたのが、寛政五―六年の「役銭納方仕法」（史料1）をめぐる改革の意図であった。

## 四　寛政期「役銭納方仕法」

寛政五年(一七九三)一月二十五日、町年寄樽与左衛門は年番名主を介して、各支配名主に役銭納方仕法の改革案を示し意見を求めた(『産業篇』三九巻七頁〜)。その骨子は以下のようである。

① これまでの、桶大工頭が徴収した役銭によって職人を雇用し、これを賄方役所に派遣するという方式を改めて、役銭を直接賄所に上納する。賄所はこれをもって、市中から桶樽の製品を買い上げることになる。

② 役銭徴収は、これまで二七組の組頭によって担われてきたが、以降は当該町々の支配名主がまず一ヵ月ごとに取り集め、これを桶大工頭両名の手代が回収し、賄所に納入するように改める。つまり、町方の支配機構、特に支配名主制に全面的に依存するシステムにきりかえようということである。

③ 役銭の賦課基準を「古定之通」、すなわち天和以降のそれに従って一定のものとし、「一人別」をベースとする「不同」のないものにする。

右の内、まず②に対しては、年番名主らをはじめ強く反発し、「平日外御用向多」い支配名主の業務にさらに役銭の「月々取集」が加わることは「至て混雑」の基であるとしている。そして、これまでどおり「桶大工頭方職人直納」という、桶大工頭―桶樽職人の組織内の自前のシステムによって役銭の徴収を行うべきだと主張するのである。

③については、二月初めに「職人共之内、是迄は(ゟ脱カ)役銭高当時何程相増、差出難成之趣申候者、幷何頃より役銭不同ニ相成候と申義、銘々職人共得と相調差出」すよう、町年寄からの申渡しがあった(『産業篇』三九巻一二頁)。これは桶樽職人の中で、役銭が以前より増加したものや、納入が困難な者などを、雛形にもとづいて調査させその内容を報告させようとするものである。次の史料はこれに応じて提出された返答書の例である(『産業篇』三九巻一四―一五頁)。

〔史料13〕

(a)

深川永代寺門前町杢右衛門店

桶　屋　平　六

右私義表店ニ住居仕、深川六間堀町杢右衛門組内ニて桶商売致、役銭之義は十二ヶ年以前より壱ヶ年ニ壱貫弐百文ツヽ、差出申候処、此度古定之通相成候ては差障候義無御座候得共、是迄増役銭之義は差出不申候処、此上増役銭御差出候ては難義仕候間、何卒是迄之通被成下置候様仕度奉存候

但、弟子無御座候

右御御(衍)尋ニ付申上候、以上

丑二月　桶　屋　平　六　郎(ママ)

(b)

深川永代寺門前町庄兵衛店

桶　屋　三右衛門

右私義表店住居仕、深川六間堀町杢右衛門組之内ニて桶商売致、役銭之義は二拾ヶ年以前より壱ヶ年壱貫弐百文宛差出申候処、眼病相煩商売体も薄難儀仕候ニ付、右杢右衛門え対談之上、去子年より壱ヶ年ニ六百文宛差出申候、尤弟子壱人御座候処、弟子之義は是迄役銭差出不申、右体役銭差出来候処、此度古定之通差出候ては、壱ヶ年ニ付弟子役銭都合九百文相増難成仕候間、是迄之通被成下置候様仕度奉存候

右御尋ニ付申上候、以上

丑二月　桶　屋　三右衛門　印

右役銭不同ニ相成候義は、組頭者共申付次第差出来候間、何頃より不同ニ相成候哉、私共義不奉存候、以上

丑二月　　桶屋平六
同　三右衛門

右では(a)・(b)の二通の返答書が一括となっている。(a)の平六、(b)の三右衛門ともに、深川六間堀町杢右衛門を組頭とする同組の者である。表3はこの時深川地域において提出された返答書数の一覧である。「海辺、佐藤……」らはいずれも支配名主の姓であり、これらの返答書が支配名主管轄域を単位として集められ、番組の年番名主を通じて北方小口年番名主へ送付されたことがわかる。史料13(a)・(b)は、このうち「平伊」＝平野伊右衛門支配下の二人分に相当することになる。ここでは、居所、桶屋・樽屋の別、店を持つか手間取か、表店か裏店か、弟子の有無、「古定」のとおりの役銭にすると困窮する場合にはその理由、等を返答している。改革案に対し、(a)では今後の役銭増に道をひらきかねないとし、(b)は新たに弟子へ役銭が賦課されることになると、両者とも従来どおりの仕法を維持することを要求している。表3の五七人が当該地域の職人全体のどの程度にあたるか未詳であるが、従来の役銭高を一定の基準の下に改定し、結果的に負担増へとつながることに一般の職人達の多くが強く反対した。こうして、二月六日に南町奉行所へ「職人之内抜々欠込御訴訟」に集まり、「樽屋桶屋共大勢役銭之義ニ付御番所え願出」、「騒立」てるという事件が発生する事態にいたったのである（『産業篇』三九巻一九頁）。

このような職人層の直接行動と、先にみた支配名主層の

**表3**　寛政5年(1793)2月，深川地域における桶樽職人返答書数

| 支配名主 | 返答書差出人数 |
|---|---|
| 海辺（――八左衛門） | 22人 |
| 佐藤（――忠右衛門） | 4 |
| 平野（――甚四郎） | 6 |
| 津田（――伝次） | 1 |
| 平伊（平野伊右衛門） | 2 |
| 松本（――藤右衛門） | 1 |
| 林 | 2 |
| 桑田（――九左衛門） | 1 |
| 田中（――市郎次） | 5 |
| 斎藤（――助之丞） | 4 |
| 下大島町* | 4 |
| 志保井（――茂左衛門） | 5 |

注）『東京市史稿　産業篇』39巻13－14頁.
（　）内は，寛政3年「万世江戸町鑑」（加藤貴編『江戸町鑑集成』1巻，東京堂出版，1989年所収）による支配名主名.
＊は，同町鑑では平野伊右衛門支配下.

反発のなかで、改革仕法の実行は中断し、三月に名主を通じて組頭がもつ桶樽職人の「組子名前帳」を集め、現況の把握につとめていったものとみられる。

翌寛政六年（一七九四）二月、町奉行所は前年の一件をふまえて、次のような内容の仕法改正を実行することになる（『産業篇』三九巻五九〇頁以下）。

① これまでのシステムを改めて、賄所が徴収した役銭をもって「桶類一式御買上」というやり方にする。これは前年の改革案と同じである。

② 役銭の徴収は町奉行所を介して行う。このため新たに「桶樽職役銭取扱懸り」の名主を八名任命し、また町奉行所に「年番懸り」をおいて実務を担う。この点では支配名主全体が徴収にあたるとした前年案が、名主の反対をうけて改められているわけである。

③ 右にともなって、これまで組合内で役銭徴収を担当し、自身は役負担を免ぜられてきた組頭三三人を解任して、これらを一般の「外職人並」とする。そして史料13に見られるような組頭名を冠した組名に改め、「最寄々ニて何町組」と呼ぶようにする。また各組に二人ずつの月行事を置き、役銭上納をはじめとする用務を担わせる。

④ 役銭は「天和年中之古法」によるが、「一人別」の施行は増役銭につながるので、「是迄銘々出来候役銭高ニ居置」すなわち従来の役銭高のままでよいことにする。これは前年の一般職人の「騒立」が奏功したことになろう。

右のうち③で組頭が廃されたというのは、これが桶大工頭の任命により、役免除の特権を得て役銭徴収を梃とする一般職人支配の手足となっていたと推定すれば、桶樽職人の仲間組織にとって大きな画期をなしたに違いない。桶大工頭による一般職人の実効的な支配はかくて不全状態に陥り、役銭を徴収し職人を雇用するなかに、寄生的存立基盤を見いだしてきた天和以来の地位が失われたというべきであろう。こうした状況に追い込まれるなかで、史料6のような文政八年（一八二五）の桶大工頭からの出願が見られることになるのである。そこでは、享保末年にはまだ有していた職人人別掌握の機能は、町奉行所−桶樽職役銭取扱懸り名主に委ねられるにいたっており、残されたのは「職方鑑札」の交付あるいは検印にあたっての権限という、職人の身分的表象に関わる部分でしかなくなっているのである。

こうして、天保十三年(一八四二)に諸問屋が解散させられる中で桶樽職の組合も停止されるまで、右に見た寛政六年(一七九四)の仕法が維持され、また嘉永四年(一八五一)に諸問屋が復活した時には、かつての「古法」としてよみがえってゆくことになるのである。

## おわりに

本章では天保十三年(一八四二)から嘉永四年(一八五一)にかけての、いわゆる株仲間解散期における桶樽職人と役システムについては言及できなかった。史料1などによれば、この時期一般職人の役銭は仲間解散とともに停止され、また桶町二町の国役銭は「居置」かれ、これは町から桶大工頭に直納するかたち――寛政以前の方式――に戻ったのである。今のところ、桶大工頭の支配権限がこの期間に旧来のかたちに復元したような徴証はみられず、一般職人への鑑札交付も停止されるなかで、国役町としての桶町に準じていわば化石状態におちこんだのではないか。

このように見てくると、桶樽職をめぐる組織的あり様は、初期において位相を異にした二つの要素――桶大工頭・配下の集団と、一般職人層――が、十七世紀の末に形式的には一体化を遂げながらも、結局は融合しえなかった点に特徴を有すものと考えられよう。一般職人層にとって、旧門閥的職人の系譜をひく頭組織の存在は桎梏でしかなかったのである。そしてこのような点は、表2や、旧稿〈吉田 一九七九〉でとりあげた諸職――紺屋・鍛冶屋・木具屋・畳屋・経師・研師・石屋――などにも共通して見られる特質なのではなかろうか。

（1）乾宏巳「江戸の職人」（『江戸町人の研究』三巻、吉川弘文館、一九七四年）、『江戸の職人』（吉川弘文館、一九九六年）。
（2）乾注（1）書。
（3）横田冬彦「近世都市と職人集団」（『日本都市史入門3　人』東京大学出版会、一九九〇年）。
（4）東京都公文書館編『安永三年小間附　北方南方町鑑』上・下（東京都、一九九五年）。
（5）乾注（1）論文。
（6）近世史料研究会編『江戸町触集成』第一・四巻（塙書房、一九九四・一九九五年）。
（7）乾注（1）論文、〈吉田　一九七九〉を参照。
（8）東京都編『東京市史稿　産業篇』二六・三九巻（一九八二・一九九五年）。
（9）横田注（3）論文。

＊本章で引用した以下の拙稿については、文中の当該箇所に〈吉田　一九七九〉などと略記した。
吉田伸之「役と町——江戸南伝馬町二丁目他三町を例として」『歴史学研究』四七一号、一九七九年。〔吉田　一九九一〕に収録。
吉田伸之「江戸・檜物町」「名主」『日本都市史入門』二・三巻、東京大学出版会、一九九〇年
吉田伸之「近世前期の町と町人」『都市と商人・芸能民』山川出版社、一九九三年。〔吉田　一九九八〕に収録。

# 第Ⅲ部　問屋と商人

# 第9章　描かれた「売り」の諸相——「熈代勝覧」を素材として

## はじめに

ここに取り上げる「熈代勝覧」は、十九世紀初頭の江戸日本橋近くの通町筋を描く一巻の絵巻である。描かれる舞台は、神田の今川橋（現・東京都千代田区鍛治町一丁目付近）を起点に、日本橋通りを約七町（七〇〇メートル）ほど南下し日本橋へと至る、通町と呼ばれる江戸で最も主要な街路と、これに面する町並みである（図1）。これらを町名でみると、北から本銀町二―三丁目、本石町二―三丁目、本石町十軒店、本町二―三丁目、室町三丁目、同二丁目、同一丁目、品川町裏河岸となる。これらは現在いずれも千代田区室町界隈に相当する。この地区には、日本橋や駿河町の三井越後屋、魚市場や十軒店の雛市など、『江戸名所図会』や浮世絵などで名所として描かれるものもいくつか含まれるが、一二メートルにも及ぶ連続画面として描かれる絵巻は類例を知らない。ここでは、東側上空、今で言えば四―五階建てのビルの屋上くらいの高さから、通町筋を北から南へと平行移動しながら連続的に俯瞰する形で描写している。かくて、ここで描かれている建造物は、ほぼ通町西側部分のもので、これらが東面する状況が描かれるのである。

絵巻の内容に見られる特徴を略記すると、次のようになるだろう。①この絵図の舞台である通町の両側は、街路に

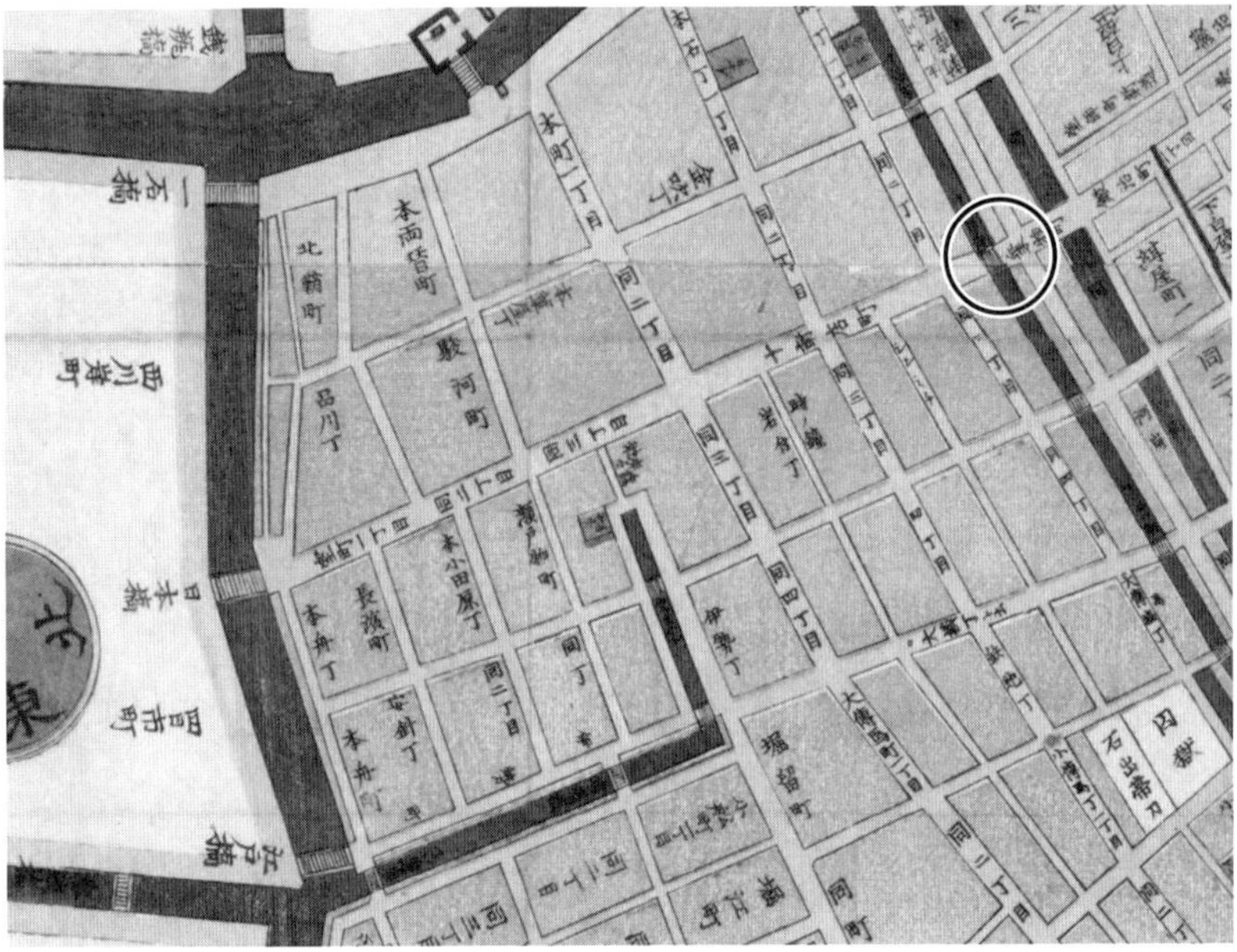

『熙代勝覧』に描かれた町並み(近江屋版・嘉永七年切絵図「日本橋北内神田邊」より)

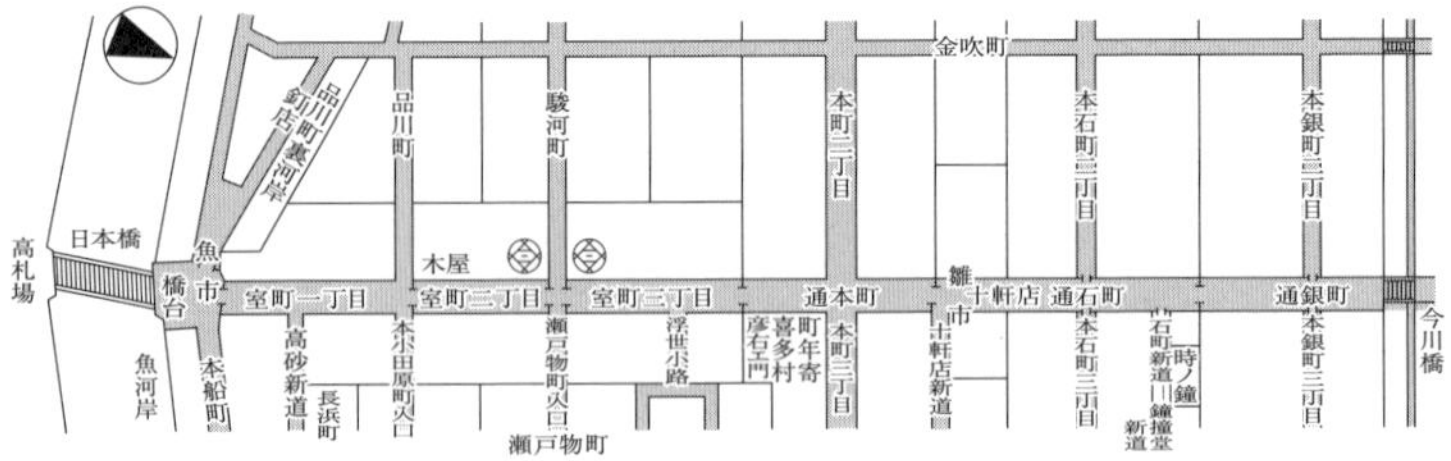


**図1　「熙代勝覧」の舞台と周辺**

注)　尾張屋版・江戸切絵図・嘉永7年「日本橋北・神田浜町絵図」より．日本橋から北側の「日本橋北」地域，および「神田」の一部を含む．日本橋から北北西の方向に延びるのが通町筋であり，これに沿って，今川橋(円内)に至る街路の西側が「熙代勝覧」の描く対象となる．本町筋と通町筋の交差点である通本町が，江戸町方の中心点に相当する．

直面する多数の常設店舗＝表店が櫛比する。これらは実在した有力な問屋・仲買の店舗である。②その中で特に突出する存在として、三井越後屋という巨大店舗＝超大店が併せて描かれる。ここでは、表店のみではなく、大店や超大店らの繁華な有り様が詳細に描かれているのである。③通町の路上には多数の仮設店舗や振売の諸商人らが充満している。これらは大店や表店などとは異なる位相にあり、作者は、市場の取引を含めて、仮設店舗や路上の小商人群に注目している。④本図が描く日本橋界隈には、近世最大の市場である日本橋魚市場が存在した。ここには魚市場の中心部がごく一部しか描かれないが、品川町裏河岸や日本橋橋台など、魚市場周縁部分の雑踏状況についての描写は大変貴重である。⑤通町には、武士やその従者、店舗や町屋に出入りする小商人や職人、肉体労働者たち、按摩、虚無僧、芸能者、身体障害者、神官や僧侶などの宗教者、回国の修行者など、多様な通行者が交叉し充満している。ここに描かれるのは、固有の身分や職分を担い、豊かで懐の深いそれぞれのかけがえのない歴史社会を生きた人々であるといえよう。

この「熙代勝覧」については、二〇〇〇年十月に、所蔵機関であるドイツのベルリン国立アジア美術館からCD－ROM版が発行されており[1]、これには、ケルン大学東洋学部の Dr. Franziska Ehmcke 教授による長大な独文・英文解説が付され、また全体の監修には小林忠氏も協力されている。日本では、吉田が『成熟する江戸』[2]の中で不十分ながら取り上げ、またこれに先立って、二〇〇二年三月十六日に学習院大学で開催された国際浮世絵学会研究会において、「「熙代勝覧」考――十九世紀はじめの江戸中心部の情景」と題する報告を行っている。その後、二〇〇三年一－二月に江戸東京博物館で開催された江戸開府四〇〇年・開館一〇周年記念「大江戸八百八町展」において、絵巻の実物が日本で始めて公開され、あわせて図録『大江戸八百八町』で若干の解説（小澤弘氏執筆）が付され、絵巻の全容がカラー写真で紹介されている。

これら先行研究を念頭において、このすばらしい絵巻を、各分野の研究者をはじめ、江戸の都市社会に関心を寄せる多くの読者に、利用しやすい良質な絵画テキストとして共有していただこうと、二〇〇三年四月から歴史学、美術史、建築史の三つの分野の研究者が集い、約一年間にわたる研究会を重ね、図の内容を詳細に読み解く努力を重ねた。浅野秀剛・吉田伸之編著『大江戸日本橋絵巻――「熙代勝覧」の世界』(3)はこうした取り組みの成果をまとめたものである。同書に収録した注釈や解説・図版は、この共同研究にもとづいて執筆・作成されている。なお、本章で言及する「熙代勝覧」の図版については同書を参照されたい。

以下、「熙代勝覧」を素材として、そこに描かれる売買をめぐる描写に注目し、その背後にある歴史的な実態についていくつかのポイントから検討し、当該期の「売り」の諸類型について見ていきたい。ここでは、本図に描かれた売買の様相をノートし、売買をめぐる社会構造や人的諸関係の一端を見、併せて舞台となった場面の地域特性について考察したい。はじめに、描かれた地域の空間構成の要素をまとめた上で、「売り」の諸相に関わる局面を順次検討していく。

## 一　通町筋の空間諸要素

はじめに、「熙代勝覧」の舞台である通町筋とその周辺における空間の構成要素を見ると、次の八つを拾うことができる。

①　町　町は村と共に日本の近世社会を構成する最も主要な社会構造の単位であり、町人の共同体である。江戸の場合、平均的には長さ一町幅二〇間の長方形ブロックが二つ、両側から道路を挟む形（両側町と呼ぶ）が標準的である。町の両端には木戸が設けられ、夜間や非常時には閉じた空間となった。ここには、室町から本銀町にかけて、前述のようにいくつかの町が含まれている。この内、室町一―三丁目は南北の竪町であり、それより北側には一部（本

石町十軒店）を除いて、いずれも東西にのびる町の横町部分が通町筋に直面する。

② 町屋敷　町には町屋敷と呼ぶ土地片が二〇―三〇ヵ所程度存在した。表通りに面する部分を表間口というが、三―五間ほどが標準で、奥行を二〇間とすると、面積六〇―一〇〇坪ぐらいの長方形の空間を構成した。町屋敷こそは、近世都市の町人地における最小の単位であり、最も基礎的な社会＝空間、あるいは細胞である。江戸中心部では、町屋敷を所有しそこに居住する家持の比重はほぼ一〇％前後と極めて低く、大半は不在地主で家守という代理人に管理を委託しており、町屋敷の空間は、ほとんどが次に見る表店・裏店の居住者に賃貸（地代・店賃）されたのである。本図では、こうした町屋敷の裏側部分を屋根以外に見ることができず、表店部分と路上が描写対象の中心となっている。

③ 表店　町屋敷の社会＝空間は、表（道路に接する部分から奥へ四―五間の空間）と裏（道路から離れた一帯）とに二分される。この内、裏は住居に特化した空間であり、また表は営業店舗と作業場の空間として用益された。こうして、表の地代は裏に比してはるかに高額であるのが一般的である。裏の部分に作られる居住空間を裏店といい、表に営まれる店舗空間を表店と称した。表店は、間口一間半から三間程度の狭い間口を持ち、居商・居職と呼ばれる商人や職人らが、店舗・作業場として使用した。本図では、通町筋西側の表店が商店街のように連続的に描かれており、諸店舗の店先部分の情景が活写されている。

④ 庇下　通町筋で一つのポイントとなるのが、表店前の空間である。これは、店下・店前などとも呼ばれる幅一間の帯状の空間である。これは通町筋と本町通に特別に許可されたもので、三尺は公有地の道路部分であり、私有地の三尺を足して幅一間とし、これを表店の商業空間の一部として使用したのである。「熙代勝覧」の絵図を見ても、こうした庇下が、表店店舗の一部として取り込まれるかのように描かれていることを確認できよう。

⑤ 道路　通町の路上には様々な人々が営業に従事している。これは、道路の中央部分における中見世と、店前の

営業の場との二つに区分できる。前者としては、十軒店の雛市がまさにこれに相当するが、季節も限られる臨時の店舗空間ということになろう。むしろ注目されるのは後者の多様な事例である。ここでは屋台店や干店などの形式が見られ、また室町一丁目などでは青物市場の売場が路上に広がる。これらの多くは、表店の店前をふさぐ形で営業している。表店やあるいは町屋敷の地主との了解関係はどのようなものかが重要な論点となろう。

⑥ 広場　この地域には、日本橋近くに小さい広場が一つ見える。これは品川町裏河岸の一部であり、同町東側東角二〇間の内一一間が火除地として収公された「河岸付の広場」である。ここには、後述のように魚市場の周縁部分が存在した。

⑦ 橋台・橋上　日本橋北側の「橋台」（橋詰ともいう）と呼ばれる小空間と日本橋橋上は、いずれも通町筋という道路の一部ではあるが、やや特異な空間ということができる。というのは、通町の他の部分は、公有の空間＝公儀地ではあるが、同時に町に取り込まれ、部分的に占有されるのに対して、橋台や橋上は、広場と同じように、特定の町に囲われることのない空間として存在したからである。

⑧ 川・堀と河岸地　本図には日本橋川と神田堀の二つの水路が描かれるが、この内日本橋川には多数の川舟が行き交い、両岸の河岸に荷揚げしており、物流の大動脈となっている。こうした河川と接する部分を河岸地といった。河岸地は公儀地であるが、道路を挟んで向き合う町屋敷とセットとされ、荷揚場・納屋・土蔵などの空間として私的に用益されたのである。

## 二　表店と大店

「熙代勝覧」における商いに関する描写として、第一に、通町筋の常設店舗である表店と大店を取り上げねばならない。通町筋に櫛比する様々な店舗は、三井越後屋を除くと、その大半は表店である。その多くは間口二―三間規模で、多くは問屋・仲買クラスの店舗であり、これが連続的に展開している。また中には数間規模の間口を持つ店舗も見られるが、これらは表店一般と区別して大店と呼ばれた。本図での大店としては、注(3)前掲書の補注でも触れた室町二丁目の塗物・漆器問屋、木屋九兵衛（幸七）があげられる。この他にも、二、三の大店を想定できそうであるが確証はない。

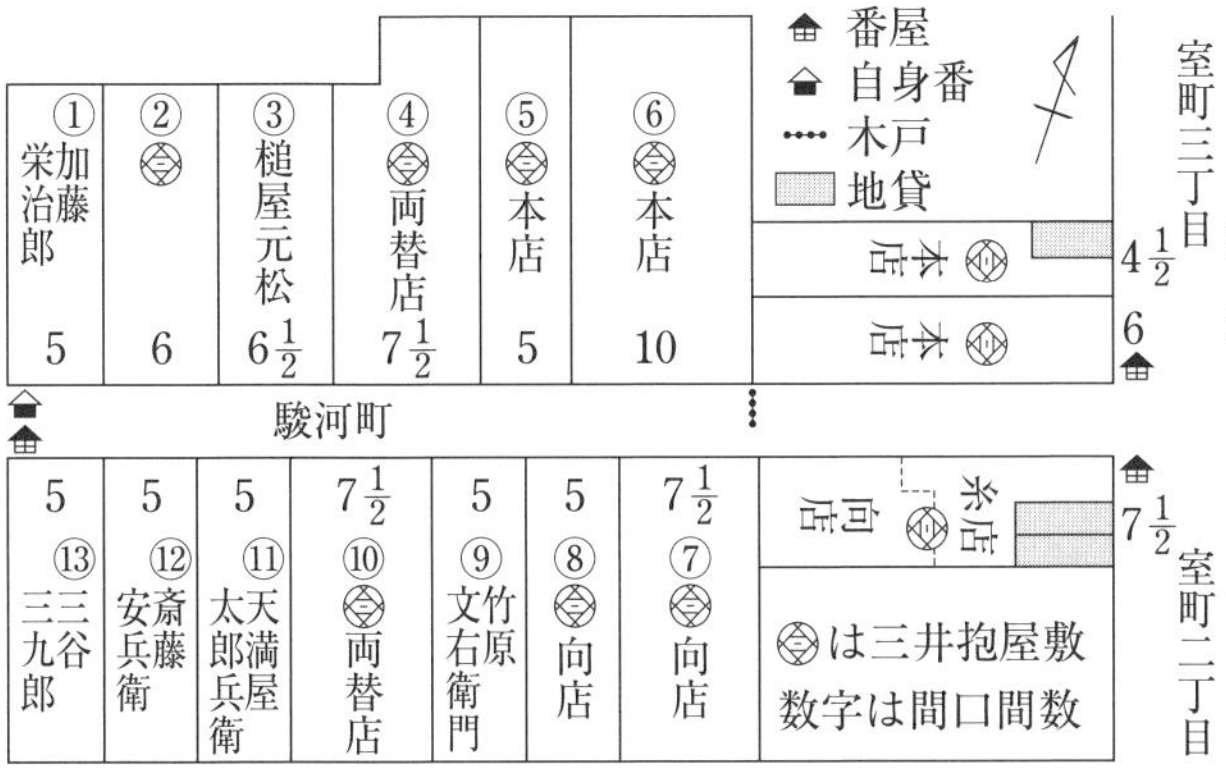


**図2　1807年における駿河町の構造**

注）「江戸抱屋敷図」（文化4年，三井文庫所蔵史料，追697）による．『三井文庫論叢』8号（1974年）に口絵写真として掲載されている．

　大店の中でのハイライトは、駿河町の越後屋である。この越後屋は、近世社会最大規模の巨大商人であった三井家が経営する呉服屋＝本店である。本店の本拠である仕入れ店は京都にあり、販売部門である江戸・大坂の店舗を軸に活動した。また、三井は金融業を営む両替店を併せて営業したが、江戸にもその拠点が置かれた。そして、本店・両替店の二部門からなる三井の各店舗が集中したのが駿河町一帯であった。このように他の表店や大店などに比してはるかに巨大化を遂げたものを「超大店」と呼ぶ。

　図2は文化四年（一八〇七）、すなわち「熙代勝覧」成立とほぼ同じ頃の駿河町界隈の概況を示す。見られるように駿河町の六〇％余は三井の抱屋敷となっている。これと「熙代勝覧」の描写とを対照すると、室町三丁目の角から駿河町にかけて、越後屋本店（呉服店）が町域を越えて広大な売場を持つ店舗を構えることが明らかである。また向かい側は、室町二丁目角の糸店とそれに続く向店がある。さらに絵巻に

は描かれないが、駿河町中程の両側に江戸両替店が存在する。こうして、この一帯は三井各営業店によって多くが占められたのである。

本図では、越後屋に出入りする客や、大きな風呂敷を担ぐ三井の手代らしき若者などが描かれる。また、越後屋の店前は、庇下として店舗に取り込まれる一方で、店前の路上には非常設店舗が一切見られないことが注目される。これは駿河町に越後屋が移転してきた時点で、路上店前の売場が、店舗内部の売場へと取り込まれた結果であると考えられる(4)。こうした点は、大店一般にも当てはまる特徴ではないだろうか。

## 三　商番屋

次に、やや特殊な常設店舗といえる商番屋について見ておこう。

「熈代勝覧」には、通町を区切る木戸脇の路上に、木戸番屋・商番屋と呼ばれる施設と、そこで商いをする様子が描かれている。木戸番屋の造りを見ると概ね自身番屋より粗末で、屋根もこけら葺きが多いが、室町二丁目南・北のものは瓦葺きである。絵図の描写から商品の内容を読みとるのは難しいが、『守貞謾稿』によると、商番屋では「草履・草鞋・帚の類ひ、鼻紙・蠟燭・瓦・火鉢の類」を商い、「冬は焼いも・薩摩芋を丸焼にし、夏は金魚等をも売る」とある(5)。ここでいう瓦とは、焙烙など、庶民が日常の調理道具や食器に用いる粗末な焼き物のことではないか。こうして全体として、庶民の日常生活に欠かせない必需品の多くは、商番屋でも販売されていたことになろう(6)。

木戸番屋は自身番屋に付属し、その機能を補佐する役割を持たされた。ここに詰める番人は町によって雇用され、町の家守中の管理下で、夜回り、喧嘩の取り鎮め、捨て物の発見などを役務とした。また注目されるのは、番人の名前が固定され、例えば文化十二年(一八一五)の通四丁目の事例では、同町南木戸の番人権助の後を受けて就任した市兵衛は、改名して権助を名乗ったという事実である[7]。しかもこの時、市兵衛は先役の権助に代金四五両を支払って、番人の地位と「権助名前」、諸道具を獲得している。かくて番人の地位は株として物権化したわけだが、その背景には、木戸番屋が商番屋として営業権を伴うことを想定できる。

一方、商番屋と同様の路上の商業施設として床店がある[8]。床店は、広場や広小路に許可を得て設置された、仮設的ではあるが事実上常設化した店舗である。例えば、浅草蔵前の床店場所について見てみよう。

浅草蔵前は、元禄元年（一六八八）に浅草天王町・同御蔵前片町・同森田町・同所元旅籠町一－二丁目・同所大護院門前・同所三好町の七ヵ町の東側が火除地として収公され、その後享保三年（一七一八）に上野山内からの出火に際して、この一帯が類焼したのを契機に、西側二〇間の内一二間がさらに収公され、火除地としての広小路が形成されたものである。ここは、浅草御蔵に出入りする人々でにぎわい、また浅草への主要ルートであったため繁華な地域となった。このため、広小路化された当時から、「広場見守」のために土蔵造りの商番屋二三（二二）ヵ所の設置が出願されて許可され、文政三年（一八二〇）には長さ三〇〇間余の区間が商床場所として請負に供され、請負人から支払われる年々の地代請負金を猿屋町会所の経費に充当するというシステムが作られた。ここには五一軒の床店が営まれたが、天保十二年（一八四一）に商番屋ともども撤去されるにいたる[9]。

文久元年（一八六一）に至り、ようやく床店・商番屋の復活が決まり、これからの収益を浅草蔵の諸経費に充てることになった。この時作成された仕法書では、蔵前の長さ三四九間余りの区間が床店場所の請負地とされ、年間九三六両もの高額で、通塩町万右衛門という「太物・仕立帯類渡世」のものが請負人として落札している。そして、ここに間口九尺×奥行二間半で板葺の床店が請負人によって多数招致されたのである。これは床店二三〇軒分に相当する。そして床店一〇軒毎に一軒、板屋・瓦葺の番屋を置き、蔵前の広小路を管理（「見守」）する番役を担わせたのである。そしてこの床店番人は、湯屋・髪結床を除く商売に従事することが認められた。これは商番屋である。一般の床店は

「出商場所」で居住はできず、床店営業者は「居町扣店」の家守によって支配された。一方、商番屋には番人が居住し、番人は請負人が進退したのである。こうした差異はあるが、この例からは、商番屋とは、番役を担う床店、あるいは番人が常住する床店であることになる。本絵図の通町筋には床店自体を見ることはできないが、以上の点から、町毎の木戸際に分布する商番屋は床店の一類型として把握できることになろう。

## 四　市　場

次に、「熙代勝覧」の描く通町筋の路上や周辺の広場などに目を向けてみよう。そこでもっとも目を引くのは、市場の情景である。この絵巻には、魚市場、青物市場、雛市の三つが描かれる。本石町十軒店で開かれる雛市は、年一度、二月末から三月はじめの臨時のものなので省略し、ここでは日々開かれる魚市場と青物市場をとりあげたい。

### (1)　魚市場

絵巻の左端近く、日本橋の北側一帯では魚市場の雑踏が克明に描かれる。江戸最大の魚市場である日本橋魚市場は、この絵図の手前方向にある本船町河岸に広がる魚河岸を核に、本船町・安針町・本小田原町・長浜町・室町一丁目などに及んだ。ところが「熙代勝覧」が描く地域には、室町一丁目を除くと、これら市場を構成する町々は含まれておらず、むしろ魚市場の中心からはずれた周縁的な部分の状況が描かれていることになる。一方、この地域の市場の様子をこれほど精緻に描く絵図は外に知られておらず、魚市場の史料としても非常に貴重な描写であるということができる。こうした市場周縁の様相は、よく見ると、日本橋橋台、室町一丁目路上、品川町裏河岸の河岸付広場という三つの部分に及んでいることがわかる。

a　日本橋橋台から室町一丁目　安永八年（一七七九）五月、日本橋橋台の「看出売の者」＝出商人たちが、室町一丁目の町中に宛てて提出した連判の誓約書がある。(10) これによると、市場出商人は、このほかに品川町裏河岸と長浜町辺りにも存在するとある。つまり、魚市場の本来の構成主体である仲買の売場の外に、三つの出商人の集う周縁的な市があるということである。これらの出商人とは、近郊の漁村から、直接雑魚などを自分荷物として持参してくるのが本来の姿ではないかと推定される。彼らは五十集商人などと呼ばれ、品川・羽田・大森や、葛飾郡の船堀・浮田・猫実・当代島などから鮮魚を持ち出して江戸で直売りしたが、やがて日本橋近辺や築地・深川に進出したものではないかと推定している。本図に描かれるのは、こうした看出売の者＝出商人と呼ばれる魚商人が、日本橋市場の周縁部分で市取引を行う様相であろう。

同史料によると、当時一三〇人余にも及ぶ橋台の出商人は、隣接する室町一丁目にも毎朝進出し、そこに売場を出して市取引を行い、室町一丁目に迷惑をかけないため、数箇条にわたる条項の遵守を町に誓約したのである。その中で、「御町内店々並前店衆中江対し我儘等一切申間敷候」とあるのが注目される。ここで「店々」とは表店を、また「前店衆中」とは、室町一丁目に展開する魚仲買の売場（板舟）を指すのではないか。詳細な構造は未詳だが、室町一丁目の魚市場に関しては、板舟と出商人の売場とが重層的に併存していた可能性が高い。そして、出商人の商いは板舟類似の売場を伴ったとも考えられるが、市場仲買のそれとは明確に区別され、固定的な売場を占有しない、あるいは町や魚問屋・仲買が構成する市場仲間によって担保されない「立売の市場」として認識されたのではないか。こうした市場を「立売場」と呼んでおく。

b　品川町裏河岸の河岸付広場　この広場は、前掲の萩原家文書によると、その成立が元禄十二年（一六九九）とあり、その後「地付看売」が毎朝「看市場」を立てるようになったことが知られる。本絵図を見ると、品川町裏河岸の河岸には押送舟が鮮魚を積載して到着し、小揚たちが魚荷を陸揚げしており、そこは本船町の魚河岸と類似の構造を想定させる。しかし、小さな広場における市の様相は、aで見た状況と同一であり、まさに立売場そのものといえよう。そしてここで営む出商人のグループは、aとは別の集団であったことになろう。

### (2) 青物市場

「熙代勝覧」には、魚市場をめぐる人々とともに、青物を扱う諸商人たち＝青物売・前栽売が多く描かれている。特に日本橋橋上や室町一丁目の路上では、様々な青物・土物を商う情景が見られる。この内、日本橋橋上の前栽売りは、室町一丁目に比して規模が小さく、棒手振の八百屋が、籠の青物をおろして小売販売しているようにも見える。一方室町一丁目の南側一帯では、青物の売場が路上一杯に広がり、また表店にも青物問屋と思しき一軒の八百屋が見える。ここでは路上に広げられる売場も規模が大きく、明らかに青物市場の様相を呈している。

幕末期の江戸には一一ヵ所の青物市場が存在した。この内、江戸最大の青物市場である神田市場（この図の右方向数百メートル先にある）や、絵巻画面左端よりやや先には元四日市町・江戸橋蔵地の青物市場がごく近隣にある。しかし、一一ヵ所の市場には室町一丁目は含まれておらず、他の史料からも同所に市場があったという徴証は得ていない。本絵図に描かれる室町一丁目界隈の青物市場的な状況をどう考えたらいいのだろうか。

一一ヶ所の中に、青山久保町の市場があった。寛政十一年(一七九九)の史料によると、青山久保町には当時五軒の問屋があり、麻布・渋谷・高輪などの問屋と共に「八ヶ所」という仲間を構成した[11]。天保八年(一八三七)に、同町の青物問屋三軒は、「居宅前道狭ニ付往来之妨」となる事を理由に、近隣の梅窓院境内を借りて、ここで青物市場を取り立てることを願い許されている。ここには毎朝「筋在々より歩行荷物、瓜・大根・茄子の類持出」され、問屋は「相対立売世話」をしたり、「問屋共え持込候荷物」の取引を媒介したのである[12]。

明治二年(一八六九)秋にいたり、取引品目の一つ干大根をめぐり騒動がおこった。これは乾物屋の注文を受けた問屋が小売商人を無視して、干大根を産地から直接買い上げたため、市場に集う小売らが仕入れる干大根が払底したと反発したものである。そこで同町の地主や市場に来る食類商人らが仲裁に入ったが収まらず、同町の青物・乾物渡世の者が中心となって、近隣の村々四〇ヵ村余の合意を得て、従来の市場とは違う、青山善光寺町に「立売場所」を開き、他の品目を含めて新たな取引を始めた。このため、青物問屋は東京府に出訴に及んだのである。

この一件は、翌年六月に内済となって、結局新規の立売場は撤去され、従来のとおり梅窓院境内で市場が再開されることになる。内済の詳細については省くが、ここで注目されるのは、問屋が媒介する取引とは別に、青山久保町の青物市場のような、立売場と呼ばれる取引の場が併存する事実である。そして、立売場では在方からの「歩行荷物」が相対で売買され、この点で、問屋が受託した荷物を糶売するのを基礎とする問屋の市場とは異質である点が、この事例からは明らかとなるのである。

室町一丁目の様相は、近隣の青物市場の周縁部分であり、例えば四日市から溢れた青物市場の仲買が、日本橋を越えてこの界隈に店を広げたという可能性も否定できない。しかし、青山久保町の市場の有り様を念頭に置くと、ここでも、江戸の近郊から、百姓自身が、あるいは小商人たちが自分荷物（歩行荷物）を直接持参し、ここで卸売りする立売場を開いているということも充分考えられるのではなかろうか。

## 五　家台の食類商人

さて、絵巻には、市場以外にも路上で様々な商品を商う多様な人々が見られる。その中から、家台の食類商人を取り上げてみよう。

文化元年（一八〇四）正月、江戸市中では「食類商い」の現状調査が行われた。町毎に、食類商人が書き上げられたが、その総計は六一六五軒にも及んだ[13]。この時、調査の目当てとして示された内容から、①夜商家台店（人数の定めあり）、②芝居地と新吉原、③「日々出稼之食物振売之もの」（毎日、食べ物を出歩いて販売するもの）、④番屋で商う分、等が対象から除外されており、ここで対象となったのは、これ以外の「宅にて商売するもの」すなわち表店の食類商人であった。この内④は、先に見た商番屋である。①については、寛政七年（一七九五）に、「夜商い荷ひ家台」が防火の観点から原則として禁じられたとき、「貧窮・足弱」などで例外として認可された九一〇人のことである[14]。また③は「裏店等住居致、持歩行商売致候分[15]」で「其日稼」に相当する部分である。

右の①と④は本来同質であると考える。家台を含め、移動可能な非常設店舗＝売場で食類を商う人々が、表店との対比で広く振売として把握されているのである。いくつか事例をあげよう。

a　湯島横町・餅商売・喜助「当町河岸通り町屋前え荷家台にて夕方より罷出、夜分商い[16]」

b　西河岸町・なか「鶏卵或いは鰑等売歩行、……毎夜同町往還家台見世差出、煮売渡世[17]」

c　北新堀町・友吉「父喜六は年来町内往還に夜分家台見世差出揚物渡世[18]」

絵巻に描かれるいくつかの家台見世は、まさにこうした振売としての食類商人に他ならないのである。そして、家台という移動式の小店舗を固定した場に常時出店するような振売を、「定点型の振売」とでも呼ぶことにしよう。

## 六　振売・振買

「熈代勝覧」が描く通町筋の路上や橋上などには、多様な営業に従事する零細な小商人が描かれる。それらの一つ一つについて、それぞれの歴史的実態を解明する必要性を感ずるが、ここでは古着売と紙屑買を取り上げて、振売と総称される人々の有り様を垣間見ておきたい。

**図3**　路地から通りへ出る古着売り　「熙代勝覧」部分

### (1)　古着売

室町一丁目の南側に展開する青物市場の手前で、万屋と伊勢屋の間の路地から着物のようなものをたくさん運ぶ男が見える（図3）。また、瀬戸物町への入り口付近を、同様な恰好の男が着物を運んでいる。彼らは、町々の裏店に古着を売り歩く古着売と見られる。

江戸では、十八世紀の前半から、唐物屋・質屋・古着屋・古着買・古道具屋・小道具屋・古鉄屋・古鉄買の八つの業種を八品商と総称した。この名称は、町奉行所が盗品や密輸品などの流通に関わる可能性の高い業種を、特に一括して統制し、のべ九九六組一万八三九人からなる「八品商組合」が結成されたことに基づく[19]。例えば質屋と古着屋というような兼業が多いと推定されるので、経営の実数はこれよりだいぶ少ないと見られるが、それでもかなりの規模であることは間違いない。

古着問屋には「地古着問屋」と「下り古手問屋」の二種類があった。後者は、京都・大坂で集荷され、チェックを受けた古着（古手）を扱う問屋で、十組問屋仲間の構成メンバーであり、幕末期には八軒存在した。こうして受託した上方の古着は、江戸市中へと売りさばかれたのである。一方、地古着問屋は、江戸市中で買い集めた古着を、主に「奥筋」すなわち北関東や奥羽などから買い出しにくる商人へ供給する役割を担ったもので、十八世紀には五―八軒、幕末には三軒となっている。実際にはこの二つの業種は兼業される場合が大半で、また呉服や木綿の問屋業をも兼帯する場合があったとみられる。

こうした古着類は、富沢町の古着市で売買取引きされた。市場の構造や取引きの実態についてはまだ十分解明されていないが、この古着市には買場と売場の二つの機能が併存したと見られる。買場は、江戸市中から買い出し人（古着買と呼ばれる商人）が買い集めてきた古着を、地古着問屋が買い取る市場である。また売場は、江戸市中の古着屋や関東・奥羽など諸国からの買い出し人（旅人）が集い、地古着問屋や下り古手問屋から古着を仕入れるための市場である。

江戸市中には、多数の古着商人がいた。古着買は享保期に一一三組一四〇七人、古着屋は一一〇組一一八二人にも及んだ。この内、古着の小売りを行う古着屋は市中全域に散在し、その中には、本図で見るような振売の古着売も多数含まれたとみられる。一方、古着買は、富沢町、橘町一・二丁目、村松町、久松町、田所町など、富沢町の古着市場の周辺に特に分厚く展開する点が注目される。これからも、古着買は市場への古着販売を担う仲買層が中心であることがうかがい知れる。

また、古着商人の中に、「古着下売り」と「古着ぼろ買い」と呼ばれる職種があるのが注目される。[20] 前者は、柳原土手通りの床店における古着市場を中心とする古着売りである。この柳原土手の古着市場は、富沢町の市場とは異なり粗悪な古着を主に扱う市場であり、古着流通に関わる市場が必ずしも富沢町だけに一元化していたわけではないことを示している。また、古着ぼろ買いについては未詳であるが、極限まで消費された古着のぼろを扱う商人が、紙屑買と近似的な位相において存在したことがうかがえる。

**図4**　古紙を量る紙屑買い　『熙代勝覧』部分

### (2) 紙屑買

「熙代勝覧」を見ると、室町一丁目中程、伊勢屋の前で一人の男が秤で何かを量っている（図4）。秤の右側には小さな籠が置かれている。また足下には天秤棒と二つの籠が見える。彼は紙屑買と呼ばれる古紙の回収業者である。

日本の近世社会においては、文書による行政、経済のシステムが高度に発達した。こうした点を基礎にして、上は幕府機構から下は村や町、果ては賤民の組織に至るまで、日々厖大な量の紙が人々の生活・生産活動に伴って消費された。その内の一定量は文書や書籍などとして保存・堆積されていくことになるが、大半は非現用文書、すなわち反古・紙屑として「廃棄」されることになる。しかしそれらのほとんどは、回収され再生・再消費されたのである。

江戸ではこうした反古の有料回収にあたる人々の職分が成立し、紙屑買と呼ばれた。その実態を示す史料はわずかな断片しか知られていないが、それらから以下のような概略を知ることができる。

①紙屑の回収をめぐる職分は、紙屑買と②に見る「紙屑商売のもの」（あるいは「紙屑渡世」とも呼ばれる）とに二重

化していた。紙屑買は後者から「荷籠ならびに元手銭」を借りて、棒手振の出で立ちで千木秤を持ち、市中の各所を買い出しに歩いた。この荷籠は「見透かし候目籠」であり、密かに「怪しき品」を回収しないよう取り締まられたのである。(21)また享保八年(一七二三)の町触によると、市中の裏店に「紙くずひろい、古木切れひろい、雪駄直し」等のために非人が入り込むことを、防犯的な観点から禁止している。(22)これから、道路上や広小路・川端などで紙屑を拾うのは、都市のキヨメを担う非人の職分と見なされたことが窺える。こうして拾われた紙屑も、最終的には紙屑渡世の者に買い取られたものであろう。

②紙屑渡世の者とは、立場《たてば》と呼ばれる紙屑の市場において紙屑買が回収した紙屑を買い取り、これを漉屋へと供給する業者である。天保十三年(一八四二)の史料によると、紙屑渡世の者は当時七五人存在したことがわかる。紙屑買や非人らの紙屑拾いから買い上げられた紙屑は「白、反古、下物」の三種に区分され、これらを「漉種」として漉屋に渡し、手間賃(漉手間)を支払い再生品とした。(23)こうした漉屋は、宝暦四年(一七五四)当時一七〇人余り存在した。漉屋の多くは浅草地域や近郊の足立郡淵江領に分布し、古紙を漉き返して粗悪なちり紙を生産した。これを浅草紙と呼び、「下々の者ども遣紙」として、江戸市中で広く販売されたのである。(24)

③宝暦四年(一七五四)に、浅草三軒町の五郎右衛門たちは「紙屑反古類買い請け方」の独占をめざしその認可を町奉行所に求めるが、却下されている。(25)また寛政三年(一七九一)には「紙漉ならびに紙屑渡世」を職分とする麻布宮村代地町小兵衛という者が、紙屑買に仲間を結成させ、その管理を一括して担いたいと出願するがこれも不認可となっている。(26)こうした点や②からは、紙屑渡世の者の中の有力者が、紙屑の回収と再生産システムにおけるヘゲモニーを有したことがうかがえる。また紙屑買は「軽き者」の渡世であり、公認された仲間を持たない点も注目されよう。

④寛政三年(一七九一)に十組問屋仲間に地漉紙仲買が加入している。株仲間解散当時九七人が構成員とされ、(27)また「諸問屋名前帳」によると嘉永四年(一八五一)段階で三二一人、安政四年(一八五七)以降これに二三一人の新規メンバー

が加わっていることがわかる。この地漉紙仲買は「地廻り紙漉製候ものより買い取り、素人へ売りさばく[28]」ことを職分としており、浅草紙もその重要な取り扱い品目ではなかったかと推定される。とすれば、紙屑渡世の者と地漉紙仲買の多くは事実上一致するという事態も想定できよう。

こうした古紙の回収と再商品化の過程については、特に浅草紙の生産構造と、荒物屋などにおける販売の具体相が重要だが、未検討である。また、紙屑をめぐる巨大都市から近郊村落におよぶ回収・再生・再消費の構造には、都市下層民衆や非人をも含む多様な社会集団がリンクしており、これらの構造は、紙屑渡世を中核とする商人集団のヘゲモニーによって起動され、統合・編成されたことがうかがい知れる。

## 七　「売り」の諸相

本章のまとめとして、ここまで見てきたような「売り」の諸相を、店舗や売場の特徴から類型的にまとめてみると、以下のようになるのではないか。

### (1) 常設店舗

A　町屋敷内部、表部分におかれる常設の店舗

①　表店　大半の店舗がこれに相当する。狭小な間口（一―三間）の中規模・小規模経営である。多くは、町屋敷の道路側（表）の一部を賃借する地借であり、家作は自己の所有である。その主体は、問屋、仲買、職人＝親方、また料理屋などである。

②　大店　町屋敷の間口規模（四―五間）におよぶ店舗が、大店を他の表店と区別する一つの指標である。家持

の場合が多く、大半は問屋層である。この地域では「木屋幸七（普請中）」などがこれに相当する。

③　超大店　複数の町屋敷に及び、また町域をこえる巨大店舗を有す。駿河町・室町二―三丁目にわたる三井越後屋が典型である。

「熙代勝覧」の描く街区の常設店舗は、基本的には問屋と仲買を中心とする表店・大店層によって構成され、一見すると「商店街」のような景観を持つ。これが現代日本の商店街（主として小売り店舗からなる）に直接つながるかどうかは微妙であるが、一つの原型であることは間違いなかろう。

B　道路上の常設店舗

ここでは商番屋という特異な常設店舗がこれに相当する。商番屋は床店の一類型であるが、売場のみに特化し居住空間を欠く床店とは異なり、営業者である番人の居所を伴う。

**(2)　仮設店舗・売場**

A　店前・道路上の市場

①　固定的な売場を持つ市場　ここでは次の二つの市場が描かれる。

a　日本橋魚市場

仲買の売場である板舟を核とする市場で毎朝開催される。板舟は店前売の一形態である。

b　十軒店の雛市

年一回二月末から三月はじめの数日間だけ開かれる臨時の市場である。中見世の葭簀張店舗を核とする。これは、在方市などにも普遍的に見られる市の原初的な形態でもある。

②　立売場　固定的な売場が未熟か、あるいはこれを欠いた市場である。売場の質はBの定点型振売と変わらな

い。ここには二種類の立売場を描く。

a　日本橋橋台・室町一丁目と、品川町裏河岸広場における鮮魚の立売場。

b　室町一丁目や日本橋橋上の青物の立売場。

B　振売

①　移動型　振売とは本来固定的・定点的な売場を有さず、特定の販売先（得意先）を移動しながら販売する営業形態で、「日用」層＝労働力販売者と表裏の関係にある零細な商人である。ここでは古着売、紙屑買などがこれに相当する。

②　定点型の振売　振売のいくつかは、移動式の零細な店舗＝売場とともに、店前、路上、広場、橋上などの特定の箇所で営業を行う。この絵巻で見られるように、屋台店・茶屋・鮨屋・菓子屋など多様に存在する。また路上に筵などで売り物を広げる干店もこの中に含めて考えられる。

さて、こうした「売りの諸相」の諸類型をめぐる問題は、そのまま商人に関する論点につながる。この点に若干触れて締めくくりにかえたい。それは、「狭義の商人」に関する論点である。絵巻からは、魚市場や青物市場とはやや異なる位相で、肴や青物を扱う出商人らの集う立売場を検出できた。遠隔地の浜方や山方との関係所有を基軸とする問屋や、これに従属する仲買らとは異なる、出商人の集う市場には、市の本源的な形態を彷彿とさせるものがある。

こうした出商人の商いの性格は、「自分荷物の論理」とでもいうべき点にあるのではなかろうか。自分荷物とは、①自身が生産・収穫し商品化したもの、②自分の資金で仕入れた商品の二つの形態が想定できる。出商人とは、これら①②を自分で運び、直接販売する点に特質を有す。産地や消費地の仲買、これを仲介する問屋、こうした媒介的な位相に依存せず、非・委託的な販売を行うこと、これが自分荷物の論理である。この中には、自ら生産し、あるいは仕入れた商品とともに、牛・馬も伴いながら諸国を移動し販売する者も含まれよう。ここでの商品は、人格の延長としての性格を帯び、商人は商品所有者としての本来のありようを示す。

他方で、他者（問屋）に仲介される委託販売においては、生産者や産地商人は売り手の顔が見えず、消費者や消費地商人は生産者や産地商人の人格と直接ふれない、というように、関係の非人格化、物化が相当程度進行する。日本の近世社会は、都市を中心に、こうした関係の物化が相当程度進展していたということができる。しかし出商人の立売場に見られるように、巨大都市江戸の中枢を占める市場の周縁において、こうした自分荷物の論理に基づく商人の人格的で本源的な商業活動は、決して衰退することなく、民衆の消費経済に基礎を置きながら、むしろ発展を遂げつつあったともいえるのではないだろうか。

（1）Museum für Ostasiatische Kunst, Berlin, Oktober 2000. なお江戸東京博物館からも、CD－ROM版『日本橋繁昌絵巻の世界　熈代勝覧』（二〇〇三年）が販売されている。
（2）吉田伸之『成熟する江戸』（『日本の歴史』一七巻）（講談社、二〇〇二年）。以下〔吉田 二〇〇二〕と略記。
（3）浅野秀剛・吉田伸之編『大江戸日本橋絵巻――「熈代勝覧」の世界』（講談社、二〇〇三年）。
（4）吉田伸之「振売」高橋康夫・吉田伸之編『日本都市史入門3　人』（東京大学出版会、一九九〇年。〔吉田 二〇〇〇〕に収録）。
（5）喜田川守貞『近世風俗志（守貞謾稿）』一巻一四二頁、岩波文庫。
（6）〔吉田 二〇〇二〕。
（7）塚田孝「史料紹介・江戸通四丁目古文書」（『人文研究　大阪市立大学文学部紀要』四五巻第一〇分冊、一九九三年）。また塚田孝「下層民の世界――「身分的周縁」の視点から」（『日本の近世7　身分と格式』中央公論社、一九九二年。同著『近世身分制と周縁社会』東京大学出版会、一九九七年に収録）を参照。
（8）床店については、小林信也『江戸の民衆世界と近代化』（山川出版社、二〇〇二年）、横山百合子「江戸町人地社会の構造と床商人地代上納運動」（『年報都市史研究』七号、一九九九年。同著『明治維新と近世身分制の解体』（山川出版社、二〇〇五年）に収録）を参照。

(9)『大日本近世史料　諸問屋再興調』(以下、『諸問屋』と略記) 一四巻、『大日本地誌大系　御府内備考』一巻 (以下『御府内備考』と略記) 二七六頁以下による。なお吉田伸之『二一世紀の「江戸」』日本史リブレット (山川出版社、二〇〇四年) を参照。
(10)「萩原家文書」(国文学研究資料館所蔵) による。
(11)『神田市場史』上巻 (神田市場史刊行会、一九六八年) 一〇一—一〇三頁。
(12)『東京市史稿　市街篇』五五巻、五六—五九頁。
(13)『江戸町触集成』(以下『町触』と略記) 一一三一三・一一五六六号文書。
(14)『町触』一九二九一・一〇三〇二号文書。
(15)『町触』一一三一三号文書。
(16)『御府内備考』二巻、四五—四七頁。
(17)『町触』一三三二九号文書。
(18)『町触』一五九五一号文書。
(19) 八品商については、戸沢行夫「八品商としての質屋」(『史学』五一—四、一九八二年) を参照。
(20)『諸問屋』五巻一八四頁。
(21)『町触』一二四〇五号文書。
(22)『町触』五九〇二号文書。
(23)『町触』一三八二八号文書。
(24)『町触』七〇六五号文書。
(25) 同前。
(26)『東京市史稿　産業篇』三六巻三七八頁以下。
(27)『諸問屋』一五巻五三頁。
(28) 同前。

# 第10章　食類商人

## はじめに

筆者はかつて「熙代勝覧」という絵巻物をめぐり、友人たちと共同研究に取り組んだことがある。(1) そして、そこに描かれる売買のようすをめぐる豊富な情報を素材として、「売り」の諸相について少し考察した。(2) そうした江戸市中における「売り」の諸相の一局面として、菓子類を含む食物類を扱う商人——以下、史料では「食類商人・食物商人・食類渡世」などとあることばを用いて「食類商人」と呼ぶ——の、近世後期における様相を垣間み、特に民衆世界との関わりを意識しながら、食文化史を考える上での論点を探ってみることにしたい。

## 一　描かれた食類商人

はじめに近世後期における江戸の食類商人について考える前提として、絵画史料を二つとりあげてみたい。一つは近年注目を集める「熙代勝覧」の一部であり、もう一つは広重「東都名所　高輪廿六夜待遊興之図」である。

「熙代勝覧」はベルリン国立アジア美術館が所蔵するもので、その存在が知られ日本に本格的に紹介されたのは二〇〇二年のことであった。[3] 絵師は未詳であるが、題字を揮毫している佐野東洲が文化十一年（一八一四）に没していることなどから、文化期前半の作と推定されている。[4] この絵巻は長さ一二メートルにも及び、連続して江戸の街並みを描く。素材とされているのは、江戸中心部を南北に縦貫する通町筋である。今川橋周辺を起点として、日本橋南詰までの約七町ほどの街並みと通町筋のようすを、東側のやや上空から平行移動しながら西側を見おろす構図となっている。また景観は、文化三年（一八〇六）三月四日の大火直前のようすを描くものと考証されている。[5]

「熙代勝覧」には多様な食類商人が描かれている。ここではその中から二つの部分を図1・2に掲げた。図1は通本町（通町筋と本町通りの交差する地点）である。二輌の牛車がちょうど通りぬけるのは本町二丁目東側の木戸である。木戸の左側には後に見る商番屋が見え、右側にある自身番屋には防火桶や鉄棒がおかれる。その右隣りの町屋――表店――の店内では客らしき男が何かを飲んでいるが、ここは煮売茶屋といった居酒屋かもしれない。また右下の本町三丁目入口木戸際には市松模様の屋台店が置かれ、若い女性が客に茶を売っている。中央の店前では、傘をさした路上の店――飴屋に多い――に、子守りの少女や子供たちが群がる。さらに左下の店前には「さくらや」の看板を出す屋台のすし屋が見える。

次に図2で通銀町《とおりしろがねちょう》の界隈を見てみよう。通町に面した表店の店々の中に、柿葺の藤屋（しるこ餅・そうに《雑煮》・せんさい《善哉》）と、仕出屋が見える。また仕出屋店前の路上には、ここにも菓子屋が描かれている。こうして通町筋界隈にくらし、そこを行き交う人々にとって、さまざまな食物を扱う商人や店舗がごく身近に数多く存在していたことがうかがえよう。

続いて、広重の作品「東都名所　高輪廿六夜待遊興之図」という三枚ものの錦絵を見ておこう（図3）。「廿六夜待」とは、毎年七月二十六日夜の月の出を高所や海辺・川辺で拝む行事であるが、『東都歳事記』には次のように記す。[6]

廿六夜待　高きに登り、又は海川の辺、酒楼等に於て月の出を待つ。左に記せる地は分て群集する事夥しく、宵

図1 「熙代勝覧」(部分)に描かれる通本町

注) ©ベルリン国立アジア美術館蔵，マンフレド・ボームス寄贈，ハンス・ヨアヒム　インゲ・キュスター旧蔵(以下図2・4・5・6同じ)

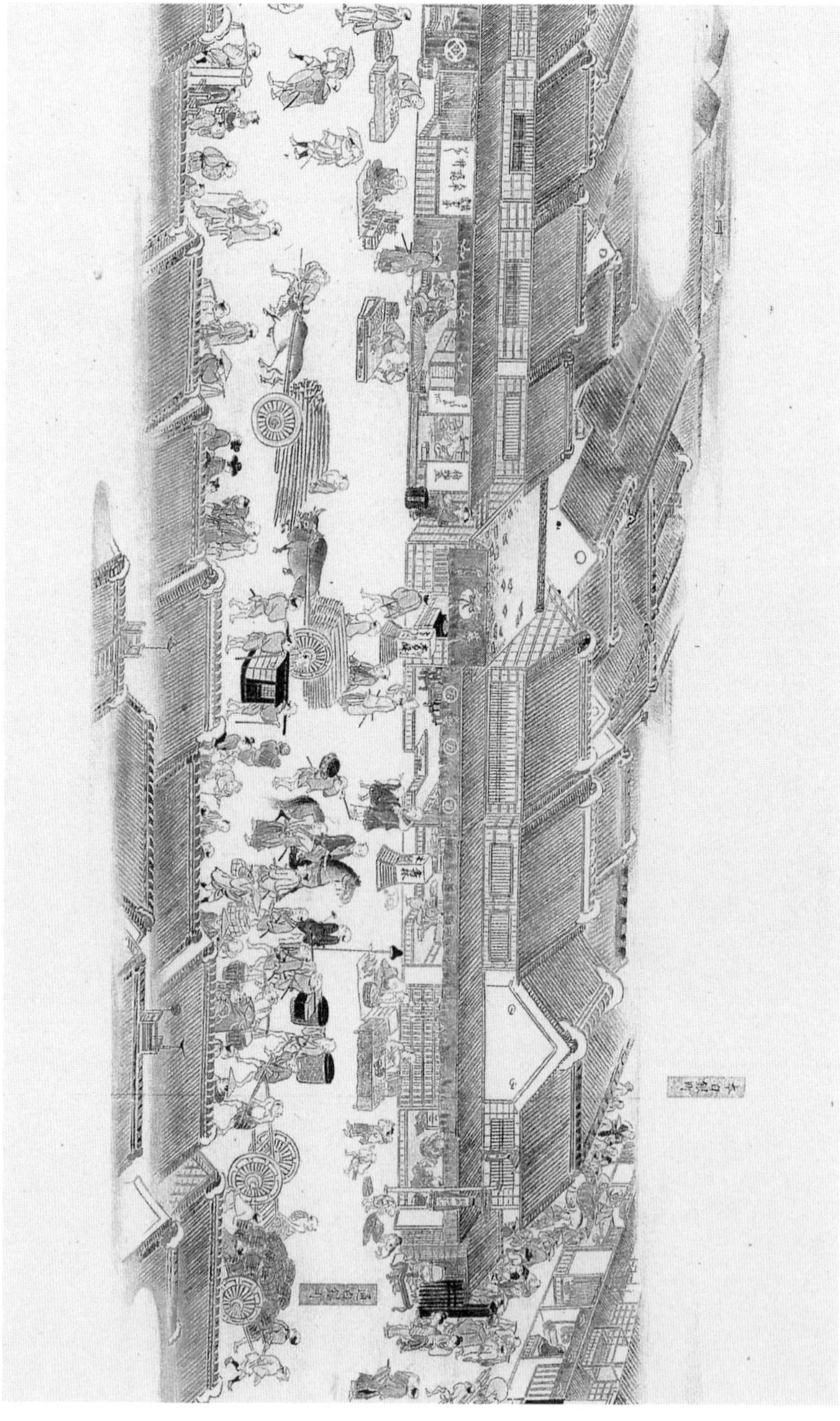

図2　「熙代勝覧」に描かれる通銀町付近

注）©ベルリン国立アジア美術館蔵.

**図3**　「東都名所 高輪廿六夜待遊興之図」歌川広重

注）山口県立萩美術館・浦上記念館蔵.

より賑へり。芝・高輪・品川、此両所を今夜盛観の第一とす。江府の良賤、兼日より約し置て、品川・高輪の海亭に宴を儲け、歌舞吹弾の業を催するが故、都下の歌妓・幇間・女伶の属群をなしてこの地に集ふ。或は船をうかべて飲宴するもの尠からずして、絃歌水陸に喧し。

芝から品川にいたる海岸沿い、なかでも高輪海岸は、この日の宵、両国や浅草にも比すべき盛場の様相を呈し、人々で雑踏したのである。広重の絵は、こうした高輪海岸の一夜の賑いを活写する。沖合（品川沖）には幾艘もの廻船が碇をおろし、その手前には数多くの屋形船がうかび、花火を楽しむ。手前の東海道は月の出を見にやってきた人々で混み合い、そこから海岸にかけては多くの屋台店や葭簀《よしず》張《ばり》の茶屋が所狭しと並ぶ。このうち屋台店に記された文字に注目してみると、右から「あなご御茶づけ」、「水くわし（菓子）」、「すし」、「瀧水」、「烏賊やき・当り屋」、「本胡麻揚　天ぷ（ら）」、「二八そば・うんどん」、「麦湯」、「だん（ご）」、「しるこ」などとある。また海辺の茶屋は同じく右から「佐野喜」、「歌川屋」、「けんばん」などと、広重や彫刻師の名をもじった店の屋号を掲げる。

以上、二つの絵に描かれた食類商人のようすを見ると、表店の店舗を構えるもの、路上の屋台店、同じく路上で営む菓子屋など非常に多

**表1**　寛政11年6月，書上げ対象とされた食類商人

| |
|---|
| 料理大茶屋・同小茶屋・煮売屋・居酒屋・奈良茶屋・茶漬屋 |
| 田楽屋・煮豆屋・酢屋・蒲焼屋 |
| 汁粉団子類・上菓子屋・餅菓子屋おこし類共・あめ屋 |
| 玉子焼・水菓子屋 |
| 蕎麦切売・手打蕎麦屋・うとん屋 |

注）『江戸町触集成』10725号史料による．

様である。これら「食類商人」と呼ばれる諸商人の実態はどのようなものなのだろうか。また町奉行所はこれらの多様な食類商人をいかに把握したのだろうか。以下では、限られた史料からではあるが、こうした点について少し考えてみたい。

## 二　表店食類商人

まず表店の食類商人についてみてみよう。寛政十一年（一七九九）六月、江戸市中の肝煎名主たちは町年寄樽与左衛門からの「内密」の指示をうけて、江戸市中の「食類商ひ人」をもれなく書き上げ、半紙竪帳に仕立てて提出した(7)。この時に示された食類商人の種類は、表1のようである。この時点では何を目的とする書き上げなのか明示されていない。それから五年余り後の文化元年（一八〇四）十二月に、樽は再び「食物商売人」の調査と半紙竪帳の「題帳」提出とを肝煎名主に命じている(8)。この時の指示に際して帳面の雛形が示され、これに添えて次のような内容の調査基準が示されている。

a　「宅ニ而商売」の者だけを対象とする。

b　「裏店」などに居住する者は対象外である。つまり、後に三節でみる「夜商家台店」については、すでに「人数定」があり、把握ずみであったためである。

c　「番屋等ニ而商」の分も除く。

d　また、「日々出稼之食物振売之もの」については、「其日稼」の者であり「際限」もないので調査対象から外す。

e　「境《(界)》町・葺屋町・木挽町」など、芝居地や新吉原町については除く。

右のうちb・dは裏店の下層民衆である。三節でみる「夜商家台店」を除けば規制の対象外にあり、ここでいう表店の食類商人とは全く異質な位相にある。またcは商番屋のことであるが、これについては四節で改めてふれたい。eの芝居地と新吉原＝遊廓が何故この時の調査対象から外されたかについては未詳である。ただ、両地には多数の料理茶屋・茶屋が仲間を伴いつつ集中している点で共通しており、芝居地・遊廓における表店の食類商人は、ほぼ茶屋と同義とされ、そこでの茶屋仲間による統制と把握に依存することで、ここでは調査の対象外とされたものではないか。こうして、この時の調査の対象は、aは「表店ニ而食物商ひいたし候分」(9)――以下これを「表店食類商人」と呼ぶ――のうち、eを除くもの全般ということになる。

こうした基準に基づく調査の結果、書き上げられた表店食類商人の総数は六一六五人にも及んだ(10)。そして町奉行所は、これを上限として五年以内には六〇〇〇人に減らすように命じたのである。またこの時、表店食類商人について、①商売をやめた分は「減切」として数えること、②親子兄弟や養子に「商売相続」する場合はこれを認めること、③それ以外の場合、「商売躰」の譲渡は不許可とすること、などを併せて指示している。つまりこの時町奉行所は、江戸市中の表店食類商人がこれ以上増加することを抑制しようと試みたのである。

**表2　表店食類商人の動向**

| 年 | 人 | 出典 |
|---|---|---|
| 文化1（1804） | 6,165 | 11566 |
| 7（1810） | 7,663＊ | 11572 |
| 8（1811） | 7,603 | 〃 |
| 12（1815） | 7,200余 | 11729 |
| 文政3（1820） | 6,962 | 12012 |
| 天保6（1835） | 5,757 | 12995 |

出典は『江戸町触集成』の史料番号．
＊表記のママ．7,763人か．

しかし、店舗数の削減は、そう簡単には進まなかった。表2は表店食類商人のその後の推移を示すものである。文化元年から五年間でという削減プランは、同三年（一八〇六）春の大火（丙寅の大火）のために計画通りの実施を猶予されたが、同七年には七六六三人へとかえって著増するに至っている(11)。こうした状況に業を煮やしたものか、文化八年二月に、町奉行所は表店食類商人の現状把握をさらに徹底しようと、文化元年に準拠して、再度「題帳」の提出を命じている(12)。この時に書き上げの対象とされた営業は、表3の一四グループ・三九種に及ぶ。こうして改めてそれぞれのカテゴリーごとに人数が

**表3**　文化8年2月，表店食類商人の構成

| | 文化8年2月 | 文化7年からの増減 |
|---|---|---|
| 煮売肴屋 | 378(人) | −71(人) |
| 煮売茶屋 | 188 | +172 |
| すしや | 217 | −18 |
| 蒲焼屋 | 237 | 0 |
| 茶漬・一膳飯・奈良茶・菜飯・麦飯・田楽屋 | 472 | −21 |
| 団子・汁粉・雑煮・餅・阿部川餅・飴雑菓子・水菓子・**揚もの・焼米・こかしや** | 1,680 | +2 |
| 煮売居酒屋 | 1,808 | −125 |
| 饂飩屋・蕎麦切屋 | 718 | +2 |
| **醴屋** | 46 | −5 |
| 餅菓子・干菓子屋・煎餅・軽焼・**干饂飩・白雪こうや** | 1,186 | −68 |
| 貸座鋪・料理茶屋 | 466 | −2 |
| **蒲焼屋***  | 59 | +7 |
| **漬物屋**・金山寺・**梅枝**・てんふ・更紗梅 | 130 | −2 |
| **獣肉** | 9 | −31 |
| 合計 | 7,603** | −160** |

注1)　*史料のママ．蒲鉾屋の誤記カ．**史料のママ
注2)　ゴチックは，文化11年8月に書上げから除外されたもの．『町触』11647による．この中で，「摘入蒲鉾屋」は蒲鉾屋に，「梅ひしほ類」は梅枝に，「麦こかし」はこかしやに，「白雪糖」は白雪こうやに，それぞれ比定した．そのほか「煮豆」も対象外とされている．
出典)　『町触』11572による．

表のように数えられ、全体では前年より一六〇人減の七六〇三人であることが確認されたのである。そして改めて六〇〇〇人への削減をめざし、月ごとに減少数を報告するように求めた[13]。

また、文化十一年(一八一四)八月には、表3のうち九種(表ではゴチックで表記)については調査の対象外にしているが[14]、それでも人数はあまり減らず、ようやく目標である六〇〇〇人以下となったのは、諸国大飢饉のさ中である天保六年(一八三五)四月になってのことであった[15]。

## 三　荷い家台と振売

次に、先の食類商人の基準でみたb・dについてみておこう。表店食類商人の把握に先立って、寛政七年(一七九五)十一月と十二月に、「夜商之荷家台」の取締りに関する史料がたて続けにみられる。

一つは、十一月十九日に町奉行が町年寄樽与左衛門を通じて、肝煎名主たちに対して伝えた命令で、十二月一日から「夜商之荷ひ家台売」を禁止とするというもので

ある。[16] これによると、火を持ち歩く「夜商人」は以前から禁じられてきたのに、市中の往還や広小路に夜分荷い家台を出し、また半台をおき、灯火をともすなどして夜商いをする者が依然として多数存在することの取締りをめざすものであったことがわかる。そして、こうした渡世のうち、「貧窮・足弱老人」や「拠無之筋ニ而実々渇命ニもおよひ候程之者」について調査し、名前書を提出するように指示している。右の後者についてはさらに次のように述べる。

裏住居いたし、又は表店ニ罷在候而も、見世商ひハ不致、町内又は他町之往還江家台・半台等持出、商ひ致候分ハ、足弱老人ニも不限、一統困窮之者ニ而外渡世も難相成、不得止事夜商ひ致候次第……

裏店や、たとえ表店居住でも、「見世商」はできず、町内や他所に家台・半台を持ち出して商いをする者は困窮人であり、やむなく夜商いに従事してくらしを支えている者がこれに相当するわけである。樽はこれら足弱老人や困窮人について、夜商いを特別に認可するように町奉行に対して「御慈悲願」を行なうつもりだとしている。

この時指示された「名前書」の提出にむけて、名主たちは次のような調査の基準を確認している。

① 荷い家台や、水菓子・飴をならべる半台などを持ち出し、往還その外のきまった場所で灯火をともし夜商いをする者を対象とする。

② 蕎麦切・醴《あまざけ》・田楽などを夜に売り歩く者などについては「とりとめもない」ので対象外とする。

③ 表店で商いする者が、店前に荷い家台や半台をさしだすことは禁止なので、名前を書き出すには及ばない。

こうして作成された貧窮・足弱の夜商いについての名前書提出をうけ、十一月二十六日に町奉行は町年寄三人を通じて肝煎名主らに次のように指示している。[17]

・名前書に記された、貧窮や足弱のため昼間に荷を持ち歩く商いができない者は、「余儀なき」ことなので、当分の間は夜商いを許可する。

・許可した者へは、証拠として「紙印鑑」を一枚づつ交付するので、これを板などに張り付けて夜商いに持参せよ。

この印鑑を持てば、武家屋敷を除いて、荷い家台をどこに持ち出してもかまわない。

・これらの者からは、十二月一日から三年間、夜荷いに出た場合一人分一夜につき五銭づつ「除銭」させ、これを町々の役人を介して、毎月樽与左衛門のところに預かる。この除銭は税ではなく、貧窮の夜商が家台売りに出られなくなり、くらしに困った時に、これを支援し生活を維持させる（「身分片付」）ために用いられるものである。

かくして、この時までに夜商いの荷い家台はその「過半相やめ」、残る貧窮・足弱のもの九一〇人に印鑑紙札が発行されている。これから、この取締り以前は、二〇〇〇人前後もの夜商いが市中に存在したことになろう。

また次の史料は「類集撰要」所掲の「御印鑑相渡候夜商ひ之荷家台売より、毎夜除銭預り方向々申合雛形」の一部である。(18)

一　○朱。「家主通ひ帳」

何町何丁目誰店
何売　誰

●○朱。「除　銭致候夜之分」
○○朱。「除　銭無之夜之分」

卯十二月大

●十　○九　●八　●七　○六　●五　●四　●三　●二　○朔

●廿　●十九　●十八　○十七　○十六　○十五　●十四　●十三　●十二　●十一

●晦　○廿九　●廿八　●廿七　●廿六　○廿五　●廿四　●廿三　●廿二　○廿一

卯十二月分

名主（切押）〆何拾何文　㊞　当人之判

右では、寛政七年十二月分について、ある町の夜商いが朔日から晦日までの間、何回除銭をしたかを家守が「通ひ帳」を用いて日ごとにチェックし（ここでは二十一夜）、その合計分（一〇五文となる）を当人の確認の下で支配名主に月ごとに預ける方式となっている。そして支配名主の下で集約され、肝煎名主を経て樽役所に預けられるわけである。この除銭は寛政十一年（一七九九）四月に停止となるが、[19]紙印鑑を持つ夜商いの荷い家台らは「札持商人」[20]として定式化されることになる。

ところで、こうした足弱老人・困窮人の零細営業をめぐる政策をみるときに想起されるのは、十七世紀中頃に実施された江戸市中の振売商人の調査である。[21]このとき、表4のように振売をいくつかの類型にわけて町ごとに書き上げることを命じている。[22]表4にある「北之方」の人数とは、当時の江戸市中北半に相当する部分のものとみられる。町奉行所ではこの書き上げにもとづいて、A―DとFに振売札（万治札）を交付し、これらについては札持以外の者の営業を禁じた。そしてEの二六種については、札の有無に関わりなく振売営業を認め、さらにFの一五種については、老人・子供・身体障害者のみが営めるものとした。表4で札持とされたものをみると、Aは右でみた老人・子供と身体障害者であり、B―Cの営業種目にかかわりなく、札銭はなしとされる。またB―Dを営む一五―五〇歳の札持の健常者は、Bの絹紬売など六種（札銭なし）、Cの古着売・煎茶売（札銭あり）、Dの髪結（札金あり）、から構成されることになる。

表4にみられる振売は、その中に髪結をも含むなど広義であるが、これは表店の常設店舗における営業との対比で、路上・広場・橋台などで営み、居所は裏店にある下層商人らによる小営業の総称であると考える。このようにみると、それから一世紀半近くを経た寛政年間に至り、零細商人や老人らによる荷い家台や半台を用いての非常設的で移動する簡易な売場営業の大半が、町奉行所による統制の外にあり、事実上放任されていることを見いだせるのである。

**表4**　万治2年（1659）の振売改と「振売」層

| | 振売札の交付 | 札銭 | 「北之方」の人数 |
|---|---|---|---|
| | | | 人 |
| A　50歳以上 | | | 3,054 |
| 15歳以下 | ○ | | 1,264 |
| 片輪者 | | | 130 |
| B　絹紬売 | | | 112 |
| 木綿布売 | | | 541 |
| 麻売 | ○ | | 143 |
| 紙帳売 | | | 111 |
| 蚊屋売 | | | 2 |
| 小間物売 | | | 記載なし |
| C　古着売* | ○ | ○** | 220(98) |
| 煎茶売 | | | 107(21) |
| D　髪結師匠 | ○ | ○** | 110(43) |
| 髪結弟子 | | | 106( 2) |
| E　26種 | × | | 記載なし |
| F　15種 | ○ | ○** | 〃 |

注）『町触』242，246による．なお，E・Fの内容は以下のとおり（表記は史料のママ）．
E　革踏皮革木綿足袋売，小刀庖丁売，香具売，真綿ほうれい売，精進之干物売，きぬ糸売，ひきはた巾着売，南蛮菓子売，絹布切帯売，紙売，瀬戸物売，編笠売之類，つき米売，からかさ売，麹売，御座売之類，油売，せつた売，鍋売，薪木売，しゆろほうき売，物之本売，鰹節売，串海鼠売，串鮑売，鮭之塩引．
F　肴売，草そうし売，たはこ売，時々のなり物菓子売，塩売，あめおこし売，けたあした売，味噌売，酢醤油売，とうふこんにやく売，ところてん売，餅売，籠さる売，とうしん売，つけ木売．
*　古着買の誤記とみられる．
**　15−50歳の健常者のみ．（　）内は50歳以上．

こうして、食類商人のうち荷い家台や振売の者たちは、江戸の民衆世界における「其日稼の者」の一部に他ならないことがうかがえるのであるが、その具体的なあり様を「孝子褒賞」の事例から少し拾っておきたい。

事例①[23]　寛政八年（一七九六）、湯島横丁九兵衛店喜助（五九歳）

喜助は天明七年（一七八七）から同町で餅商売を営み、同所の「河岸通り町屋前」に夕方から「荷家台」を出して「夜分商い」にいそしんだ。家族は若い妻しげ（三二歳）と娘の三人で、足の不自由な舅吉平（六九歳）は白魚・かまぼこ・むしかれいなどを仕入れて売りあるく棒《ぼ》手《て》振《ふり》の肴売であった。やがて喜助は「九尺弐間の裏屋」に吉平夫妻をひきとり、隣の明家に住居をひろげるなど貧窮の中でも妻の老父母に孝行をつくした。

事例②[24]　天保十二年(一八四一)、西河岸町五人組持店吉兵衛女房なか

なかの家族は夫吉兵衛と倅の三人である。九年来「風痛」を煩う吉兵衛は仕事ができず、なかは未明に起きて食事をこしらえ、妊娠中のときも子供をつれて鶏卵や鯣を売りあるいた。そして帰宅すると子を「合店之者」に預かってもらい、夫の手をとって医者につれてゆき治療させた。そして夜になると、町内の路上に「家台見世」を出して煮売渡世を続けた。次男の出産後に稼ぎが減って一段と貧窮に陥るが、幼児を背負って未明から自分でこしらえた昆布巻などを売りあるいた。天保五年の火災で類焼し、ようやく避難するが、これを見かねた半蔵という者が町内に持つ自分の土蔵の庇下を貸し与えるなど、援助を惜しまなかった。最近は、長男も商いを少し手伝うようになり、また吉兵衛の具合がいい時には、家台見世の庇下まで背負ってつれてきて世話をしている。

事例③[25]　安政四年(一八五七)、北新堀町正次郎地借喜六悴友吉

父の喜六は、町内の路上で夜に家台見世を出して揚物渡世をしている。継母はつが「傷寒」の大病を煩ったとき、昼夜つきそい、神仏に回復を祈るなど、孝行に励んでいる。

これらからうかがえるのは、裏店を中心とする民衆世界にとって、家台店がそのくらしを支える生業の一部として定着していることである。また右の三つの事例では、いずれも居所の町内に家台店を出している点が注目される。こうした食類商人の家台店は、まずもって近隣の裏店民衆を顧客の第一とするのではなかろうか。昼間は他所に出かけて働く小商人や職人、あるいは日雇たちにとって、こうした近隣の屋台店は日々の食生活を支え活力を養う場として、不可欠な存在ではなかったかと考える。

## 四　商番屋

さて、二節で表店食類商人に関する取調べや削減の対象から除外されたものに、c「番屋等ニ而商」とあるのを見た。つまり商番屋も食類商人の一部であるとみられていたことになる。

冒頭でとりあげた「熙代勝覧」には、商番屋が五―六ヵ所描かれている。図4は、図1を拡大したものである。商番屋の番人が道ゆく人に声をかけている。番屋の中や小屋先の台上に様々な品が並ぶ。その多くは何物かわからないが、台上の陶磁器のようにみえるのは中古品か。図5は室町二丁目南木戸際の商番屋である。わらじや縄製品が売物として吊されているようにみえる。図6は本石町二丁目東木戸の商番屋である。老番人がすわる小屋の中には、煙草入れのようなものが吊されている。

こうした商番屋について、若干の史料をみておこう。一つは喜田川守貞『守貞謾稿』における以下のような記述である。

・「番小屋」　「……専ら阡陌にあり。これを衛る夫を番人、あるひはばんたと云ふ。……この番屋、広さ九尺に一間を定制とす……けだし番人は私宅別にこれなく、皆妻子とも番小屋に住みて、飯もここに炊きて食するなり。またこの番小屋にて、草履・草鞋・箒の類ひ、鼻紙・蠟燭・瓦・火鉢の類。……冬は焼いも、薩摩芋を丸焼にして、夏は金魚等をも売る。また常に麁菓子一つ価四文なる物を売る。故に江戸の俗、麁菓子を号して番太郎菓子と云ふ。(26)……」

・「蒸芋売り」　「……江戸にては蒸芋ありといへども、焼甘藷を専らとす。これを売る店数戸、挙げて数ふべからず。また阡陌番小屋にてこれを売る。……江戸蒸芋・焼芋売り巡る者、いまだこれを見ず。(27)」

**図4**　通本町の商番屋　「熙代勝覧」(部分)

注）　©ベルリン国立アジア美術館蔵.

・「貝独楽《ばいこま》」　「……番太郎小屋にて、貝殻の全体なるを売る……[28]」

これらによると、江戸市中の各町々にある番屋には、番太郎と呼ばれる者が家族で居住し木戸番を勤めながら商売をしていると記されている。扱われる商品は、草履・草鞋・箒、また鼻紙・蠟燭・瓦・火鉢などの生活用品、さらには焼芋や駄菓子などの食品、金魚、貝独楽用の貝殻など実に様々である。鼻紙とあるのは浅草紙などの再生紙、瓦とは今戸焼などの粗製の土器をさすものであろう。現代でいえば、町のコンビニや駅のキオスクのように、町の人々の身近にある雑貨屋なのである[29]。

こうした点は次の史料からも確認できる。

① ……飴雑菓子屋共、見世売は不致、葭簀張水茶屋・床番屋・講釈場等江卸売仕来……[30]

② 木戸番ニ而商内致候儀は如何に奉存候得共、いつとなく一般ニ相成、俄ニ差止候ハヽ、甚難儀可仕奉存候、併番屋前ニ家台見世差置、又は冬分焼芋大釜ニ而焚火仕……[31]

①は天保九年（一八三八）に、飴雑菓子問屋行事と二番

**図 5**　室町二丁目南木戸際の商番屋　「熙代勝覧」（部分）

注）　ⒸベルリンAアジア美術館蔵.

**図 6**　本石町二丁目東木戸の商番屋　「熙代勝覧」（部分）

注）　Ⓒベルリン国立アジア美術館蔵.

組飴菓子屋の一人との間でおこった、幕府御春屋御用をめぐる争論に際して、御菓子掛りの名主が付した意見書の一部である。葭簀張水茶屋や講釈場（寄席）と共に、床番屋、すなわち商番屋への卸売が飴雑菓子屋の業態であると記している。つまり、飴雑菓子の主要な小売の場の一つが商番屋に他ならない、ということである。

②は天保十三年（一八四二）十月に、堀端や河岸地の建造物の取締りと撤去を命ずる町触が出されたことに対し、一番組の名主らが、町奉行所の河岸地取調掛り与力にあてて、河岸地の木戸番屋などの取扱いについて問い合わせた伺書の一部である。ここでは、市中の木戸番＝番屋で商売することが一般化しており、その禁止は困難なことを述べるとともに、商番屋の前に家台見世を置いたり、冬には大釜で焼芋を作って売ることが常態となっているとしている。

以上みたように、商番屋は家台店とともに、町々における裏店層を中心とする民衆世界にとって、食べ物や生活雑貨を供給する大切な役割を担ったということができよう。そして、飴雑菓子や焼芋などを販売するという側面においては、広く食類商人の一種として認識されていたのである。

## おわりに

ごくありふれた日常生活のことは、歴史資料として残りにくい。まして、江戸の民衆世界を生きた無数の人々のくらしや営みを具体的に知ることは容易な課題ではない。本章ではこうした点を念頭において、食類商人の実態について若干ではあるが検討してみた。そこには、底の知れないほど複雑で豊かな食文化の担い手たちの存在が垣間みえたように思う。表店食類商人についてだけみても、表1・3にみたように多様な業種が含まれている。その一つ一つに歴史研究のメスをていねいに入れることが重要であろう。菓子をめぐる食文化史は、そうした営みにとって不可欠な構成部分であることを改めて思い知らされた次第である。

(1) 浅野秀剛・吉田伸之編『大江戸日本橋絵巻――「熙代勝覧」の世界』(講談社、二〇〇三年)。
(2) 本書第9章。
(3) この経緯については、吉田伸之『成熟する江戸』(『日本の歴史』一七巻、講談社、二〇〇二年)、および浅野・吉田注(1)書を参照。
(4) 浅野秀剛「制作年代・構成・注文主・絵師」(注(1)書所収)による。
(5) 浅野注(4)論文。
(6) 斎藤月岑『東都歳事記』二巻(東洋文庫版、一九七〇年)一九〇頁。
(7) 『江戸町触集成』(塙書房、一九九四―二〇〇六年)、一〇七二五号史料。以下『町触』―一〇七二五と略記。
(8) 『町触』―一一三一三。
(9) 『町触』―一一五六六。
(10) 『町触』―一一五六六。
(11) 『町触』―一一五七二。
(12) 『町触』―一一五六六。
(13) 『町触』―一一五七八。
(14) 『町触』―一一六四七。
(15) 『町触』―一二九九五。
(16) 『町触』―一〇二九一。
(17) 『町触』―一〇三〇二。
(18) 『東京市史稿　産業篇』四〇巻(東京都、一九九六年)、四六二―四六三頁。
(19) 『町触』―一〇七〇五。
(20) 注(18)書、四六五頁。
(21) 吉田伸之『近世都市社会の身分構造』(東京大学出版会、一九九八年)、第八章を参照。
(22) 『町触』―二二三八・二二三九・二四二・二四三など。
(23) 『大日本地誌大系　御府内備考』二巻(雄山閣、二〇〇〇年)、四五―四七頁。

(24) 『町触』一一三三二九。
(25) 『町触』一一五九五一。
(26) 喜田川守貞『近世風俗志（守貞謾稿）』一巻（岩波文庫版、一九九六年）、一四一―一四二頁。
(27) 注(26)書、二八九頁。
(28) 注(26)書、四巻三〇七頁。
(29) こうした点については、吉田注(3)書でも若干ふれた。なお、虎屋文庫編『「子どもとお菓子」展』（虎屋、二〇〇九年）、一二―一四頁を参照。
(30) 『町触』一一三二四四。
(31) 『町触』一一三七五二。

# 第11章　伝統都市の終焉

## はじめに

本章は日本の近世社会が固有に生み出した伝統都市類型[1]である城下町の〝終焉〟に至る道程を、町人地社会における社会的結合の主要な形態である仲間・組合の動向に焦点をあてて検討しようとするものである。

筆者はかつて江戸を素材として、城下町を構成する武家地・寺社地・町人地などのそれぞれにおける社会統合の磁極に着目し、町人地において大店や市場仲間を磁極として形成される社会を「単位社会構造」とし、またその裾野に展開する表店商人の位相を検討したことがある〈吉田 一九九五〉。こうした社会構造の分節的なありようは、一方では地縁的な町共同体やその連合としての惣町との関わりのみでなく、大店や市場社会から民衆世界にわたって無数に生み出される仲間・組合の全容とその構造に深く関わっている。本章ではこうした点を念頭に置きながら、伝統都市＝城下町の町人地社会において、町共同体や惣町結合とは異なる位相で、分節的社会構造の実態的内実を構成する主要な要素としての仲間・組合に注目したい。

ここでも素材とするのは江戸であり、また扱う時期は十七世紀半ばにまで遡ることになるが、主要な関心は、とりわけ天保十二年（一八四一）の「株仲間解散」令から、嘉永四年（一八五一）の「諸問屋再興」、さらには安政六年（一八五九）の横浜開港などにあることをあらかじめお断わりしておく。

ところで日本近世の仲間・組合に関する研究の到達点は、現在でもなお林玲子『江戸問屋仲間の研究』[2]であると考える。この研究は幕藩体制下の商品流通の枢要を担った江戸問屋とその仲間の生成・展開・崩壊の過程を、主に木綿・生糸・呉服などの品目をめぐる問屋制を素材として詳細に描ききったものであり、在地の特産物生産地帯や流通機構をも広く視野に置いた不朽の業績といえる。そこでは問屋の形態を、①荷主と注文主との仲介的な取次機関であり、口銭や蔵敷料を収入とする売場問屋・荷受問屋、②自己資本により直仕入を行う仕入問屋、の二つに整理した上で、(i)寛永期：荷受問屋の形成、(ii)元禄期：全国的な集荷構成を握りつつある仕入問屋への交替、(iii)享保期以降：三都問屋による流通独占の確立、(iv)十八世紀後半以降：生産者・在方商人と江戸市中仲間外商人との結合による独占体制の打破、とその展開を見通すのである。

こうした林説に対する批判としては、第一に近年塚田孝により、問屋のとらえ方について、十七世紀における江戸の木綿問屋の検討をふまえた上での次のような指摘が重要である[3]。①荷受問屋と仕入問屋は系譜も内容も異質なもので、売と買の媒介者である荷受問屋が近世を通じて問屋本来のあり方であったこと、②したがって荷受問屋から仕入問屋へ、という問屋のあり方の発展としてとらえる図式は再考を要する、ということである。

第二の問題点は、組合・仲間の性格を専ら問屋の位相においてのみ論ずるという方法についてである。この点は江戸問屋仲間による流通独占をとりあげた林の仕事に対してはないものねだりの憾みもあるが、例えば『講座日本歴史』において賀川隆行が「都市商業の発展」と題する論考で江戸の株仲間をとりあげた際に、もっぱら文化十年以降の十組問屋仲間にのみ視野を限定している点をふりかえるとき[4]、改めて町方社会全般に関わるものとして仲間・組合の問題を再考する必要性を感ずる。こうした点では、かつて中井信彦が江戸の「厖大な細民層」の大半が「封建都市としての江戸の構造的要素として位置づけられ」、菱垣廻船積仲間のような「組織の体系のなかに特定の程度まで組み込まれていた」と指摘した点が改めて想起されよう[5]。

そこで本章では、以下の点に留意しつつ、近世における伝統都市＝城下町における町人地社会の基盤となる仲間・組合の性格について再考することにしたい。

① 株仲間などの社会的結合は、問屋においてのみ見られるのではなく、「厖大な細民層」にまで広く深く及ぶ点を考慮すること。

② 問屋の本源的特質は、売と買を媒介する売場所有に存在し、これと商人とは異質なものである点をふまえること。

③ 以上を前提に、都市社会史的な視点から仲間・組合の展開を歴史的に概観し、伝統都市の終焉を見通すこと。

## 一　十七世紀中後期の仲間と組合

まず前提として、十七世紀中後期における仲間・組合の様相について改めて検討しておきたい。

### (1) 明暦三年(一六五七)町触の再考

明暦大火の余燼がまだくすぶる明暦三年九月に布達された町触については、拙稿の中でも二度にわたり検討したことがある〈吉田　一九八五、一九九〇〉。この町触は、後でふれる嘉永年間の「諸問屋再興」にむけての評議においても注目され、幕閣から個々の仲間に至るまで、仲間・組合に関する最古の町触として広く知られるものであった。この町触は、表1に示した諸商人・諸問屋・諸職人について、それぞれの職種ごとに「しめ売」や「手間料」引上げを目的に「一味同心」を行うことを禁じたものである。ここでは、商人と問屋とが異質であることを前提としていること、また、呉服・糸・木綿・紙・薬種・肴など後に問屋の中核を担う職種については、諸商人においてしか見出せない点

**表1**　明暦3年(1657)の町触にみられる商人・問屋・職人

| | |
|---|---|
| 諸商人 | こふくや　いとや　わたや　きぬや　かみや　ものの本や　おふきや　両替や　さめや　くすりや　**材木や**　**竹や**　くきや　**まきや**　こめや　**酒や**　肴や　革や　石や　塗物店 |
| 諸問屋 | **材木問屋**　米問屋　**薪問屋**　炭問屋　**竹問屋**　油問屋　塩問屋　**酒**・醬油問屋　茶問屋 |
| 諸職人 | 大工　木挽　屋ねふき　石切　左官　畳屋 |

注）諸商人・諸問屋に共通するものをゴシック体で示した.

を確認しておきたい。そして諸商人については、「商売人仲間」としての一味と、「棚（店）仲間」としての一味とが併記されていることから、諸商人の結合が町を単位とする表店の仲間と表裏のものとして形成されたとみられるのである〈吉田 一九九〇〉。ここでは町触の諸問屋に関わる部分を引いておきたい（『江戸町触集成』一八〇号文書。以下『町触』一八〇等と略す）(6)。

（前略。表1の諸問屋九種）

此外諸問屋、是又一同仕、他国より参候船商人問屋江不付、直ニ荷物売払候得は、其船之商人、重而問屋江不付候故、旅人致迷惑候由其聞候、且は旅人之勝手、且ハ諸人甘《くつろぎ》旁ニ候間、向後は舟商人心次第ニ商売可為致候、一味之申合堅停止之事

右では、他国から江戸にやってくる「船商人」が運送してきた荷物をそれぞれの品目を扱う問屋に到着させず、また直接販売した場合、問屋側が共同してその「船之商人」の荷物を二度と受託しないために、旅人＝船商人が迷惑しているとする。そして今後直接販売するか、問屋を経由させるかは船商人の「心次第」とするように命じ、問屋の「一味之申合」を禁じている。ここで注目されるのは、第一に、問屋との関係を有す他国商人が「船之商人」として表記されている点である。例示されている問屋の職種はいずれも海運・内陸舟運によって江戸へと搬入される品目であって、問屋―船商人とがまずもって舟運によって媒介されることが示されている。

第二に、このとき町奉行所は、問屋が共同で荷物受託を独占していることを停止している点が注目される。このことは、同じ町触の中で諸商人や諸職人の「一味同心」や「一同之申合」を禁じているのと同趣旨であるが、これは明暦大火後の江戸市中再建にむけて大量の物資を調達し、

また建物再建に際して諸職人の手間賃高騰を抑えるための時限的な法令ではないかと考える。つまり、「船商人」の手で諸国から舟運を介して集散する物資を、諸問屋により受託を独占させて流通支配の根幹に据えることは、十七世紀前半までに確立していた政策基調だったと推定する。

第三は、町との関係である。諸商人については「新規之商売人」が仲間入りすることへの妨害や「しめ売」についてばかりでなく、「棚仲間」の了解なしに明店を借りることができないようにする「一味」が問題とされた。つまり「商人の仲間＝棚仲間」という点が重要であるが、諸問屋についてもこの点は同様であった可能性も否定しがたいのではないか。町触文言中に「諸問屋是又一同仕」とあり、また天和四年（一六八四）二月の町触（『町触』二―一八五）に、

　町中諸問屋・諸商人・諸職人、何事ニ而も一同之申合一切仕間敷候、尤商売物直段之儀、時々の相場ニ売買可仕候、并店之かり借シ宿賃之儀共、一味之申合堅仕間敷候（下略）

とあって、諸問屋・諸商人・諸職人の仲間としての「一同之申合」と、店の貸借における「一味之申合」とが関連するものとして禁ぜられている。すなわち、諸商人のみでなく、諸問屋（さらには諸職人）においても、仲間としての結合は専ら町中における表店仲間のレベルにおいて存在し、町をこえた一味同心や、表店仲間としての閉鎖化はいずれも抑止されるという様相をうかがうことができるのである。すなわちこれを、町に拘束・保全・包摂された仲間・組合結合の段階として特質づけることができよう。

### (2)　十仲間

さて、江戸における問屋仲間の成立をみる上で重要なのが、元禄七年（一六九四）に結成されたという十仲間＝十組問屋仲間である。林玲子によってその成立に関わる「よるべき唯一の史料」として検討された正徳五年（一七一五）「大坂屋伊兵衛覚書」(7)により、成立期十仲間の性格についてみておきたい。

**表2　十仲間**

| a. 元禄7年(1694)，十仲間成立時の「参会之衆中」 | | b. 享保20年(1735)・十仲間 | |
|---|---|---|---|
| **本船町・米問屋** | 鎌倉屋・山口屋・桑名屋・松葉屋 | | |
| **室町・塗物問屋** | 楠見・八木・日光屋 | **塗物店** | 室町 |
| **通町・畳表問屋中** | | **近江表店** | 日本橋組 |
| **呉服町・酒問屋** | 鴻池吉兵衛・同安右衛門・同五兵衛 | **酒店** | 新川辺・伊勢町 |
| **本町・紙問屋** | 山中・高田 | **紙店** | 大伝馬町 |
| **大伝馬町・綿問屋** | 磯屋・紙屋 | **綿店** | 大伝馬町 |
| 〃　**・薬種問屋** | 駿河屋・小西 | **薬種店** | 本町組・大伝馬町組 |
| **通町・小間物諸色問屋中** | | **小間物店** | 通町組 |
| **本町4丁目・内店中**（帯屋・越前屋） | | **内店** | 室町 |
| **日本橋・釘問屋衆中** | | **釘店** | 日本橋品川町辺 |
| | | **油店** | 本船町辺 |

大坂屋（川上）伊兵衛は十仲間の一つ通町組に属す問屋であり、十仲間結成の経緯を、これを主導した一人として記したものである。そこには、「諸問屋の多くは上方に本店ないし仕入店をもち」、そこで仕入れた商品を海上輸送するときの「積合仲間としての結合」である十仲間結成の事情が記されている。(8) この「覚書」からうかがえる成立期十仲間の特徴は以下のようである。

① 表2－aは、この「覚書」に記される成立期十仲間の構成である。ここでは、「本船町にて米問屋、室町にて塗物問屋……」などとあり、それぞれの問屋仲間が、当初は町域を枠組として形成されたものであることをうかがわせる。すなわち前述したような、十七世紀半ばにおける町に拘束・保全・包摂された問屋仲間の様相が未だ色濃く残存している。

② 十仲間を構成する諸問屋は、表1に見た明暦三年の問屋名とは多くが一致せず、そこでは諸商人として記載された塗物・紙・綿・薬種・小間物・釘などの品目が問屋名に見られる。ここには、諸商売をめぐる問屋および問屋仲間が拡大していく動向が反映している。

③ 十仲間は大行司を定め、年三回会合を開くなど、諸問屋仲間の連合組織となるが、上方からの下り荷を扱う問屋に限定されており、また札の交付や名前帳提出、あるいは冥加負担など、権力による直接的な把握はまだみられない点に注意したい。

こうして形成された十仲間は、菱垣廻船問屋を手船化することによって支配下に置き、上方－江戸間の商品輸送を統括することで、江戸における諸問屋仲間の枢要としての地位を獲得していくことになる。(9)

## 二　享保期の仲間・組合

### (1)　享保六年(一七二一)の商売人組合

享保六年(一七二一)八月、町年寄奈良屋は江戸市中の年番名主にあてて諸職人・商人ら商売人の組合について町奉行の命令を以下のように伝えた(『町触』五七五九)。

① 新規の「諸商売物」営業を禁止する。

② 諸商売人を「類寄せ」し、地域ごとに「向寄《むより》能様」三〇－四〇人ずつ組合をきめて、その構成員を記した帳面(名前帳)を名主から提出すること。

③ 組合仲間を定めるときに寄合などの経費がかかり、「軽者《かるきもの》とも」が迷惑するので、「物入り多く」ならないようにすること。

そして町触の中で、表3にあるように九六種もの「諸商売人名目」が示され、このうち、六十余は「珍敷儀仕出可申商売之類」とある。これらの中には椀問屋・絹紬問屋という問屋名も若干含まれ、また十仲間に関連するものや御用達町人などもみえるが、当該段階では、その大半は問屋を欠く民衆世界に属す職種であるとみられる。こうしてこの町触は、仲間・組合という社会的統合の形式が、有力な諸問屋レベルのみにとどまらず、民衆世界の諸営業に至るまでひろく展開するに至った現状をふまえて、地縁的共同体である町に包摂されながらも、それとは別の位相において展開する社会的結合をはじめて包括的にとらえ直し、その直接的把握を試みた点にその画期性を見ることが可能で

表3　享保6年(1721)，諸商売人名目

| | | | |
|---|---|---|---|
| 扇屋 | 紺屋 | 菓子屋 | 紙屋 |
| 雛人形屋 | 瀬戸物屋 | 椀問屋 | 皮細工 |
| 小間物屋 | きせる屋 | 糸組屋 | 火鉢土器屋 |
| 塗物屋 | 布物屋 | 絹紬問屋 | 鼻紙袋屋 |
| はん木屋 | 練人形屋 | 絵馬屋 | 唐紙屋 |
| たはこ入屋 | 玉細工 | 錺屋 | 鋳物師 |
| 金具屋 | 指物屋 | 塗師屋 | 蒔絵師 |
| 下傘請売 | 銅細工 | 唐金細工 | はし屋 |
| 下駄屋 | 紙子屋 | 紺屋形彫 | 子供手遊類 |
| 戸障子細工 | 合羽屋 | 駿河細工 | 櫛引 |
| 鯨細工屋 | 作り花屋 | だくわしや | さし傘 |
| 仕立屋 | 水引屋 | 小刀屋 | 煎餅屋 |
| へつかうや | 菖蒲甲屋 | 三味線屋 | 錫屋 |
| 雪駄屋 | 土人形屋 | 琴屋 | 屛風屋 |
| 御用達町人 | 菖蒲刀屋 | 楊弓屋 | 経師 |
| 張貫人形屋 | 飴屋 | 正平染屋 | 花火師 |
| 筆屋 | 花昆布屋 | 白銀屋 | 印籠師 |
| 縫箔屋 | 挑灯屋 | 硝子屋 | 青貝師 |
| 彫物師 | 鍔師 | 鏡屋 | 毛せん屋 |
| ふすへ革屋 | 籠屋 | 革細工人 | もゝ引屋 |
| 革羽織屋 | 革足袋屋 | 鞠屋 | 呉服屋 |
| 京都出店糸組屋 | はりこ屋 | 請菓子屋 | 紙漉屋 |
| うちわ屋 | 唐木細工 | 挽物師 | 硯師 |
| みす屋 | あかね染 | 紫屋 | ひもの屋 |

ある。

また同年九月には、表3にはみえない竹丸太・葭・葭簀・苫・菰・縄・莚を扱う商人たちに対して「問屋・仲買・小売」三通りに組合を作り、名前帳を奈良屋役所に提出するよう命じており（『町触』五七六七）、職種によっては、表3の中にも、問屋・仲買・小売の三つのレベルで仲間・組合が整備・把握されたことも推測させる。さらに享保八年（一七二三）四月には、質屋・古着屋・古着買・古道具屋・唐物《とうぶつ》屋・小道具屋・古鉄屋・古鉄買の八種（八品商《はっぴんしょう》）について、「紛失物吟味」すなわち盗品のチェックを目的に商売人組合の編成を命じている（『町触』五八六九）。これらは大組一七、小組九九六に組織される一万八三九人の商売人に及び、その大半は民衆的位相に属すものであり、享保六年の町触にみた政策基調が社会構造の深部へと一段と浸透しつつあることが明らかである。

### (2)　地廻り十二品問屋

一方、十仲間をはじめとする諸問屋にも享保期前後に大きな動きがみられる。十仲間についてはすでに宝永年間に「問屋帳面」の提出が求められていることが確認できる（『町触』五九八九）。また正徳五年（一七一五）五月に正徳金銀の通用を促す中で、「問屋仲間にておの〳〵組合を立置」、「諸問屋組合切に其人別・町所付并月行事之者を委細に帳面

ニ記し引替所江渡置」などとある（『町触』五〇二一）。つまり十仲間以外の諸問屋についても、組合結成と名前帳の作成を命じているのである。

こうしたなかで、享保九年正月に市中の地廻り廻船問屋・高瀬船問屋と地廻り諸色問屋に対して、米・味噌・炭・薪・酒・醤油・水油・魚油・塩・木綿・ほうれい《（法令）》・真綿・銭の一三品の相場を書き出し、毎月町年寄の下に報告するよう指示している（『町触』五九〇三）。また、翌十年七月には、「地廻り諸廻船」が江戸に入津したときに運送してきた荷物や、帰帆のときに積み込んだ荷物を、一二品（前述の一三品のうち、「ほうれい・真綿」が一括されて計一二品となる）について高瀬船単位に集計し、支配名主ごとに毎月書き上げることを命じている（『町触』五九六三）。このような書上げは、その後寛政三年（一七九一）四月の時点で、「地廻り諸船入津・帰帆積荷物拾弐品、夫々問屋共より是迄書付帳面差出」とあり、「一ヶ月分積荷物員数」の報告が十八世紀末までは実施されていることを確認できる（『町触』九七二二）。こうした地廻り廻船に関わる諸問屋を「地廻り十二品問屋」と呼んでおく。この地廻り十二品問屋の特徴は、いずれも奥川筋船積問屋がカバーする内陸水運による物資流通と関わる点にあることが注目されよう。この地廻り十二品問屋において、十仲間に類する積荷の共同保全を核とした結合が見られたかは未詳であるが、巨大城下町・江戸と結びついて発展を遂げる地廻り地域の動向を背景として、地廻り十二問屋による積荷の統括が重視されたのであろう。このように見ると、上方からの廻船ルートとの対応で組織化された十仲間と、地廻りからの内陸廻船ルートに関わり定式化された地廻り十二問屋とは、規模の差や局面の違いはあれ、類似の機能を担うことになろう。こうして廻船による流通のターミナルとして、江戸における諸問屋の基本構造が確定したのである。(10)

### (3) 十仲間・十二品問屋体制

かくて、ほぼ享保年間の半ばを画期として、江戸市中の社会は商業・流通を基軸として一つの構造の下に定位することになった。それは次のような特質をもつことになる。

① 諸商人・諸職人のあらゆるレベルに普遍的に展開する社会的結合＝仲間・組合と構成員を、町とは異なる位相において名前帳の把握などによって直接統合するシステムであること。

② こうした統合システムの上部には、諸問屋を置いた。他国や在方から直接に荷物を受託するのはこの問屋に限定し、また問屋を派生していない営業品目については、行政的に、あるいは十仲間などの主導によって問屋を設置させた。こうして直接江戸で販売できるのは、近郊の生鮮品や他国の特産物を、自分荷物（後述）として持ち込む小商人の場合のみに限られることになる。

③ 諸問屋仲間の中核には、仲間連合である十仲間と地廻り十二品問屋が位置づけられた。これらは、諸国や地廻りの廻船によって集散する荷物のターミナル機能を果たし、そのことで当該品目や関連する職種の仲買・小売・諸職人を従属的に編成した。かかる伝統都市の基盤構造を「十仲間・十二品問屋体制」と呼んでおきたい。

④ しかしこうした十仲間・十二品問屋体制は、江戸市中における社会的結合の全てを統合しうるものではなかった。呉服物などの有力品目や肴問屋・青物問屋などは十仲間の外部にあったし、なかんずく「日用」層における人宿・六組飛脚屋・町火消組合・日用座、また八品商・髪結などの仲間は民衆世界に深く根をおろして展開し、諸問屋システムとは異なる次元において仲間・組合を構成したのである。こうした意味で、十仲間・十二品問屋体制とは、江戸市中における社会構造の外皮部分とみることも可能かもしれない。

## 三　株仲間体制とその解体

### (1)「文化度」

五節でふれるように、嘉永四年（一八五一）の「諸問屋再興」がめざしたのは、「文化度」すなわち文化十年（一八一三）に菱垣廻船積問屋仲間成立によって限定された株仲間体制以前への「古復」であった。この点を念頭に置いて、前節にみた十仲間・十二品問屋体制が、どのような過程を経て「文化度」にいたったかを追ってみよう。

林玲子は、享保期から文化期にいたる十組問屋の動向の特徴を「三都問屋による流通独占体制把握に対応」する「専業問屋体制の仲間の再編成と、広汎な下組の形成」としてとらえ、この下組を「簇生してくる中小問屋」を旧来の問屋仲間が系列化したものと位置づけ、文化十年における六五組・一九九五株からなる菱垣廻船積問屋仲間の設定を、こうした「広汎な下組の存在の上に」成立した表株仲間として性格づけている。以下、これ以降の仲間組合をめぐる秩序構造を「株仲間体制」と呼んでおく。こうして総額年一万二〇〇〇両の冥加金の上納を対価として、〆株として株仲間構成員数を限定し、株仲間体制へと至った具体的な過程の概要はとりあえず賀川による研究[11]に依拠し、ここでは表4・5によって「文化度」の株仲間体制の構成を見ておきたい。

表4は、嘉永二年（一八四九）三月に町年寄舘市右衛門が町奉行所の求めに応じて提出した「享保年中ゟ寛政迄、問屋諸仲間組々銘書」・「文化度十組御定之節、名目相立幷追々町年寄江名前帳差出候組々銘書」・「名前帳面不差出、重立候組合凡書」の三通の上申書の記載をまとめたものである（『大日本近世史料　諸問屋再興調』一五巻。以下、『諸問屋』一五と略す[12]）。またこの外に当該期の町触から得たデータで若干補足してある（表中のゴシック体部分）。ここには十仲間＝十組を構成する旧来の仲間・組合は含まれておらず、a 文化六年に新たに十組に加わったものと、b 十組以外のものからなっている。また表5は、この間に仲間・組合の公認を出願したが、不認可とされた例をわかる範囲でまとめたものである。

表4・5から当該期における仲間・組合をめぐる動向を見ると、その特徴は以下の五点であると考える。

① 表4-A-Dののべ一〇五組中、四割弱の四〇組は享保年中に公認されている。これは明らかに前節で見た享保

**表4　旧十仲間以外の仲間・組合**（嘉永2年の書上げによる）

| | |
|---|---|
| 元禄10 | 板木屋（暦屋） |
| A-1 | |
| 享保3 | 両替屋 |
| 享保10 | 水鳥問屋・岡鳥問屋 |
| 享保11．延享1，人数極め | 竹木炭薪問屋・炭薪問屋　(4) |
| 享保年中．人数取り決めなし | 米問屋（下り米問屋，関東米穀三組問屋，地廻り米穀問屋），書物問屋・絵草紙問屋（地本問屋），飼鳥屋，紙煙草入問屋，水油仕入方，魚油問屋，地廻り水油問屋，地廻り酒問屋，地廻り醤油問屋，地廻り塩問屋，味噌問屋，竹丸太その他小売荒物商売人，人宿　(13) |
| A-2 | |
| 享保年中．文化度十組参加．人数定め | 呉服問屋，薬種問屋，瀬戸物問屋，下り雪踏問屋，糸問屋，木綿問屋，繰綿問屋，真綿問屋，紙問屋，蠟問屋，下り水油問屋，下り酒問屋，下り廻船塩問屋，下り塩仲買問屋，色油問屋，小間物問屋，雛屋之内茅町組（雛人形手遊問屋）　(17) |
| A-3 | |
| 享保年中 | 御蔵前札差，八品商売人，下金屑金吹，古鉄買，芥請負人，髪結　(6) |
| B-1 | |
| 元文4．文化度十組参加．人数定め | 干鰯問屋 |
| 宝暦1 | **明樽問屋**（宝暦3停止） |
| 宝暦12 | 温飩杜氏宿 |
| 安永2 | 炭薪仲買 |
| 安永3 | 漆問屋 |
| 安永4 | **綿実買問屋**（天明8停止） |
| 天明1 | 熊野炭問屋 |
| 天明6 | 硫黄問屋 |
| 天明8 | 華松問屋，**玉子問屋** |
| 寛政3 | 団扇屋，地漉紙仲買，大工道具打物問屋（文化度十組参加．人数定め），**板木屋** |
| 寛政4 | **建具職** |
| 寛政5 | 地懸蠟燭屋，辻番請負人，**鬢付油問屋，明樽問屋仲買** |
| 寛政6出願 | **豆腐屋杜氏宿，車屋** |
| 寛政7 | 鋳物師 |
| 寛政8 | 朱仲買，紫根問屋・紫染屋，乾物問屋，石工見世持，**下座見**　(27) |
| 未詳 | 木場材木問屋，板材木問屋，熊野問屋，苫問屋，屋形船札持（正徳度から焼印札）　(5) |
| C | |
| 享和2 | **鍋釜問屋** |
| 享和3 | 豆腐屋触次世話人 |
| 文化1 | 藍玉問屋（文化度十組入り．人数定め），食物商人，**御用乾物問屋** |
| 文化6 | 石問屋 |
| 文化7 | 湯屋仲間，**長芋問屋** |
| 文化9 | 土船乗土商内仲間 |
| 文化11 | 地本問屋新組 |
| 文化12 | 蓮根問屋 |
| 文政2 | 砂利仲買 |
| 文政4 | 団扇屋新組 |
| 文政6 | 六組飛脚屋 |
| 文政7 | 蒟蒻問屋 |
| 文政11 | 塩干肴問屋（四日市組，小舟町組） |
| 文政13 | 漆仲買，湯波屋 |
| 天保2 | 糠仲間，地本問屋添組 |
| 天保3 | 廻船付船札持 |
| 天保10 | 粉屋 |
| 天保11 | 紀州蜜柑問屋 |
| 天保12 | 米仲買　(24) |
| D | |
| 名前帳を出さない「重立」組合．規定あり | 肴問屋，青物土物，廻船問屋，旅人宿，百姓宿，材木仲買，舂米屋，大道米舂，水油古組仲買　(8) |

注）『大日本近世史料　諸問屋再興調』15巻による．ゴシック体部分は『江戸町触集成』によって補ったもの．「a・b」と，続けて表記されるものは一件にまとめた．

六年の商売人組合に関する町触を受けての事態である。

② また地廻り十二品問屋も当然ながら全て右の四〇組中に含まれている。すなわち、享保期中頃に形成された十仲間・十二品問屋体制は、システムとしてここに統合され、単一化を遂げたことがうかがえる。

③ Aで文化六年に新たに十組に編入されるのは一七組に及んでいる（表4-A-2）。そのほとんどは問屋であるが、この外に、人宿・八品商・古鉄買・芥請負人・髪結など、A―1、A―3などに見える問屋以外の職分もいくつか含まれている。

④ 元文以降、天保十二年までに公認されたもの（B・C）は五六組に及ぶ。これらは寛政期に一七組が集中するほかは、それ以降ほぼ隔年に一組ずつ公認されている。また、この五六組の中で、文化六年に十組に新たに加入するのは干鰯問屋・大工道具打物問屋・藍玉問屋の三つにすぎない。

⑤ B・C五六組について、仲間・組合の位相を見ると、問屋二七、仲買七、商人（問屋仲買未詳）六、職人五、その他の職分一一である。享保期にはほとんど見られなかった仲買や職人、またそれら以外の多様な職分へと、十八世紀後半以降に拡大していく様相がうかがえよう。

こうして表4・5からは、十八世紀後半から天保期前半にかけて、江戸市中の諸問屋・仲買を中心に社会の隅々に分節的に展開する多様な社会的結合＝共同組織の多くが権力により把捉され、公的な認知を得るにいたったことが明らかである。天保四年（一八三三）正月、町奉行所は次のような町触を公布している（『町触』一二七二九）。

近来諸商売人之内仲ヶ間自法と唱、条目等仕立取計、或ハ公事出入ニ付、家業躰之義奉行所之入聞候事を種ニ致、株立候様、加入弘杯と名付取引致候趣相聞、如何之義、且ハ自然同商売軒別〆縊ニ相成、市中渡世向手狭ニ成行候ニ付、夫々可及糺ニも処《（ママ）》、

**表5　仲間・組合不認可の例**

| | | |
|---|---|---|
| 享保7 | 付木商売仲間 | (5807) |
| 延享2 | 糠商売人組合 | (6753) |
| 寛延3 | 酒仲買小売 | (6949) |
| 宝暦4 | 綿種問屋 | (7065) |
| 宝暦4 | 紙屑買請方 | (7065) |
| 明和2 | 草花商売人 | (7866) |

注）『江戸町触集成』による．（　）内は，町触番号．

先ツ此度ハ宥免を以別段不及沙汰候条、近頃新規自法を以相立候仲ヶ間名目早々相止メ、条目帳等可致破帳候、小前之商売向之義ハ別而窮屈不相成様致、勿論同商売ニ而隣家近辺江新見世差出、有来商売之障ニ成候義は不致、有来商売之者も、新見世差出候を無謂差障等不申間、睦合渡世可致候（下略）

右では、未公認の諸商売人仲間において「自法」を記した「条目帳」を新たに作り、仲間への加入権を株式化し、営業権を仲間内で独占しようとする傾向を指摘し、こうした「新規自法」を有す仲間名目を禁じて、新規の営業者と旧来からの営業者とが互いに「睦合」うように促している。また引用部分に続く但書において、仲間としての法がないと不取締となる家業については町年寄役所に申告するようにと、例外的に認可する場合があることを述べ、さらに今回の町触は、十組問屋やすでに公認されている仲間・組合（「願済組合」）は対象外であると断わっている。こうしてこの町触から、天保大飢饉直前の江戸市中においては、地縁的な町の枠とは相対的に別の次元で、十組を中心とする公認されたものを中心に、未公認のものを含む無数の仲間・組合が、民衆世界にも及ぶ社会の隅々にまで充満し、「政治社会への浮上」[13]を求めて不断に運動する状況をみてとることができよう。

## (2)　株仲間解散

老中水野忠邦が主導する天保の改革が始まって五ヵ月後の天保十二年（一八四一）十二月、幕府は町奉行所を介して菱垣廻船積問屋仲間の解体を命じた。いわゆる株仲間解散令の布告である。その背景や、法令施行をめぐる水野と町奉行遠山景元・矢部定謙との相剋などについては藤田覚の一連の研究に詳しい[14]。ここではこの株仲間解散令に関する町触の内容を再吟味し、株仲間解散令の意義について再検討してみたい。

すでに周知のように、株仲間解散令に関連する町触は翌天保十三年春にかけていくつか出されているが、主要なものは十二年十二月十三日のもの（『町触』一三四三〇。以下、町触ａ）と、十三年三月二日のもの（『町触』一三四九九。以下、町触b）の二点である。町触aの内容は以下のようである。

①　菱垣廻船積問屋の冥加金一万二〇〇〇両の上納は免除する。

②　仲間株札は停止し、問屋仲間や組合という呼称を禁ずる。

③　菱垣廻船によって江戸へ運送されてくる荷物をはじめ、どの国からのどんな品であっても、「素人直売買」は自由である。

④　諸藩の国産品などが江戸に送られてくる場合にも、従来からの問屋以外の「出入之者」へ売却するのも自由である。

この町触の眼目は、菱垣廻船積問屋の解体とその構成要素たる問屋仲間・組合の呼称停止である。問屋という呼称自体は禁ぜられていない。右の②では、他の諸問屋や組合一般についても適用されるかどうかが必ずしも明示的でない。③との関連からみれば、菱垣廻船積問屋に属すものに限定されると解されてもやむを得ない表現となっている。少なくとも、問屋仲間とは位相を異にする民衆世界を基盤に置く仲間・組合にとっては、この町触が自己とは関わりのないものと受けとったとしても当然であろう。

次に町触bについてみておきたい。そこでは、町触a以降、次のような状況がみられたことが記されている。

(i)　問屋仲間は解散させられたが、問屋という名目は残り、商売は「勝手次第」とされたために実質的に組合は持続し、同商売の者で安値で販売するものや素人で荷請するものに支障が生じている。

(ii)　株札や問屋仲間の停止は十組のみだととらえ、十組以外の問屋やその仲間は対象外と理解する者がいる。

こうした点をふまえて、町触bでは以下の点を布達している。

⑤　組合・仲間などはもちろん、問屋と呼ぶこともきびしく禁ずる。商売の中身についても、仲買に卸売のみをするのではなく、もっぱら小売を行うこと。（問屋営業自体の抑制）

⑥　十組以外についても、株札や問屋仲間・組合を禁ずる。（問屋仲間解散の全面化）
⑦　冥加金とともに、上納品や無償の人足・川浚・駆付などもすべて免除する。（諸負担の解消）
⑧　荷物を仕入れて貯えるのは自由だが、他国の産地に前貸して積送らせ、品物を囲っておくことは不正である。（前貸支配の排除）
⑨　湯屋・髪結床などは諸物価には拘わらないということで、組合・仲間停止の対象とはしなかったが、同商売の者で安値で商うものがいると組合としてこれを妨害しているとのことなので、これらの商売についても株札・組合仲間を停止する。（非問屋的な仲間・組合の停止）

例えば林玲子は「幕府は従来仲間を通じて都市商人及び生産地への流通統制を行なっていたのに対し、仲間の存在そのものを否定し、都市においては町支配の組織を利用して個々の商人として取締り、生産地に対しては領主権力として流通及び生産過程に対する政策をとった」というように株仲間解散令を位置づけている[15]。「「素人直売買」による流通の活発化を狙う」物価統制・物価引下げ政策として専ら性格付けていることになろう。しかしとくに町触bに見られるように、旧十組＝菱垣廻船積仲間に所属する諸問屋のみではなく、十組外の全ての問屋仲間に、さらには問屋以外の職種における公認された仲間・組合にまで、解散令の対象は拡大していったのである。

かくして、民衆世界の深部にまで及ぶ多様な職縁的共同組織は、外皮としての株仲間体制が破砕されると共に、公定された仲間・組合システムの網の目を喪失し、実態としての共同組織どうしの無秩序な競合状態へと解き放たれることになる。

## 四　諸問屋再興

### (1) 空白の一〇年

十組問屋を頂点とする株仲間体制によって、江戸市中の諸仲間・組合からなる分節的社会構成の統合を図ってきた幕府は、年一万二〇〇〇両の冥加金やその他の諸役収取を自ら放棄して、株仲間体制を解体し、さらにはこれまで公認してきた仲間・組合の存在を否定した。そして、仲間・組合による営業の相互規制と、問屋営業に見られる口銭収取などをもって物価高騰の原因とし、これらをトータルに排除することを企図した。天保期前半の危機を背景とする天保改革の政策基調は、こうして物価統制を主旋律としていく。しかしすでに指摘されているように、かかる短絡的な方策によって物価が安定するなどというのは全くの幻想でしかなかった。株仲間解散がさしたる実効もないまま、水野らの失脚によって改革が頓座すると、江戸市中にむけての流通政策は迷走し、公法的な諸問屋や仲間・組合が不在という意味での「空白の一〇年」を迎えることになる。

嘉永四年(一八五一)三月に諸色懸名主らは、こうした「空白の一〇年」における「手広之御沙汰」によってもたらされた状況下にめだつようになった業態について、次の三つにまとめている(『諸問屋』二、四〇頁以下)。

① 「少分之品物、在々馴染《なじみ》・所縁之者より聊《いささか》つゝ引受候もの」
② 「諸国荷主とも直売致し候節、市中所縁之ものを中次(継)・刺取同様、売捌方世話致し候者」
③ 「(諸国廻船)船頭買積致し候少分之荷物……入津之節、船頭相対、市中之もの中次・刺取売方致し候者とも」

これらは旧来の体制下では「抜荷物」の売買を担う違法状態の業態を示すもので、問屋の名目が廃され、問屋仲間の独占的商品受託が否定されたために、新たに台頭してきた受託業者たちである。彼らは右で「中次・刺取」と称する仲買の一種に類するものとされているが、少量の荷物を扱う点、有縁の関係にもとづく点、荷主の直売あるいは船頭の自己資本による買積荷である点などの特徴を有した。こうした事態の背後には、実は以下のような近世の諸商売に関する本源的性格の問題があると考える。

この時期の諸商売を見る上でのポイントは、幕府による「素人直売勝手次第」(『町触』一三四三〇など)の奨励という事実である。別稿〈吉田 二〇〇二〉でふれたように、日本の近世社会において、商人とは本来、生産者から直接購入した商品と自己の人格とが一体であるという商品所持者である点に特徴があり、自分の商品＝自分荷物を携えて各地を移動し売買に従事することは、本来自由であるとされた。これを「自分荷物の論理」と呼ぶと、これは十仲間・十二品問屋体制やあるいは株仲間体制の下にあっても、当の問屋を含めて広く社会的に認知・承認される原則であったと考える。

株仲間解散による「空白の一〇年」において、こうした自分荷物の論理は、問屋や問屋仲間の軛から突然解放されたことになる。それは「素人直売勝手次第」による物価抑制という改革期幕閣の思惑とは別のレベルで、商人らにとって自己の本源的属性がどこにあったかを一挙に覚醒させる結果をもたらしたのではないか。すなわち、商人人格と自己のものとしての商品との一致、その所有主体としての〝売買自由〟の原理がこれである。

### (2) 古　復

一度失脚した水野忠邦が老中に返り咲き、すぐに再度罷免された直後の弘化二年(一八四五)十月頃から、幕府は同年三月に南町奉行に復活した遠山景元を中心に、諸問屋の「古復」についての検討を極秘のうちに開始する。翌弘化三年七月に遠山は、老中阿部正弘から「問屋諸株古復」についての意見を求められるが、①「小前之もの共渡世之便利を聞」き「民心を治る」ためにも古復の英断を下すべきこと、②「山気之者共」の策動を許さぬよう極秘の中に調査し、古復の命令は予告なく突然実施すべき(「突出に表題を一般ニ被　仰出」)こと、③十組の名称や冥加金上納は復旧せず、ただ「諸問屋諸株古復」のみを布達すべきこと、④古復の水準は「寛政迄之所」への復帰とすべきこと、などと回答している(『諸問屋』一、八―一二頁)。その後、嘉永元年(一八四八)四月以降、古復にむけての評議と実態調査が本格化するが、基本的には右にみた遠山の意見にほぼ即して政策が煮つめられていく。そして同四年三月初めに「文化以前之所江現在之姿ニ再興」（『諸問屋』二、三六頁）することに決定し、三月九日に名主を介して、諸問屋再興の町触が布達されるにいたった。この町触の主たる内容は次のようである（『町触』一五一五四）。

① 天保十二年に物価統制のために諸問屋仲間組合が停止されたが、「商法」が崩れたために物価も下らず「不融通」となったので、今回問屋組合を「文化以前之通」に再興することを認める。

② 冥加金は賦課せず、また株札を幕府から交付することはない。

③ 薬種問屋・両替屋・岡鳥問屋・水鳥問屋・暦問屋などを例外として、その他について人数の増減は規制せず、新規参入者を妨げるような「窮屈之自法」を作ってはならない。

④ 問屋組合の構成は、解散前の状況にかかわらず、嘉永四年三月の現状（「現在之姿」）によること。

⑤ 個々については調査の上指示するので、それまでは現在の状態のまま待機し、あれこれ訴願してはならない。

こうして町奉行所与力・町年寄・支配名主らの総力をあげて、天保十二―十三年に解散させられた諸問屋・商人・職人らの仲間・組合一つ一つについて、その由来や現況が調べられてゆくことになる。このとき調査の前提とされた、天保十二年以前の仲間・組合の類型は次の五つであった（『諸問屋』一、二五頁以下、四八頁以下による）。

a　享保・寛政両度共被立置候十仲間問屋名目　二二組・七二八～九株
b　同断、十仲間外ニ而問屋名目有之、文化度一旦付属致し候処、従古来別廉之分　九組・三〇四株
c　同断、十仲間外問屋名目株立居候分　五四組
d　享和度以来全新規株立候分　八組
e　文化度より十組内訳いたし、株札相渡候分　三五組

aは、元禄期以来の十仲間に享保年間までに一二組が加わった本来の十組であり、またb・eとdのうちの三組は、

文化六年に新たに十組に加わった部分である。またcと、dのうち五組が、文化度の株仲間体制下において、十組以外とされたものである。諸問屋の再興にあたっては、これらのうちdは不認可とされ、残りの仲間・組合が、嘉永四年段階の現状をベースとして古復が認められていくことになったのである。

しかし先に再興の町触の内容に見たように、「文化度以前」をモデルとして古復された仲間・組合は、文化度以降のそれと比して、冥加金上納を免ぜられる代わりに株札の交付も廃され、構成員の限定を権力的に担保されることはなくなるなど、存立条件に大きな変化をうけた。一方、文化度以前への古復とはいっても、文化六年以降三三年間に及んだ株仲間体制や、天保末期からの「空白の一〇年」を経て、諸問屋・諸商売をめぐる現状は相当程度変容を遂げており、そうした現状の容認の上に似て非なる「文化度以前」システムの再構築が図られたというべきであろう。しかも、株仲間の解体によっていったん表出した「自分荷物の論理」にもとづく数多の小経営の簇生は、古復以降においても「新規商売取付」の自由を権力が保障するという、旧来とは異なる主体条件の下におかれることになった。こうして古復以降二年余り後、江戸市中の経済秩序が未だ不安定なままの嘉永六年（一八五三）に、巨大な世界市場の荒波が江戸をも直撃することになるのである。

## 五　仲間・組合の展開と伝統都市の終焉

本章の最後に、近世中後期・伝統都市における町人地社会の基盤を構成した問屋・商人・仲間・組合をめぐる動向をまとめ、開港から維新期への展開を見通すために、仮説的なスケッチを試み、まとめにかえたい。

① 近世の流通・商業を見るうえでのポイントは、問屋と商人を異質で二元的なものとしてとらえるところにある(16)。問屋の所有は土地所有の一形態としての固定的・定点的な売場・貯蔵場所所有と金融の二つを柱とし、前者から得

る口銭・蔵敷と後者の利子とを収入源とした。一方商人は、貨幣商品所有者として本源的には流動的な小経営であり、自己資本によって仕入れた商品と一体となって、広域を移動する者も存在した。こうした商人の論理は「自分荷物の論理」として広く承認された。

② 城下町をはじめとする日本近世の伝統都市域には、これらの問屋・商人が集中した。幕藩権力は、問屋における口銭収取権を認め、これを代償にそのヘゲモニーを利用し、都市域内・外の多様な商人およびその集団と物流の管理・統合を担わせた。このような問屋とその仲間を統合核とする伝統都市の特質はほぼ十七世紀後半に確立し、諸商人・一部職人・「日用」層・乞食＝勧進層にわたり、都市社会を覆う分節構造の大半は、かかる問屋ヘゲモニーによって秩序化されることになった。こうした伝統都市の段階を「問屋ヘゲモニー下の分節的社会構造」と性格づけることができる。

③ 江戸の場合、享保年間から天保期前半にかけての一一〇―一二〇年間は、問屋ヘゲモニー下における仲間・組合によって構成される分節的社会構造の進展・成熟の過程ということができる。十仲間のシステムは拡大し、地廻り十二品問屋の形式を誘発、ついでこれを包摂し、さらには十仲間外の多様な問屋仲間、また商人をはじめ各位相における仲間・組合の結成を促進した。「文化度」の株仲間体制は、問屋ヘゲモニーの達成点であり、その有力な中心部分と幕府権力とは一種の共生関係を持つことになった。

④ 天保十二年末―十三年春の株仲間解散令は、右のような共生関係を幕府が一方的に破棄し、公認された問屋ヘゲモニーが不在となる空白の一〇年間をもたらした。しかし解散を断行した幕閣の一部勢力に、問屋ヘゲモニーに代替しうる伝統都市固有の流通支配や、社会統合の理論と現状分析、さらには具体的な政策案があるはずもなかった。この混乱の空白期を奇貨として急速に台頭するものこそ、問屋・問屋制の軛の下に抑制されてきた商人の論理、すなわち「自分荷物の論理」にほかならない。

⑤　嘉永四年春の諸問屋再興令は「文化度」以降の株仲間体制への復帰を意味しなかった。そこでは「文化度」以前の、ルーズな問屋ヘゲモニーへの〝古復〟を標榜するものの、社会の実態においては、仲間・組合を単位とする分節構造が一段と緻密化する。一方で再建されたとはいえ弱体化した問屋ヘゲモニーの間隙をつくように、伝統都市の内部と在地社会における豪農商層の両局面で、空白の一〇年間に表出した「自分荷物の論理」をとらえ返す動きが、ここかしこに湧出していく。

⑥　安政六年（一八五九）六月の開港、なかんずく江戸にとって神奈川＝横浜の開市こそ、こうした小経営商人の論理であった「自分荷物の論理」が、一拠かつ爆発的に展開し肥大化する契機となった。翌年閏三月に出された「五品江戸引廻し令」の冒頭は、次のように始まる（『町触』一六四一三）。

神奈川御開港、外国貿易被仰出候ニ付、諸商人共一己之利徳ニ泥み、競而相場羅上ケ、荷元ヲ買〆、直ニ御開港場所へ相廻し候ニ付、御府内入津之荷物相減、諸色払底ニ相成、諸人難儀致し（下略）

右では、生糸をはじめとする輸出品を産地において買い占め、江戸問屋を介さずに自己の荷物とともに開港場所＝横浜へと殺到する、「一己之利徳」に目が眩んだ一群の「諸商人」、すなわち「神奈川売込人」＝売込商の活動が、諸問屋再興からまだ日が浅く、足腰を弱らせた江戸の問屋ヘゲモニーを根底から揺がし、「諸色払底」を招く状況を述べている。図1は、万延元年（一八六〇）十一月に北町奉行池田頼方が老中安藤信正にあてた上申書に添えられたとみられるものであるが、ここでは「五品取締」令に準ずる荷物の流れ（「御触面之通」）と、違法状態（「御触背之廉」）とを対蹠的に図解してみせる。こうして、「神奈川売込人」、すなわち「自分荷物の論理」に依拠する新手の小売商＝貿易商の登場が、江戸問屋の地位を揺るがすのみでなく、弱体化したとはいえ再建された問屋ヘゲモニーによって、それなりに再秩序化されはじめていた江戸市中の分節的な社会構造を、一拠に流動化させることになるのである。

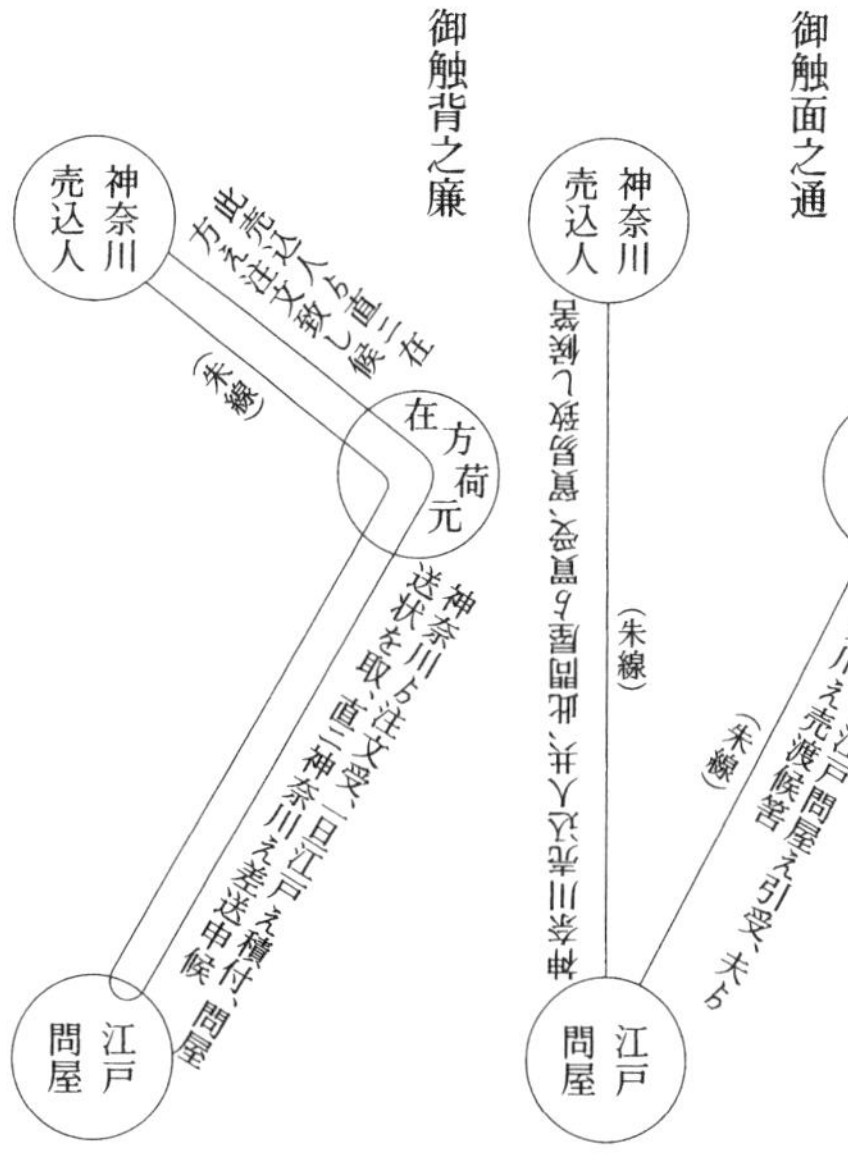


**図1**　五品取締令と荷の流れ

注）『横浜市史　資料編』より．

⑦　また、開港場横浜の建設は、社会＝空間構造の面でこれまでとは全く異質な要素を二重にもつ「近代都市」[17]の誕生を意味した。それは第一に、欧米市民社会の移植としての外国人居留地であり、第二に問屋ヘゲモニーを排し、売込商＝商人ヘゲモニーの下に形成される横浜町である。

⑧　維新政府は、明治元年（一八六八）閏四月に設置した商法司の下に各地に商法会所をおく。十月には東京にも商法会所が設置される。そしてこのとき市中への布達の中で「在来之諸問屋ハ勿論、其他何渡世ニ不限、株鑑札申渡、渡世相成候」として、「身元金上納」と引きかえに株札を交付することを伝えている[18]（『諸問屋沿革誌』三八四—三八五頁）。これは、「文化度」株仲間体制の再版である。しかし十二月にすぐ撤回され（明治元年の「株仲間解散」）、「都テ商業勝手次第」となる。なぜすぐ頓座したのか。それは、ひとたび幕府支配の軛から放たれ利欲にとりつかれた市中の諸商売人たちに対して、弱化した問屋ヘゲモニーの枠を改めて覆せようとするのは、時代錯誤の政策であったためにほかならない。そこでは、煮えたぎる欲望＝市民社会の論理を解放・解発する方向での、新たな社会統合のシステムが模索されることになるのである。

（1）前近代の都市類型を、近代都市・現代都市との対比から伝統都市と呼ぶ。日本においては、都城と城下町が主要なものである。
（2）林玲子『江戸問屋仲間の研究』（御茶の水書房、一九六七年）。
（3）塚田孝「身分制の構造」（『岩波講座日本通史12　近世2』岩波書店、一九九四年、のち『近世身分制と周縁社会』東京大学出版会、一九九七年所収）。
（4）賀川隆行「都市商業の発展」（『講座日本歴史6　近世2』東京大学出版会、一九八五年）。
（5）中井信彦「江戸町人の結合論理について――菱垣廻船積仲間と三橋会所を素材として」（豊田武教授還暦記念会編『日本近世史の地方的展開』吉川弘文館、一九七三年）。
（6）『江戸町触集成』（塙書房、一九九四―二〇〇六年）。
（7）林注（2）書に全文紹介。
（8）林注（2）書。
（9）林注（2）書。
（10）享保十一年（一七二六）五月に、一五の品目をめぐる問屋から名前帳を徴し、これを「十五品問屋」と称した。これは「諸国在々ゟ商売物取寄、少々ニ而も問屋を兼候者」（『町触』五九八九）を把捉しようとしたものである。品目の内、生蠟など三つを除き、地廻り十二品問屋と一致するが、地廻り廻船との関わりが未詳である。
（11）この時期の仲間・組合の動向を見る上で重要なのは、文化六年（一八〇九）二月三橋《さんきょう》会所設立と、同十年三月の菱垣廻船問屋仲間の結成である。賀川隆行は、このうち後者について旧来の十組問屋を業種別に編成替したもので「株仲間化によって人的・地縁的結合から業種別へ再編成」された点に特徴をみている。しかしこの点はていねいな実証を欠いており、問屋仲間の結合原理自体に賀川が言うような意味の転換があったかは疑問であり、本章では文化十年前後をとりあえず連続的にとらえることにする（賀川注（4）論文）。
（12）東京大学史料編纂所編『大日本史料　諸問屋再興調』一・二巻（東京大学出版会、一九五六・一九五九年）。
（13）塚田注（3）論文。
（14）藤田覚『幕藩制国家の政治史的研究』（御茶の水書房、一九八七年）、同『遠山金四郎の時代』（校倉書房、一九九二年）。
（15）林注（2）書。

（16）　塚田注（3）論文。

（17）　十九世紀末に北米大陸で生まれ、二十世紀以降地球的世界を覆うに至る現代都市類型との対比で、伝統都市からの過渡期における類型を、ここでは近代都市と呼ぶ。横浜を近代都市とするのは、横浜町における惣町＝町共同体や遊郭＝吉原町における「伝統」的性格を色濃く有することによる。

（18）　東京都公文書館編『江戸東京問屋史料　諸問屋沿革誌』（東京都、一九九五年）。

＊本章で引用する下記の拙稿については、〈吉田 一九八五〉などと本文中に略記した。

吉田伸之 一九八五「町人と町」『講座日本歴史5　近世1』東京大学出版会、〔吉田 一九九八〕に収録
吉田伸之 一九九〇「振売」高橋康夫・吉田伸之編『日本都市史入門』三巻、東京大学出版会、〔吉田 二〇〇〇〕に収録
吉田伸之 一九九五「巨大城下町――江戸」『岩波講座日本通史15　近世5』（〔吉田 二〇〇〇〕に収録）
吉田伸之 二〇〇二『成熟する江戸』〈日本の歴史17〉講談社

# 補論2　寛永期、金沢の魚問屋について

『金沢市史』資料編6[1]に収録されている諸史料を一読するなかで、石黒裕明家文書[2]「寛永二年乙丑ヨリ元禄十四年辛巳六月マテ留帳」から引かれた寛永年間の魚問屋に関する三点の文書が目にとまった。事務局の方に無理をお願いして、「留帳」原本の一部コピーをお送りいただき、資料編に未収録の部分を含め少し丁寧に読んでみた。いただいたコピーによると、この「留書」には寛永二年(一六二五)から同二十一年(一六四四)の魚問屋に関係する文書が以下の八点写し取られている(年代と柱書のみ記す)。

①　寛永二年三月二十日「乍恐言上仕候」(『金沢市史』資料編6・史料番号46)
②　同九年五月十一日「(覚)」
③　同十三年七月十七日「乍恐申上候」(史料番号61)
④　同二十年八月二十七日「乍恐申上候」
⑤　同二十年十二月二十六日「乍恐申上候」
⑥　同二十一年一月三十日「乍恐申上候」
⑦　同二十一年十月六日「覚」(史料番号81)
⑧　(同年カ)十二月二十九日「(町奉行申渡)」

この内、『金沢市史』資料編6には①・③・⑦が採られている。これらの文書はいずれも難解であるが、小稿では

右のうち①と④―⑧の内容を若干検討しながら、十七世紀前半における金沢の魚問屋をめぐる社会関係の一端についてノートを記すことにしたい。

史料①は、金沢市中の魚問屋六人（表1を参照）が藩役所に宛てて差し出した「言上」の写しである。この時、六人のほかに新たに魚問屋になろうと藩に出願した者がおり、これに対して六人は旧来からの権利を守るべく、藩役所に向けて新問屋を許可しないようにと訴えている。おそらく史料①の前提には、新たに問屋を営もうとする者の願書があり、これを受けた藩庁の役人が六人の魚問屋に認可の可否について意見を求め、それに応じて具申したのが本文書であろう。右の「言上」から、新問屋出願の内容を推定を交え復原すると次のようになる。

(a)　金沢では魚宿＝魚問屋は誰でもその意図があれば自由に（「其身数寄《すき》次第」）営業でき、魚問屋は旧来からの六人にのみ認められるものではないこと。

(b)　現在の問屋たちは、魚売りの商人から口銭を七分（七パーセント）も取り、過剰な利益（「過分之徳分」）を得ている。そこで、新問屋としては口銭を少額とし、魚値段を抑えること。

(c)　新問屋を許されれば、「御役」として「御運上」銀を相当額上納すること。

これに対して六人側が述べている内容から、当該期の魚問屋の特徴的なあり方をいくつか読みとることができる。第一に、魚宿＝魚問屋とは、藩にとって藩主への御菜《みさい》魚（「御台所御膳肴」）を確保し、これを上納する御用を担う請負人であることを第一義とする点である。三つ目の一ツ書には、御用の都度、市中の相場（「町中魚屋方へ売付申直段」）で上納することを御菜奉行が命じ、問屋らは誓紙を提出したとある。こうして藩主への御菜魚を安価に献上することを名目として、加越能三国浦々からの諸魚の集荷機能を独占しえたのではないか。

第二は、同じ三つ目の一ツ書後半部分に見られる点である。ここはやや難解であるが、問屋六人のところへ集荷しなくてもよい諸魚があり、これは加賀（「当国」）の川魚、「上方さかな」・「越後・秋田・さかた・松前肴」・水鳥など

**表1**　寛永期の魚問屋

| 寛永2年3月 | 寛永9年5月 | 寛永13年7月〔居町〕 | 寛永21年10月*〔売掛高（銀匁）〕 |
|---|---|---|---|
| 大場屋与兵衛 | | | |
| 山崎屋忠右衛門 | ○ | | 山崎屋四郎右衛門〔31,313〕 |
| たかや五郎右衛門 | | | |
| 新保屋九郎兵衛 | 新保屋八兵衛 | | ○〔39,459〕 |
| 福久屋次郎右衛門 | ○ | ○〔寺町〕 | ○〔46,006.9〕 |
| 割出屋三郎右衛門 | ○ | ○〔山崎町〕 | |
| | 大浦屋市郎左衛門 | | ○〔45,056.6〕 |

注）史料①・②・③・⑦・⑧による．○は左の人名と同じものを示す．同じ屋号のものは同列に記した．＊「魚問屋五人」とあるが，1人は未詳．

で、これらについては金沢市中の「其商人」すなわち仲買らが各自で直接仕入れて商売してよいことがうかがえる。実は、新問屋出願者は、これらの旧来の魚問屋が集荷の対象としてこなかった魚鳥類を新たに独占的に取扱おうとしたのではないか。

第三は、二つ目の一ッ書にある魚問屋の銀子「取替」機能である。この部分を現代語訳してみると、「加越能三ヶ国の諸浦から金沢に魚を売りにくる魚商人は、（魚問屋を介して）市中の魚屋共＝仲買に販売すると、私たち問屋が仲買の代わりに良貨（能銀子）で代銀をたてかえ（取替）てやります。仲買たちは、仕入れた魚を売り切っても一、二ヵ月から四、五ヵ月を経てようやく私たちに支払いを済ませます。……この仲買らが支払う銀はひどい悪貨で、これを私たちは両替屋（天秤屋）で三―四パーセントの手数料を支払って良貨に換えてもらい、浦方の商人（旅人）に渡しています」等となろうか。こうして魚問屋は市中魚屋に多額の銀を立てかえ、一方で魚屋＝仲買は魚問屋への「懸銀子」を負債として常時かかえたのである。

図1は、史料から読みとれるこのような魚問屋の立替機能を、魚をめぐる取引きの構造とともに図化したものである。魚問屋は諸浦からの仕入魚に七パーセントの口銭を上のせし、これを金沢の魚屋中＝仲買に卸売りする。しかし、金沢魚屋中の支払う悪質な銀貨を良貨に両替するため、口銭の半分は両替屋に支払うので、問屋の利分はわずかである、としている。魚問屋が浦方商人へなぜ悪貨ではなく、相当の両替手数料を負担してでも良貨をもって支払うのか、興味の引かれる論点であるが、ここでは詳かにできない。また史料①の末尾で魚問屋六人は、藩役所がもし新

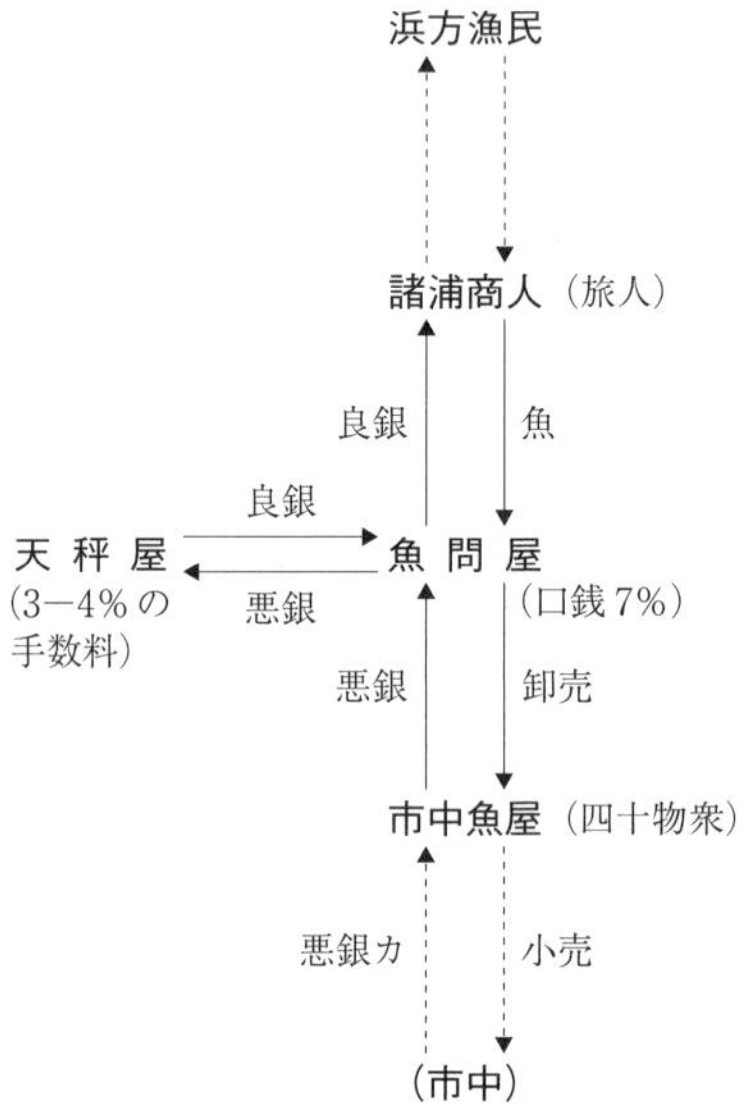

**図1**　魚問屋をめぐる取引きの構造

問屋を許可する場合には、市中魚屋に対して貸銀をすぐ返済するよう命じてほしいと述べている。これからは、新問屋の出願者と、市中魚屋＝仲買とが、魚問屋六人による独占を打破しようと相互に連携しあっていることも想定できるのではないか。しかし、史料②以降からみる限り、この時の新問屋出願が認可された形跡は確認できない。

次に史料④―⑧によって、寛永十九年（一六四二）から同二十一年（一六四四）末にかけて、魚問屋五人と、金沢市中の四十物衆《あいもの》および新問屋出願者との間でくりひろげられた争論を見ておきたい。表2はこの一件の経過をこれらの史料から摘記したものである。このうちポイントとなる史料は④と⑦であるが、④は資料編に未収録なので以下に引用しておきたい。

乍恐申上候

一、袋町せに屋茂左衛門と申もの魚問屋可仕候由承申候、若左様之義相極りとい屋仕申候へハ、私共手前必至与潰申候間、御歎申上候御事

一、私共先年ゟ当地魚問屋仕来申所ニ、去年町中魚屋方ゟ銀子一円ニくれられ不申候ニ付而、方々借銀をも相済可申様も無御座、就夫浦方ゟさかな持来り申商人江茂銀子取かへ相渡可申やうも無御座候ニ付而、当正月二日ゟ売買をも不得仕、ミ勢をもふさき、迷惑仕候御事

一、きもいり宗左衛門を頼四十物方へ断申候ハ、例年のことく銀子くれられ候様ニと度々断申候へハ、今程ハ手前ニ銀子無之候間、当分見銀ニ仕、ミせをひらき可被申候、当暮にハ急度沙汰可仕由被申候へとも、我々

**表 2　寛永末年における魚問屋と四十物衆・新問屋との争論の経過**

| | |
|---|---|
| 寛永 19 年暮 | 四十物衆，「来春から問屋が現銀商売をする」と取り沙汰．問屋への支払いを控える． |
| 寛永 20 年 1 月 2 日〜 | 問屋，商売を中止．四十物の肝煎（宗左衛門）を扱い人として借銀返済を申し入れ． |
| | 御菜奉行，問屋の見世商売再開を命ずる． |
| 6 月〜 | 年末の借銀返済を条件に，魚問屋，営業を再開し現銀商売を開始． |
| 8〜9 月頃 | 袋町銭や茂左衛門，新問屋出願． |
| 8 月 27 日 | 問屋らの訴状（史料④）．新問屋認可に反対． |
| 12 月 26 日 | 問屋らの訴状（史料⑤）．四十物衆の売掛銀未払いを再度訴える． |
| 寛永 21 年 1 月 30 日 | 問屋らの訴状（史料⑥）．同上．四十物衆の内 18 人について穿鑿を求める． |
| | 町奉行，四十物衆の内 18 人を召喚し，7 月と暮れの滞銀支払いと残銀の来春完済を命ずる． |
| 5〜6 月頃 | 新問屋の出願が多くみられる．問屋ら，四十物衆の借銀を 7 月限りで返済する事を命ずるように町奉行に求める． |
| 10 月 6 日 | 魚問屋 5 人の訴状（史料⑦）． |
| 正保元年 12 月 29 日 | 町奉行，魚屋中（四十物衆）に魚問屋への売掛銀支払いを命ずる（史料⑧）． |

掛銀子大方百五六拾貫目ほと可有御座候ニ付而、私共手前ニ銀子無御座候而、方々ゟ過分借銀をいたし掛置申候所ニ、左様之義ニて仕利足ノまかないも可仕様も無御座候間、是非〱沙汰被仕ミせをもひらき、前々のことく売買仕申やうに度々断申候、然所ニ御さい御奉行衆ゟ私共方へ被仰候ハ、近日　筑前様被為成　御帰城候、就夫御肴之縮難成候間、先々四十物方ゟ断之通、右之掛銀沙汰仕候迄ハ、当分見銀にてミせをもひらき売買仕候様ニ達テ御断被仰候付而、借銀方江さま〱御侘言仕り、すへまて差延、当六月ゟミせをもひらき売買仕申所ニ、右之茂左衛門指出問屋仕候へハ、私共何共迷惑ニ奉存候御事

右之趣被為聞召上被下候者難有忝可奉存候、以上

寛永弐拾年癸未八月廿七日

町御奉行様

右や⑤・⑥では差出人名が略されているが、⑦には「魚問屋五人」とあり、④も同様とみられる。そのうちの四人については表1にあるように四十物衆への「売掛高」とともに判明する。右の史料から明らかなのは、この争論が二つの局面をもつことである。

一つは冒頭に見られるように、銭屋茂左衛門なる者が新規に魚問屋の許可を求めて出願したことに反対するもので、もう一つは、「町中魚屋方」＝四十物衆との売掛をめぐる一件に関するものである。この二つの局面は、史料①と同じように相互に深く関連するものと考えられる。この内、四十物衆との争論は、寛永十九年（一六四二）暮に、年末に清算されるべき魚問屋への売掛銀支払いを四十物衆が一斉に拒んだことに端を発している。これは史料⑦に「四十物衆風説を被申候ハ、来春ゟ問屋共見銀ニて商売可仕候由申候と取沙汰」とあるように、寛永二十年正月から、魚問屋は掛売りをやめ現銀取引きにするという「風説」が流れ、これは従来の代銀決算の慣行をこわすものとして、四十物衆が反発したことによるとされている。問屋側はこれに対抗し、同年正月以降の取引きを停止し、問屋の店舗を閉じてしまう。このあと、仲介者をはさみ、取引再開に向けて交渉がもたれるが、長びくうちに、四代藩主前田光高（「筑前様」）の帰国にそなえて「四十物衆が売掛の滞りを完済するまでは現銀取引とし、御菜御用にさしつかえぬよう店舗をひらけ」と御菜奉行が命じ、六月に問屋の営業を再開している（その後の経過は表2を参照されたい）。

史料⑦によると、銭屋茂左衛門の新問屋出願は、こうして「見銀之商売」になった状況を見てのものとある。この点を史料①とともに考えると、魚問屋は掛売を取引の本位とすることがうかがえる。つまり、四十物衆＝仲買への掛売りと、浦方商人への代銀支払い立てかえという二つの機能を二重に果すというところに、口銭徴収の権原があったのではなかろうか。ところが、史料④などで注目されるのは、「方々」、「借銀方」とあるものと魚問屋との関係である。史料⑤には「去年町中うをや方ゟ銀子一ゑんにくれ不被申候付而、方々借銀をも相済可申様も無御座罷有申候へハ、借銀方ゟ取つめ催促御座候間、何共迷惑」とある。魚問屋は四十物衆＝仲買にかわって浦方商人に代銀を立替るための資金を、実は「借銀方」からの借入れによって賄っているわけである。この「借銀方」と、史料①にみられる天秤屋＝両替屋とが実際は同一である可能性も大きいのではないか。こうして、十七世紀前半における魚問屋を中心とする諸魚の流通構造において、既にして利貸資本の吸着が大きな桎梏《しっこく》となっていることを見出すことができるのである。

（1）『金沢市史　資料編六　近世4』（金沢市、二〇〇〇年）。

（2）石黒家文書を用いた研究として、ギョーム・カレ『石黒家——近世日本地方都市における大商人の研究』（フランス、東洋言語文化研究所学位論文、二〇〇〇年（Guillaume Carré “Les Ishiguro: Une dynastie de grands marchands provinciaux dans le Japon d'ancien regime”））がある。その一部は改稿され、日本語訳が「近世初期の流通転換と問屋——金沢を事例として」（『年報都市史研究』一一号、山川出版社、二〇〇三年）に公表されている。

# 事項索引

## さ　行

た　行



な　行



は　行

## ま 行

### や 行



### ら行・わ行

# 索 引

## 研究者名索引

吉田伸之・伊藤毅 編　伝統都市〔全4巻〕　A5　各四八〇〇円

西坂靖 著　三井越後屋奉公人の研究　A5　七五〇〇円

杉森玲子 著　近世日本の商人と都市社会　A5　六二〇〇円

杉森哲也 著　近世京都の都市と社会　A5　七二〇〇円

藤田覚 著　近世後期政治史と対外関係　A5　五七〇〇円

松方冬子 著　オランダ風説書と近世日本　A5　七二〇〇円

松方冬子 編　別段風説書が語る19世紀　A5　七六〇〇円

松沢裕作 著　明治地方自治体制の起源　A5　八七〇〇円

高橋康夫・吉田伸之・宮本雅明・伊藤毅 編　図集日本都市史　A4　二五〇〇〇円

鈴木博之・石山修武・伊藤毅・山岸常人 編　シリーズ都市・建築・歴史〔全10巻〕　A5　三八〇〇～四二〇〇円

ここに表示された価格は本体価格です．御購入の
際には消費税が加算されますので御了承下さい．

**著者略歴**
1947 年　東京に生まれる
1972 年　東京大学文学部卒業
2012 年　東京大学退職

**主要著作**
『近世巨大都市の社会構造』（東京大学出版会，1991 年）
『近世都市社会の身分構造』（東京大学出版会，1998 年）
『身分的周縁と社会=文化構造』（部落問題研究所，2003 年）

伝統都市・江戸

2012 年 6 月 29 日　初　版

［検印廃止］

著　者　吉田伸之《よしだのぶゆき》

発行所　財団法人　東京大学出版会
代 表 者　渡辺　浩
113-8654 東京都文京区本郷 7-3-1 東大構内
http://www.utp.or.jp/
電話 03-3811-8814　Fax 03-3812-6958
振替 00160-6-59964

印刷所　大日本法令印刷株式会社
製本所　誠製本株式会社

© 2012 Nobuyuki Yoshida
ISBN 978-4-13-020149-0　Printed in Japan

R〈日本複製権センター委託出版物〉
本書の全部または一部を無断で複写複製（コピー）することは，著作権法上での例外を除き，禁じられています．本書からの複写を希望される場合は，日本複製権センター（03-3401-2382）にご連絡ください．